So wird der Mann ein Mann!

ROBERT BETZ

So wird der Mann ein MANN!

Wie Männer wieder Freude am Mann-Sein finden

INTEGRAL

Diesem Buch liegt eine CD bei, auf der Sie Robert Betz u. a. durch zwei Meditationen führt (Erforschung und Verwandlung von Körperempfindungen und Gefühlen; Begegnung mit dem kleinen Jungen im Mann). Eine Beschreibung der einzelnen Tracks finden Sie auf Seite 263.

Eine Übersicht über alle Vorträge und Meditationen des Autors, die bisher auf CD vorliegen, finden Sie am Ende des Buches.

MIX
Papier aus verantwor-
tungsvollen Quellen
FSC® C014496
www.fsc.org

Verlagsgruppe Random House FSC-DEU-0100
Das für dieses Buch verwendete
FSC®-zertifizierte Papier *EOS*
liefert Salzer Papier, St. Pölten, Austria.

Integral Verlag
Integral ist ein Verlag der Verlagsgruppe Random House GmbH

ISBN 978-3-7787-9218-6

Dritte Auflage 2012
Copyright © 2010 by Integral Verlag, München,
in der Verlagsgruppe Random House GmbH
Alle Rechte sind vorbehalten. Printed in Germany.
Redaktion: Cornelia Meier-Scupin
Einbandgestaltung: Ulrike M. Bürger, Kunst + Grafik
Foto Robert Betz: Brigitte Sporrer, München
Gesetzt aus der 11/14 Punkt Sabon
bei C. Schaber Datentechnik, Wels
Druck und Bindung: GGP Media GmbH, Pößneck
Aufnahme und Bearbeitung der CD:
L-Ton-Studio, München (Philipp Kudelka)

Für alle Männer, die sich danach sehnen,
mit klarem Geist der Wahrheit ihres Herzens zu folgen,
um liebend und begeistert über diese Erde zu gehen

Inhalt

Einführung

Mit der Frage »Wann ist der Mann ein Mann?« brachte Herbert Grönemeyer vor einigen Jahren die tiefe Verunsicherung der Männer über ihr Mann-Sein und über ihre Männlichkeit auf den Punkt. Während die Frauen seit über drei Jahrzehnten auf der Suche nach einem neuen Selbstverständnis sind und aus den alten Mustern und Rollen ihrer Mütter aussteigen, haben sich die meisten Männer tiefer und tiefer in eine Sackgasse hineinbewegt, in der sie heute an Erschöpfung, Ängsten, Hilflosigkeit und häufig einem Gefühl der Sinnlosigkeit und Leere leiden.

Ohne Übertreibung sind Männer heute in der Mehrzahl leidende Wesen, die nicht gelernt haben, über ihr Innerstes zu sprechen. Sie schämen sich ihrer Verunsicherung und ihrer Misserfolge, Enttäuschungen und Schwächen, ihrer Ängste und ihrer Potenzschwierigkeiten, weil sie es als unmännlich empfinden, sich schwach und verletzlich zu zeigen. Der Mann hat sein Herz verschlossen und seinen rationalen Verstand zum Chef erklärt. Dieser Verstand, gefüllt mit vielen eingefahrenen, seit Generationen konservierten, unwahren Gedanken darüber, was man(n) zu tun und zu unterlassen hat, läuft jetzt gegen eine Wand.

Die versteinerten, traurigen, todernsten oder hilflosen Gesichter der Männer lassen erahnen, wie es um ihr Herz bestellt ist. Bisher verstand der Mann nicht, wie er dort landen konnte, wo er heute steht oder liegt, aber er hat auch nicht

11

nach den Ursachen geforscht, sondern sich abgefunden und durchgehalten. Das beginnt sich jetzt zu ändern.

In diesen Jahren steht der Mann wieder auf. Über Jahrtausende hat er vergessen, wozu er und die Frau auf die Erde gekommen sind und welches sein Auftrag hier ist. Jetzt, in dieser Zeit des Umbruchs und Aufbruchs erinnert er sich wieder an die Essenz seiner männlichen Natur und entdeckt die Begeisterung über sein Mann-Sein. Darüber freuen sich nicht nur die Männer selbst, sondern auch die Frauen werden diese Auferstehung des Mannes freudig begrüßen. Und sie werden aufhören, die Männer anzuklagen und ihnen die Schuld zuzuschieben für ihre eigene Unzufriedenheit, Unerfülltheit und ihr Leiden. Sie übernehmen wieder die Verantwortung für ein erfülltes Frau-Sein und steigen aus ihrem fast chronisch gewordenen Opferbewusstsein aus.

Aufgrund dessen wird auch die Mann-Frau-Beziehung eine große Erneuerung erfahren. Die Qualität der neuen Beziehung bestimmt die Qualität und das Schicksal von Gesellschaft, Wirtschaft, Politik und Kultur und damit das Schicksal der Menschheit. Dieses Buch ist deshalb auch ein Buch für Frauen (auch wenn ich sie im Buch nicht direkt anspreche); besonders für die, die bereit sind, aus der unseligen Tradition unserer Mütter und Großmütter auszusteigen, den Mann anzuklagen, ihn abzuwerten und sich selbst aufzuopfern und zu zerstören.

Männer und Frauen haben ihrer Natur nach keine gegensätzlichen Interessen, aber sie sind von ihrem Wesen her höchst verschieden, und diese Unterschiede sind von beiden Geschlechtern vergessen worden. Erst wenn wir uns wieder an die Verschiedenheit und die Einzigartigkeit des Frau- und des Mann-Seins erinnern, erfährt auch die Liebesbeziehung zwischen Frau und Mann eine Wiederauferstehung. Darüber werden beide sehr glücklich sein und wieder den Tanz der Liebe miteinander tanzen.

In den letzten Jahrzehnten haben Frauen und Männer die Kleider vertauscht. Frauen haben die Hosen angezogen, weil ihre Mütter ihnen täglich demonstrierten, dass Frau-Sein mit Leid, Ohnmacht, Verzicht und Frustration verbunden ist, und weil sie die Väter anklagten und selten ein gutes Haar an ihnen ließen. Weniger als drei Prozent aller Frauen geben an, dass ihre Mutter gern eine Frau gewesen sei. Ein solches Vorbild prägt. Genauso wenige Jungen hörten von ihrer Mutter etwas Positives über den Vater. So hatten die Mädchen allen Grund zu beschließen, nicht so zu werden wie ihre Mutter. Auch für den Jungen war die Botschaft klar und deutlich:»Werde nicht so wie dein Vater!« Dieser Schwur »Ich will nicht so werden wie …« sitzt bis heute tief in Frauen wie in Männern und hält sie in einer Verstrickung mit ihren Eltern der Kindheit gefangen, deren Ausmaß ihnen nicht bewusst ist. So leben sie in Zuständen der Verwirrung, Resignation und Verzweiflung.

Die Frage »Wann ist der Mann ein Mann?« beziehungsweise »Was ist ein ›richtiger‹ Mann?« ist aktueller denn je, und jeder Mann wird hierauf seine persönliche Antwort finden müssen. In diesem Buch möchte ich meine Antworten mit allen Männern teilen und auch mit den Frauen, die dieses Buch lesen und die ich hier auch herzlich begrüße. Dieses Buch hilft auch Frauen, ihren Mann und »die Männer« besser zu verstehen, und es wird fruchtbaren, mutigen und ehrlichen Gesprächen zwischen Mann und Frau die Tür öffnen und dadurch eine neue Nähe und Intimität zwischen ihnen ermöglichen. Die Damen mögen mir nachsehen, dass ich an manchen Stellen im Buch so schreibe, wie nur Männer sprechen und denken.

Mein eigener Weg zu einem glücklichen Mann verlief über viele Stationen und durch Höhen und Tiefen. Vom braven katholischen Messdiener, der Priester werden wollte, zum Industriekaufmann, vom Diplom-Psychologen zum Marketing-Manager und von diesem zum glücklichen und erfolgreichen Vortragsreferenten, Seminarleiter, Therapeutenausbilder und Autor. Mit zwanzig verschlang ich Erich Fromms »Die Kunst des Liebens« und viele Bücher über die Liebe zwischen Mann und Frau. Ich erinnere mich noch gut an »Die offene Ehe« von Nena und George O'Neill und hoffte, so etwas selbst einmal leben zu können. Ich brauchte zwei Ehen und einige weitere Frauenbeziehungen, um die Verstrickungen mit meiner Vergangenheit zu lösen, um endlich bei dem Mann anzukommen, der ich heute bin: lebendig und kreativ, lustvoll lebend und liebend und voller Freude am Leben, mit tiefem Dank an alle, die mich auf meinem Weg berührt und bewegt haben.

Um dieses Buch nicht zu einem dicken Wälzer werden zu lassen (Männer lesen ja nicht so gern wie Frauen), habe ich viele Aspekte der Mann-Frau-Beziehung ausgeklammert und mich auf den Mann und seine Fragestellungen konzentriert. Wer wissen will, warum seine Partnerbeziehungen bisher so verlaufen mussten und wie eine freie Liebesbeziehung zwischen Frau und Mann entstehen kann, findet in meinen Büchern »Wahre Liebe lässt frei!« und »Zersägt eure Doppelbetten!« Inspiration und eine Fülle von Informationen und Bildern.

Mein lieber Bruder!

Dieses Buch schreibe ich für dich und auch für mich selbst, und ich erlaube mir, dich hier mit einem »Du« anzusprechen, obgleich wir uns nicht persönlich kennen. Denn wir sind allesamt Brüder, die einer gemeinsamen Quelle entstammen. Wenn du dieses Buch mit deinem Herzen liest, wird es dich genau dort berühren und du wirst dich an vieles erinnern, was in dir verborgen ist. Wir leben in einer Zeit, in der wir Männer (endlich) aufwachen, das heißt uns bewusst werden, was und wer wir in Wirklichkeit sind: wunderbare, herrliche Wesen voller Begeisterungsfähigkeit, voller Liebe für diese Erde, für die Frauen und für das Leben selbst. Vermutlich bist du davon heute noch nicht überzeugt, aber mein Herz weiß, dass dies die Wahrheit ist. Und auf mein Herz kann ich mich verlassen.

Wir Männer sind in den letzten paar Tausend Jahren viele interessante Wege gegangen. Wir haben vieles aufgebaut und vieles wieder zerstört. Wir haben gearbeitet, geschuftet, unsere Pflichten erfüllt. Wir haben durchgehalten und sind an gebrochenen Herzen gestorben, wir haben Bäume gepflanzt und Felder bestellt, Maschinen erfunden und den technischen Fortschritt vorangetrieben. Wir haben Häuser gebaut und Handys erfunden, wir haben Kriege geführt und verloren, wir haben Menschenleben gezeugt und getötet. Wir sind anderen Männern gefolgt und den Erwartungen unserer Mütter und Väter. Wir haben unser Herz den Gefühlen verschlossen und sind an ihnen erstickt.

Wir haben Frauen verehrt und auf Händen getragen, wir haben ihre Wünsche erfüllt und nach ihrer Liebe und Anerkennung gelechzt. Aber wir sind nicht satt geworden dabei, weil uns niemand gesagt hat, dass wir uns erst selbst lieben müssen, bevor wir die Liebe anderer wirklich annehmen können. Wir haben uns mit unseren Müttern innerlich verstrickt und mit unseren Partnerinnen die Muster unserer Mutterbeziehung wiederholt. Wir haben versucht, es unseren Frauen recht zu machen, und sind damit gescheitert. Wir haben uns unverstanden gefühlt und konnten unserer inneren Not keine Worte geben. Wir haben uns zurückgezogen und geschwiegen oder sind aggressiv geworden und haben es die Frauen spüren lassen. Wir haben uns arbeitend in Tätigkeiten gestürzt oder in den Sport, haben Erfolge erzielt, aber sie haben uns nicht glücklich gemacht. Wir haben uns nach der Anerkennung unserer Väter gesehnt, die selten da waren oder uns nicht umarmen und loben konnten, weil in ihnen ein kleiner verletzter Junge saß, der dazu nicht in der Lage war, genau wie in uns selbst heute auch.

Wir haben mit Frauen geschlafen und uns selbst befriedigt und haben gelernt, uns unserer Geilheit zu schämen. Es gab Zeiten, in denen wir treu gewesen sind, und andere, da gingen wir fremd oder zu einer Hure, um die innere Spannung loszuwerden oder um ein wenig Spaß zu haben. Wir hatten Angst, es im Bett nicht zu bringen, und haben uns auch beim Sex unter Druck gesetzt, Leistung zu bringen, und oft haben die Frauen gesagt: »Du bringst es ja nicht« oder »Du willst nur deinen Spaß.«

Auf all diesen Wegen hat der Mann über die Jahrhunderte die Freude und Begeisterung am Mann-Sein verloren. Heute schämen sich viele von uns dafür, dass sie es nach all der Arbeit und Anstrengung in ihrem Leben doch nicht geschafft haben, glücklich zu werden. Es ist ihnen peinlich, und sie hadern mit sich selbst und ihrem Leben. Darum steckt in vielen von uns Ohnmacht und Wut, eine Aggression, die wir gegen uns selbst und unseren Körper richten. In vielen Männern hat sich die Trauer zur chronischen Depression ausgewachsen, oft mit »Burnout« etikettiert, weil es ein bisschen besser klingt, nach dem »Held der Arbeit«. Nachdem wir unser Herz verschlossen und unsere Gefühle verdrängt haben, hat sich das biologische Herz mit Stichen und Rhythmusstörungen gemeldet, aber wir haben nicht darauf gehört. So folgten Rekorde an Infarkten und Bypässen. Die Bandscheiben und Rückenmuskeln meldeten sich, nachdem wir uns chronisch zusammengerissen und verkrampft haben. Und unser männlichstes Stück, der Phallus, ist mit der Zeit mehr und mehr »in die Knie gegangen« und hat sich gebeugt.

Dies und vieles mehr haben wir und unsere Väter und Urväter erlebt, und ihr Erbe lebt weiter in uns. Der Mann ist jahrtausendelang marschiert und hat getan, was »man« macht, hat blind gehorcht, hat gemordet und wurde selbst getötet, und falls er den Krieg überlebte, war er innerlich tot.

Das Zeitalter des »alten Mannes« geht in diesen Jahren zu Ende, so wie vieles andere auch. Denn diese Jahre sind Jahre größter Umbrüche und Veränderungen auf allen Gebieten menschlichen Lebens, es sind Jahre der Transformation. Was wird hier transformiert? **Es ist das Bewusstsein des Menschen, der Männer wie der Frauen, das jetzt einen großen Sprung macht, so als würde in einem dunklen Haus, in dem wir herumgetapst und -gestolpert sind, plötzlich das Licht angeschaltet. Der Mensch lernt jetzt, die Wirklichkeit zu sehen. Er schaut neu auf sich selbst, auf seine Mitmenschen, auf das Leben und auf diese Erde.**

Ihm gehen buchstäblich die Lichter auf, und sein Herz öffnet sich zugleich für die größte Kraft, von der er bisher nicht wirklich geglaubt hat, dass sie eine Kraft sei: für die Liebe.

In diesen Jahren bricht sich die Liebe Bahn in den Herzen der Menschen, in denen sie immer anwesend war. Denn die Liebe ist nicht irgendeine nette romantische Energie, sondern eine völlig eigenständige Macht mit eigenen Gesetzmäßigkeiten. Und in diesen Jahren der Transformation wird der Mensch an diese Gesetze der Liebe erinnert und zu ihr zurückgeführt. Dies geschieht in Männern und Frauen sowie in allen Formen menschlicher Gemeinschaft, insbesondere der Wirtschaft. Wie umwälzend die Veränderungen der kommenden Jahre für die Gesellschaft sein werden, davon machen sich erst wenige eine Vorstellung, und viele glauben noch nicht daran.

Ich lade dich ein, dich mit offenem Herzen auf dieses Männerbuch einzulassen und es nicht nur mit dem Verstand zu lesen. Es ist ein Buch für den »ganz normalen« Mann, für Zwanzigjährige wie für Siebzigjährige, für den Mann an der Werkbank wie für den Schreibtischtäter, für den Pförtner wie für das Vorstandsmitglied, für den Verheirateten wie für den Single, und jeder wird sich in diesem Buch wiederfinden und erkennen, weshalb sein Leben bisher so verlaufen musste, wie es verlief.
Vor allem aber richtet das Buch den Blick nach vorn und zeigt auf, wie jeder Mann seinem Männerleben jetzt eine neue Richtung geben kann. Und die Richtung heißt: Klarheit und Bewusstheit über dich selbst und deinen Weg, Freude und Begeisterung an deinem Mann-Sein, Erfüllung und Wachstum in deinen Beziehungen zu Frauen, herzliche Verbundenheit mit deinen Mit-Männern, Erfolg und

Fülle in deinem Beruf und Gesundheit deines Körpers. Mein Wunsch ist, dass du (wieder) Lust hast, hier auf dieser Erde in einem Männerkörper inkarniert zu sein und jeden Morgen mit einem großen »Ja« zu dir und deinem Leben aufstehst und dich auf die Geschenke jeden Tages freust. Ich wünsche dir größte Lust am Leben und am Lieben.

1

Der Mann in der Krise

⊞ Der normale Mann steckt in der Krise

Männer haben weit mehr gemeinsam, als der einzelne Mann es vermuten mag. Und wenn sie dieses Gemeinsame entdecken, dann erkennen sie, auf welche Weise der heutige Zustand ihres Lebens von ihnen selbst erschaffen worden ist. Der normale Mann tritt nach dem Verlassen des Elternhauses in eine Phase, in der er »es« schaffen will. Er stürzt sich in eine Arbeit und klotzt ran. Er will Erfolg haben und gutes Geld verdienen, als Angestellter oder als Selbstständiger. Denn ein »richtiger« Mann definiert sich und seinen Wert über Erfolg und Geld und stürzt sich in das Machen und Tun. Dieser einseitige Leistungsweg wird für die meisten Männer zu ihrem Lebensweg. Leben heißt für sie, etwas zu leisten, es zu etwas zu bringen. Von dieser Spur kommen sie so schnell nicht herunter. Erst eine Krise des Körpers, der Psyche oder der Beziehung zur Frau, Arbeitslosigkeit oder die Pensionierung wirft sie aus dieser Spur. An seiner Arbeit hält sich der Mann fest wie die Table-Tänzerin an ihrer Stange; nimmt man ihm diese Stange weg, fällt er, und zwar meist tief.

Der Mann versteht sich also in erster Linie als arbeitender Mann. Hat er keine Aufgabe, dann kann er mit sich nichts anfangen und ist verzweifelt. Diese Angst, die »Stange« zu verlieren, treibt gegenwärtig immer mehr Männer um, und ihre Zahl wird zunehmen. Und wie Männer auf Angst reagieren, das sehen wir täglich in Firmen und Beziehungen. Der Mann greift verzweifelt zu Pillen und Alkohol. Oder er lenkt sich durch extremes Verhalten beim Sport, Sex oder anderen Aktivitäten ab. Und er wird aggressiv, besonders sich selbst gegenüber. Entsprechend sehen die Körper von Männern ab vierzig, spätestens ab fünfzig aus. Der Magen

23

ist übersäuert, der Rücken verspannt, die ersten Bandscheiben sind dahin, das Herz ist angegriffen, das Atmen fällt schwer, die Gelenke schmerzen, die Galle produziert Steine, Probleme gehen an die Nieren, keine Nacht wird mehr durchgeschlafen und im Bett macht der Penis schlapp. Impotenz oder die Angst davor sind weiter verbreitet als allgemein angenommen. Sechzehn Millionen Viagra-Nutzer in Europa sind lediglich die Spitze eines Eisberges. Was ich hier aufgezählt habe, sind nur einige der vielen, weitverbreiteten Symptome. **Die Fixierung auf Arbeit, Geld und Erfolg hat den Mann an den Rand eines Abgrundes geführt.** Nicht wenige verzweifeln und nehmen sich das Leben (dreimal so viel Männer wie Frauen), häufig um das Rentenalter herum. Andere sterben den langsamen Tod an gebrochenem Herzen oder verfallen in tiefe Depression und Antriebslosigkeit.

Das alles beruht weder auf Schicksal noch auf der Dummheit von Männern, sondern auf ihrer Unwissenheit und alten, eingefahrenen Mustern des Denkens und Verhaltens. Wir Männer können verstehen lernen, warum wir diesen Weg gegangen sind und uns in diese tiefe Krise hineinmanövriert haben. Daran ist weder die Wirtschaft noch sind die Frauen schuld; daran ist niemand schuld, auch wenn sich ein Großteil der Männer so fühlt, als hätten sie ihr Leben versemmelt und »es« nicht geschafft. Die Lebenswege von Männern, die so häufig in Sackgassen führen, sind sehr einfach zu verstehen – und zu verändern. Dafür ist dieses Buch da.

Bis ein Mann an seinem unglücklichen Zustand etwas ändert, dauert es meist ziemlich lange. Denn erstens hat er gelernt, dass Durchhalten und Aushalten zum Mann gehören wie das Rasieren am Morgen, und zweitens sieht er einfach keine Alternative zu seinem einmal eingeschlagenen

Weg. Die Rechnungen wollen bezahlt, die Kreditschulden abgetragen, die Erwartungen von Frau und Kind/ern, Eltern und Schwiegereltern erfüllt werden. Und der innere Antreiber ruft ihm ständig zu:»Das kannst du besser machen. Streng dich mehr an!« Wie soll man von diesem fahrenden Zug abspringen und diese Spur verlassen?

Immer mehr Männer begreifen jetzt, dass sie kein Einzelfall sind, wenn sie die Orientierung im Leben verloren haben und sich fragen, wozu dieser ganze Kampf und Krampf gut sein soll. Hier geht es um das grundlegende Problem des Mannes, und es betrifft alle Männer. Es geht um die Klärung von Fragen wie:

* Wer ist »der Mann«?
* Wozu ist er auf der Welt?
* Warum hat er sich selbst verloren?
* Wie kann er zu sich selbst und zu einem glücklichen Mann-Sein zurückfinden?

Für diese und ähnliche Fragen öffnet sich in dieser Zeit des großen Umbruchs eine wachsende Zahl von Männern. Nachdem viele Frauen oft schon seit zehn oder zwanzig Jahren auf dem Weg zu einem bewussten Frau-Sein sind, Selbstfindungsseminare besuchen, Yoga, Qi-Gong oder Ähnliches praktizieren, meditieren und Frauenbücher lesen, macht sich auch der Mann jetzt zu sich selbst auf. Natürlich hat es immer schon ein paar wenige Männer gegeben, die sich in Tantra-, Meditations- oder Männergruppen getroffen haben. Aber in diesen Jahren wachen die »ganz normalen« Männer auf, diejenigen, die es noch vor Kurzem für unmöglich gehalten hätten, sich mit anderen Männern über die oben genannten Fragen rund um das Mann-Sein zu unterhalten. Auch der Mann ist jetzt an einer T-Kreuzung der Zeit angelangt, an der es nicht mehr geradeaus weitergeht wie bisher, sondern wo er gezwungen wird, sich bewusst zu entscheiden, welchen Weg er mit sich selbst in Zukunft gehen will.

Entweder zwingt ihn sein Körper dazu, der ihm schmerzhaft klarmacht, dass er etwas ändern muss und dass Pillen keine Lösung sind. Oder seine Partnerin zeigt es ihm, indem sie ihn nach zehn, zwanzig oder dreißig Jahren Ehe verlässt und aus Starre und Langeweile ausbricht. Oder das Klima und der Druck am Arbeitsplatz oder eine plötzliche Entlassung lassen ihn zusammenbrechen oder aufwachen. Der Mann begreift zunehmend, dass er für seinen bisherigen einseitigen Weg über Leistung nicht mehr belohnt wird und dass sich dieser Weg letztlich nicht lohnt. Denn selbst wenn die Kohle stimmt oder das Geld gut angelegt scheint, was nützt es dem Fünfzigjährigen, wenn er mit sich selbst nicht viel anfangen kann, wenn die Frau ihn nicht versteht und verlässt, wenn Sohn oder Tochter ihre eigenen Wege gehen und nichts von ihrem Vater wissen wollen, wenn sein Körper streikt und er am Ende seinen ganzen Lebensweg in Zweifel zieht?

Dem Mann wurde stets vermittelt, dass er sich vor allem um das Machen kümmern soll, dass er viel tun müsse, um irgendwann genug zu haben. Und wenn er etwas habe und Geld, Grundstück, Haus oder Auto besäße, dann wäre er jemand, und die anderen und die Gesellschaft würden ihm dann eine Urkunde ausstellen und bestätigen: »Du hast bestanden. Gratulation!« Hast du was, dann bist du was! Hast du nichts, dann bist du auch nichts. Jetzt begreifen immer mehr Männer, dass dies ein Irrweg war und ist, und diese Urkunde absolut wertlos wäre, selbst wenn sie sie erhalten würden.

Die Gleichung, nach der aus dem TUN das HABEN folgt und sich hieraus das gewünschte SEIN ergibt, geht nicht auf. Denn das Ziel, das glückliche Sein des Mannes, wird auf diese Weise nie erreicht werden. **Das Sein und hier vor allem das bewusste Sein, das geklärte Bewusstsein des Mannes muss die erste Priorität in jedem Männerleben einnehmen. Er muss und wird sich selbst wieder in den Mittelpunkt seiner ganzen Aufmerksamkeit stellen dürfen und sich zum wichtigsten Menschen in seinem Leben erklären und auch so behandeln und nicht wie einen Hamster im Laufrad.** Davon wird seine Partnerin in großem Maße profitieren. Etwas für sich selbst zu tun, bedeutet nicht, dass es gegen den anderen gerichtet ist, im Gegenteil.

Die Krise, in die der Mann jetzt über die Krise seines Körpers, die Krise seiner Partnerschaft und die Krise in Wirtschaft und Gesellschaft gerät, ist nichts weniger als eine fundamentale Sinnkrise des Mannes von historischem Ausmaß, der kein Mann in dieser Zeit entgehen kann. Der Mann wird sich den Fragen stellen müssen:

- Wozu bin ich eigentlich da?
- Was ist der Kern meines Mann-Seins?
- Was ist ein »richtiger Mann«?
- Und was macht mich wirklich glücklich?

Seit unzähligen Generationen war es die zentrale Aufgabe der Männer, das Überleben zu sichern. Das Leben war mit Sechzehn-Stunden-Tagen ausgefüllt. Zum Auftrag und zur Pflicht des Mannes gehörte, seine Familie zu ernähren, indem er die Felder bestellte oder auf andere Weise seine Angehörigen versorgte. Eines Tages marschierte er in die Manufakturen und später in die Fabriken, um seine Ernährerpflicht zu erfüllen. Und immer wieder im Laufe der Jahrtausende wurde der Mann rekrutiert, um in Kriege zu ziehen, um zu töten oder getötet zu werden. Diese Erfahrungen unserer Väter und Urväter sitzen uns Männern bis heute noch in den Knochen. Das Erfüllen von Pflichten, das Gehorchen und das Funktionieren sind tief in unserem Bewusstsein eingraviert. Auch heute noch marschieren Massen von Männern in ihren schwarz-weißen Uniformen mit Krawatte oder im Blaumann zur Arbeit in Firmen, Behörden und Fabriken und orientieren sich daran, was der andere macht und was von oben gefordert wird. Auch heute noch empfinden sich die meisten Männer mit Partnerin oder Familie als Pflichterfüller, obwohl inzwischen viele Frauen berufstätig sind und ihr eigenes Geld verdienen und zum Haushaltseinkommen beitragen. Die Männer arbeiten und leben mit einem tiefen Gefühl der Unfreiheit, getrieben von Überzeugungen wie:»Ich habe ja keine Wahl. Ich muss. Ich muss arbeiten. Ich muss Geld verdienen. Ich muss den Kredit abbezahlen.«

Wer mit solchen Gedanken schon morgens aufsteht, der lebt kein eigenes Leben, der lebt nicht wirklich, der ist schon halb tot. Und so fühlen sich auch viele Männer: ausgebrannt, sehr erschöpft und ohne jede Begeisterung für ihren Weg und für ihr Mann-Sein. Diese Krise des Mannes erreicht jetzt ihren Höhepunkt und damit zugleich ihre Wende.

▦ Der Mann und seine Sackgassen

Fast jeder Mann gerät in seinem Leben in eine oder mehrere Sackgassen. Das ist kein Naturgesetz, aber bisher passiert es den meisten. Vielleicht steckst du gerade in einer und fühlst dich, als ob du festsitzt und nicht weißt, wie es weitergehen soll in deinem Leben. Falls du dies noch nicht erlebt hast (weil du vielleicht noch am Anfang deines Männerlebens stehst), dann kannst du solche Sackgassen vermeiden, indem du umsetzt, was ich in diesem Buch schreibe: Es ist nicht schwierig und bedeutet keine harte Arbeit.

Die Sackgassen tauchen oft schon ab Ende dreißig auf, aber die Mehrzahl erlebt sie in den Vierziger- und Fünfziger-jahren ihres Lebens. Viele Männer haben dann das Gefühl, irgendetwas sei schief gelaufen in ihrem Leben. So beschissen sich solche Sackgassen anfühlen, so sinnvoll sind sie, weil sie uns dazu zwingen, aufzuwachen und etwas Wesentliches in unserem Leben zu ändern.

Wenn Männer mit einer Frau schon lange zusammen sind, ist oft der Saft raus aus der Beziehung. Im Bett läuft entweder gar nichts mehr oder man betreibt langweilige Gymnastik. Oder die Frau liegt dem Mann ständig mit irgendetwas in den Ohren, nörgelt und meckert, und versucht, ihn zu bearbeiten und zu verändern, weil sie selbst mit sich nicht im Frieden ist. Das ist ein altes Hobby, das Frauen gern bei ihren Müttern abschauen. Erinnere dich, wie deine Mutter mit deinem Vater umging. Die meisten Mann-Frau-Beziehungen sind nach zehn, fünfzehn Jahren geprägt von Langeweile, eingefahrener Routine, gegenseitigen Vorwürfen oder stiller Resignation. Jedenfalls sind sie alles andere als ein Freudenfest. Dabei wollten es die beiden doch einmal ganz anders machen als ihre Eltern.

Und wenn die Frau irgendwann zu dem Schluss kommt, dass sie bei ihrem Dieter oder Franz nicht mehr auf eine Änderung hoffen kann, dann sucht sie ihren Weg woanders. Sie nimmt sich still und heimlich einen Liebhaber oder packt nach zwanzig Jahren plötzlich ihre Sachen und ist über alle Berge. Viele warten damit, bis die Kinder auf eigenen Beinen stehen können. Dann sitzt der Mann in seiner Verzweiflung vor einem Glas und hat das Gefühl: Jetzt ist alles aus! Ein Leben ohne Frau können sich viele Männer schlicht nicht vorstellen. Wer soll ihnen jetzt etwas zu Essen machen, die Wäsche waschen, den Haushalt führen? Die meisten haben nie gelernt, allein etwas Sinnvolles mit sich anzufangen, geschweige denn glücklich zu sein.

Andere Männer werden auf ihren eingefahrenen Lebenswegen von ihrem Körper gestoppt, sei es durch einen Unfall mit dem Wagen, dem Motorrad oder dem Rennrad oder durch eine Krankheit, die oft das Herz, den Magen, die Galle, den Rücken oder die Gelenke betrifft. Dann liegt der Mann wochen- oder monatelang in der Waagerechten, einer Haltung, die er sich in seinem Leben selten gegönnt hat, und ist gezwungen, sich auf einmal mit sich selbst zu beschäftigen. Ein Horror für viele Männer, denn jetzt kann man sich nicht mehr ablenken und irgendetwas tun.

Jetzt bemerkt er, wie wertvoll doch sein gesunder Körper gewesen ist, den er gern wieder zurück hätte und dem er so wenig Beachtung geschenkt hat. Sein Körper war für ihn bisher eine Art Gebrauchsgegenstand, in Wirklichkeit ein Verbrauchsgegenstand, den man duscht und dessen Zähne man putzt, den man aber sonst zu nehmen hat, wie er ist, etwas, das sich halt abnutzt mit der Zeit. Ihrem Auto widmen sich Männer oft mit mehr Liebe als ihrem eigenen Körperfahrzeug.

Und wieder andere schlittern über ihren Arbeitsplatz in eine große Lebenskrise. Sei es, weil sie ihn verlieren oder weil er sie kaputt macht. Vielen Männern macht die Arbeit einfach keine Freude, nicht wenigen scheint schon der Gedanke absurd, Arbeit könne Spaß machen. Die einen haben ständig Krach mit dem Chef oder fühlen sich nicht wirklich von ihm gesehen und geschätzt. Andere reiben sich in Konkurrenz mit den Kollegen auf, vergleichen sich ständig, sind neidisch auf deren Erfolg oder sie halten dem immer größeren Druck in der Firma nicht mehr stand. Die einen flüchten sich abends zum Bier oder an den Fernseher, die anderen machen Überstunden um Überstunden, um mithalten zu können oder nicht nach Hause zu müssen, weil es dort auch nichts zu lachen gibt.

Ich nehme an, dass du die eine oder andere dieser Krisen kennst. Ich selbst habe in meinem Leben auch schon ein paar davon hinter mir. In die größte geriet ich mit Ende dreißig in meinem Job als europäischer Marketingleiter eines amerikanischen Unternehmens bei Düsseldorf. Ich hatte dort mit dreiunddreißig Jahren angeheuert und mich gleich ordentlich ins Zeug gelegt. Ich wollte mir und meinem Chef beweisen, dass ich ein toller Hecht bin. Ich habe rangeklotzt wie blöde. Ich konnte es kaum fassen, dass ich von einem Tag zum anderen vom kleinen Kontakter in einer Werbeagentur, der mit dem Fahrrad zum Büro fuhr, auf einen 520-Firmen-BMW umstieg und mein Gehalt gleich um 30 000 DM hochschnellte. »Bin ich das wirklich wert?«, zweifelte es in mir.
Von morgens sieben bis abends sieben oder acht Uhr saß ich an meinem Schreibtisch, die meisten Samstage auch und oft noch den halben Sonntag. Ich wollte »es« bringen und zeigen, dass ich mein Geld wert war. Aber ich hatte auch Spaß an dieser Arbeit, denn mein Chef ließ mir viel Spielraum. So tobte ich mich in der Arbeit aus. Ich identifizierte mich derart mit dieser Firma, dass ich sogar auf eine einwöchige Firmenreise auf der »AIDA 1« verzichtete, dem damals größten Segelschiff der Welt, weil ich an einer wichtigen Ausschuss-Sitzung teilnehmen wollte. Heute erinnert mich das sehr an meinen Vater, der seinen ersten Herzinfarkt er-

litt, nachdem er am Vortag als Leiter der Kostenrechnung die roten Zahlen dieses Großbetriebs mit fünftausend Mitarbeitern errechnet hatte.

Meine damalige Frau, die ich kurz zuvor geheiratet hatte, jubelte nicht gerade über meine ständige Abwesenheit. Ich aber dachte, ich sei doch ein klasse Ehemann, der gutes Geld verdient und seiner Frau einen schönen Wohlstand mit eigenem Haus bietet. Dass zu einer funktionierenden Partnerschaft noch etwas mehr gehört, dämmerte mir damals noch nicht.

Nach sieben, acht Jahren ging es dann los. Früher konnte ich fest wie ein Stein schlafen, jetzt wachte ich nachts plötzlich auf und mein Kopfkissen war nass vor Schweiß – Angstschweiß. Das kannte ich bisher nicht. Ich hatte Angst, es nicht zu schaffen, obwohl ich seit Jahren überdurchschnittlich erfolgreich war und regelmäßig dicke Gehaltserhöhungen erhielt. Ich schreckte plötzlich aus Angstträumen auf, in denen ich mich völlig ohnmächtig und ausgeliefert fühlte und keine Kontrolle über das Geschehen hatte. Die reinste Panik.

Unsere Firma war ein Shooting Star an der Börse und übernahm einen Konkurrenten nach dem anderen. Die Personalpolitik dieser Firma folgte, wie die der meisten amerikanischen Firmen, der Devise »People: Hire them – fire them up – fire them out!« (Heuer sie an, treib sie nach oben und schmeiß sie dann raus!) Das war kein Witz, sondern ernst gemeint. Heute gibt es Ähnliches dank McKinsey & Co. auch in deutschen Firmen, aber diese werden jetzt entweder umdenken müssen oder scheitern.

Bei mir jedoch waren es vor allem der selbst erzeugte Druck und meine Angst auslösenden Gedanken wie »Ich muss es schaffen! Ich könnte scheitern!«, die meine Stimmung mit der Zeit drückten, und so fing ich an, mich bei der Arbeit zu verkrampfen und war nicht mehr so spritzig wie zu Beginn. Als ich meinen Chef bat, mein Aufgabengebiet von fünf-zehn Ländern auf fünf zu reduzieren, wurde ich für ihn zum »Looser«. Ein Zurück gibt es in solchen Firmen nicht, nur ein Immer-weiter-nach-oben. Wer das nicht schafft, bleibt auf der Strecke.

Indessen nahmen meine nächtlichen Panikattacken immer mehr zu. Ich dachte, jetzt brauchst du Hilfe, und wandte mich an einen renommierten Psychoanalytiker mit Profes-sorentitel, der mir für zehn Sitzungen 1700 DM abnahm, lediglich um still vor mir zu sitzen und alle zehn Minuten ein »Hm« zu murmeln. Als ich ihm meine Gedanken über meine Arbeit und meinen Chef darlegte, meinte er nur: »Sie machen das ganz gut!«, worauf mir der Kragen platzte und ich fragte: »Und was machen Sie hier?« Danach beendete ich diese Therapie, die ihren Namen nicht verdient hat.
Aber mein Problem war damit nicht gelöst. Auch eine wei-tere Therapieerfahrung zeigte mir, dass Psychologen offenbar nicht das geringste Handwerkszeug besitzen, um Menschen mit Ängsten oder Panikattacken wirkungsvolle Hilfestellung zu geben. Ich hatte selbst 1982 in Hamburg mein Diplom als klinischer Psychologe mit exzellenten Noten erhalten, jedoch nicht die Bohne darüber gelernt, wie man Menschen mit psychischen Belastungen wirksam helfen kann. Weder eine noch so »empathische« Gesprächstherapie, noch eine Psychoanalyse oder eine Familienaufstellung zeigt dem Klien-ten auf, wie er selbst seine Probleme erschaffen hat und wie er sie lösen kann.

Inzwischen empfand ich mein Problem als unlösbar und meine Situation als ausweglos und begann ernsthaft mit dem Gedanken zu spielen, meinen schönen Mercedes mit mir darin an einen Baum zu setzen. Ich weiß nicht mehr, wie oft ich es versucht habe. Schon morgens bei der Fahrt zur Arbeit nahm ich in meiner düsteren Stimmung oft einen Umweg, um zu schauen, ob es diesmal an »meinem« Baum klappen würde. Aber es klappte nicht. Ich schaffte es einfach nicht. Und schon wieder hatte der Kritiker in mir eine schöne Gelegenheit, mich runterzuziehen mit Gedanken wie »Selbst das schaffst du nicht, du Versager!«

Jetzt war ich am tiefsten und dunkelsten Punkt meines Lebens angekommen. In dieser Zeit bekam ich ein Taschenbuch geschenkt, das von dem Einfluss anderer Leben auf unser heutiges Leben handelte. Ich weiß noch, wie ich es nachts während eines Firmenmeetings im Club Med bei Nizza las. Irgendetwas in diesem Buch sprang mich an und sagte mir, dass es hier einen Weg geben könne. Für mich war ein kleines Licht in der Dunkelheit aufgetaucht. Heute weiß ich, dass wir in unseren Krisen, oft wenn es am dunkelsten in uns ist, von irgendwoher einen Wink erhalten, sei es durch ein Buch, eine CD, einen Film oder die Begegnung mit einem Menschen, der in uns etwas anstößt.

So entschied ich mich, im Juli 1995 einen vierwöchigen Urlaub zu machen und diese vier Wochen zu nutzen, mich mit meinem Innenleben zu beschäftigen. Das hatte ich noch nie gemacht und war fast zweiundvierzig Jahre alt. Die vier Wochen, in denen ich jeden Tag eine zweistündige Sitzung in »Reinkarnationstherapie« hatte, dann zwei Stunden Protokoll darüber schrieb, mir die Sitzung nochmals zwei Stunden auf Kassette anhörte und den Rest der Zeit bei Wasser und Tee fastete, waren eine ziemliche Tortur, die ich heute keinem empfehlen würde.
Aber sie motivierten mich, am Leben zu bleiben, und weckten neues Interesse für mich und mein Leben. Während meiner Sitzungen kam ich mit vielen interessanten Bildern in

mir in Kontakt, die Erinnerungen an etwas sehr Altes weckten. Ich entschied, mich in Zukunft um mich selbst zu kümmern und meinem Leben eine Wende zu geben. An solch einem Punkt wirklich bewusst die Entscheidung für ein »Ja, ich will leben!« zu treffen, ist ein wichtiger Schritt in einer solchen Krisenphase.

Also entschloss ich mich Ende 1995, genau in dem Monat, in dem ich zweiundvierzig wurde, meinem Leben eine neue Richtung zu geben, kündigte in der Firma, beendete die Ehe mit meiner Frau in Frieden und zog im Januar 1996 ins schöne München, einer Stadt, die mir inzwischen sehr viel geschenkt hat und die ich sehr liebe. Von da an verlief mein Leben in völlig anderen Bahnen. Viele fragen mich heute, wie ich es geschafft hätte, so etwas Schönes und Erfolgreiches aus meinem Leben zu machen und Fülle und Glück in mein Leben hineinzuziehen. Ich wünsche auch dir, dass du den Weg deines Herzens findest und gehst und dein Herz vor lauter Freude zum Singen bringst. Den Weg der Fülle kann jeder Mensch erlernen. Ich habe ihn in meinem ersten Buch »Willkommen im Reich der Fülle« beschrieben.

⊞ Der antriebslose Mann: Ein Leben ohne Sinn

In den letzten Jahrzehnten taucht gerade unter jungen Männern ein neuer Typ Mann auf, der sich von dem des alten Abrackerers und Pflichterfüllers grundlegend unterscheidet: ein Mann, der seinen Weg ins Leben glatt zu verpassen scheint. Zurzeit wächst diese Gruppe extrem stark. Um Gründe dafür zu finden, braucht man nur einen Blick darauf zu werfen, wie sich das Leben männlicher Jugendlicher in unserer Zeit verändert hat.

Die klassische Männerbiografie, in der zielstrebiges Arbeiten und Geld verdienen Priorität hatten, damit man um die Dreißig ein Haus oder eine Wohnung besaß und voller Stolz Frau und Kindern etwas bieten konnte, ist seit Jahren stark rückläufig.

Inzwischen sind die ersten Null-Bock-Generationen in den Dreißigern angekommen. Es sind Männer, die keine Ambitionen haben, in ihrem Leben etwas zu erreichen, darüber anscheinend aber nicht unglücklich sind. Mädchen und junge Frauen zeigen heute in der Regel mehr Ehrgeiz, aus ihrem Leben etwas zu machen, während junge Männer oft nicht wissen, was sie mit sich und dem Leben anfangen sollen. Sie kommen finanziell irgendwie mit »Jobs« über die Runden oder leben von der Unterstützung des Staates, ihrer Eltern oder ihrer Frau, wenn sie eine haben.

Dieser Bruch in der klassischen Männerbiografie, der in den letzten dreißig Jahren stattfand, hat eine Vielzahl von Ursachen. Eine davon ist, dass junge Menschen heute angehalten werden, einen möglichst hohen Bildungsabschluss zu erwerben. Das Abitur sollte es in den Augen vieler Eltern mindestens sein. Wer kein Abitur hat, der gilt oft schon als Versager, und nur die Hauptschule besucht zu haben, ist vielen bereits peinlich. So quält sich eine große Anzahl Jungen, die »Schule« eigentlich doof finden, bis neunzehn oder zwanzig durch die Klassen, um dann endlich mit Ach und Krach ihren Abschluss zu schaffen – eine ungeheure Verschwendung kostbarer Lebenszeit.

Und nicht die Lust und Begeisterung für eine Richtung bestimmen oft die Wahl des Berufes oder des Studienfaches, sondern die Frage, was für die Zukunft wohl das Sicherste sei. Hinzu kommt, dass die männlichsten Berufe, bei denen man etwas anpacken und mit seinen Händen erschaffen kann, allen voran die Handwerksberufe, von Jungen als »dreckig«

und damit unter ihrer Würde angesehen werden, obwohl ein selbstständiger Handwerker oft früher und mehr Geld verdient als mancher Akademiker. Unsere Häuser lassen wir heute lieber von ausländischen Bauarbeitern errichten oder renovieren, und die früher angesehenen Klempner, Installateure und Fliesenleger kommen heute aus Polen, Rumänien, Kroatien oder Slowenien und nicht wenige von ihnen arbeiten »schwarz«.

Das negative »Vorbild« von Vätern, die ihre gesamte Kraft dem beruflichen Erfolg opfern oder am Abend erschöpft von der Arbeit kommen und ihren Feierabend vor dem Fernseher abhängen, um frühzeitig am Herzinfarkt zu sterben, hat zu dieser Entwicklung ebenso beigetragen wie die Mütter, die ihre Söhne innerlich festhalten und sie nicht von der Nabelschnur loslassen.

Eine völlig andere Entwicklung haben hingegen in den letzten Jahrzehnten Frauen genommen. Sie sind in der Schule heute im Durchschnitt weit besser als Jungen, machen ihre Abschlüsse schneller und gehen zielgerichteter ins Leben. Denn sie haben begriffen, dass sie nicht mehr wie ihre Mütter von einem Mann wirtschaftlich abhängig sein müssen. Sie werden zwar immer noch in den meisten Berufen deutlich schlechter bezahlt, wissen jedoch das eigene Gehalt und ihre zunehmende Eigenständigkeit zu schätzen. Die Erfindung der Pille bedeutete einen Riesenschritt hin zur persönlichen Unabhängigkeit vom Mann; eine alleinstehende vierzigjährige Frau wird heute – vor allem in der Stadt – nicht mehr schief angesehen und ausgegrenzt, wie das vor nicht langer Zeit noch üblich war.

Und so stellen sich die ersten Frauen die Frage: »Wozu brauchen wir noch einen Mann?« Als Ernährer hat der Mann langsam ausgedient. Und für erfrischenden Sex braucht es keinen schlaffen, gelangweilten oder erschöpften Ehemann.

Da ist der sporadische Kontakt mit einem Mann von der Partnerbörse schon interessanter und aufregender.

Männer stellen zunehmend fest, dass Frauen wirtschaftlich nicht mehr unbedingt auf sie angewiesen sind, vor allem wenn sie keine Kinder haben. Diese Abhängigkeit war der eigentliche Klebstoff, der die beiden oft in einer Ehe oder Partnerschaft zusammenhielt, und er ist es bei vielen heute noch. Zugleich gab sie dem Mann unbewusst ein Machtgefühl, denn er war Versorger, Beschützer und »Oberhaupt« der Familie. Hierauf können Frauen heute gut und gern verzichten, und sie erschaffen sich mehr und mehr ein Leben in Freiheit vom Mann.

Die Änderungen in den Rollenbeziehungen – initiiert von Frauen – sowie die zunehmende Ablehnung des alten Männervorbildes stürzen vor allem viele junge Männer in eine Sinnkrise ihres Mann-Seins. Auf die Frage »Wann ist ein Mann ein Mann?« haben die meisten von uns noch keine Antwort gefunden. Wozu arbeiten und ranklotzen, wenn die Frauen eh ihr Ding machen? Wozu seine Pflicht als Partner erfüllen, wenn Partnerschaften heute so zerbrechlich sind, dass jeder jeden Tag gehen kann, ohne hierfür sozial ausgegrenzt zu werden.

All die »normalen«, traditionellen Strukturen und Vorstellungen, an denen sich Männer früherer Generationen orientieren und festhalten konnten, werden ihnen jetzt mehr und mehr aus der Hand genommen. So schleppen sich die meisten zwar noch täglich zur Arbeit, aber ihr Befinden ist häufig von Lustlosigkeit, Frust und Erschöpfung geprägt. Der Mann lebt im Wesentlichen immer noch, um zu arbeiten, aber er fühlt sich dafür nicht mehr belohnt, geliebt oder wertgeschätzt vonseiten der Frau oder der Familie.

Diese Entwicklung zum lustlos arbeitenden Mann ohne Sinn für das, was er tut, strahlt bereits seit Längerem auf Einstellungen und Verhalten der männlichen Jugend aus. Was sich heute unter Jungen an den Schulen abspielt, lässt vermuten, dass in naher Zukunft noch viel mehr Männer zu den Verlierern gehören werden. Unter Jungen gilt Leistung, sobald sie in die Pubertät kommen, im Gegensatz zu den Mädchen, als »uncool«. Wer in den Verdacht gerät, ein »Streber« zu sein, läuft Gefahr, von anderen Jungen, besonders den körperlich dominierenden, ausgegrenzt und sozial abgestraft zu werden. Offenbar halten viele Jungs ihre Null-Bock-Einstellung für ein Zeichen von Männlichkeit, während die Bereitschaft, sich für gute Noten anzustrengen, eher als weibliche Qualität angesehen wird.

Ähnlich wie sich immer weniger Männer mit ihrer beruflichen Rolle identifizieren, distanzieren sich immer mehr Jungen von der Schule und sehen keinen Sinn darin, sich hier zu engagieren. Hierzu trägt aus meiner Sicht die Verweiblichung unserer Schulen entscheidend bei, die nicht nur in der Dominanz von Lehrerinnen besteht, sondern auch in einer Verweiblichung der Pädagogik. Typisch jungenhaftes Verhalten wie Raufen, Kämpfen, Wettbewerbe und Ähnliches wird an unseren Schulen systematisch unterbunden und bestraft. Gleichzeitig erhalten Jungen – wie Untersuchungen des Familien- wie des Wissenschaftsministeriums zeigen – für die gleiche Leistung schlechtere Noten als Mädchen. Kein Wunder, dass drei Viertel aller Sonderschüler und zwei Drittel aller Schulabbrecher männlich sind.

2

Der Mann und seine Vergangenheit

⊞ Was der kleine Mann über das Mann-Sein lernt

In den ersten Lebensjahren eines Jungen werden die Weichen gestellt für die kommenden vier oder fünf Jahrzehnte, wenn nicht für sein gesamtes Leben. Zunächst heißt es erwartungsvoll noch in vielen Familien »Hoffentlich wird's ein Junge!«, aber was dem kleinen Mann in seinem ersten Lebensjahrzehnt dann begegnet, legt die Grundlage für den später ängstlichen, schweigenden, verunsicherten und oft auch impotenten Mann.

Jungen erleben in den ersten zehn Jahren fast nur Frauen in ihrem Umfeld – nicht nur die Söhne alleinerziehender Mütter. Die Väter sind bis heute überwiegend unsichtbar, nicht greifbar, nicht erlebbar. Entweder sind sie bei der Arbeit und kommen erst abends nach Hause, wenn der Sohn bereits schläft, oder sie sind emotional abwesend oder distanziert und können mit dem kleinen Kind wenig anfangen. Kleine Jungen sind wie kleine Mädchen noch intensiv erlebende Gefühlswesen, dagegen ist der »normale« Mann im Umgang mit Gefühlen bis heute ein Analphabet geblieben, was viele Frauen ihm zum Vorwurf machen.
Der Junge wächst nicht nur im Bauch einer Frau heran, sondern ist auch in den Folgejahren vollkommen abhängig von ihren Bedürfnissen, Wünschen, Leidenszuständen und Glaubenssätzen. Der kleine Mann lernt in seinen ersten Jahren, sich einer Frau anzupassen und ihren Erwartungen gerecht zu werden. Lebenslang bleibt dies sein Muster und Schicksal und prägt natürlich auch die spätere Beziehung zu Frauen, auf die er das überträgt, was er in seiner Kindheit gelernt hat.

Die Abhängigkeit von der ersten Frau im Leben, der Mutter, hat viel zum Unglück der Männer beigetragen. Denn

diese Abhängigkeit führt unweigerlich zu Verstrickungen mit ihr, die er in jede Beziehung zu einer Frau mit hineinnimmt, ohne dass es ihm bewusst ist. Dies ist kein Vorwurf an die Mütter, sondern besagt lediglich, dass der kleine Junge in der Kindheit bereits sein späteres Verhalten und Verhältnis zu Frauen erlernt – in der Auseinandersetzung mit der ersten Frau seines Lebens, seiner Mutter.

Von seinem Vater – so er auf der Bildfläche auftaucht – heißt es, er gehe arbeiten. Der Kleine lernt folglich von früh an, was einen Mann vor allem ausmacht: er arbeitet. Was dies genau bedeutet, erfährt er zwar erst später, aber »arbeiten gehen« wird für ihn zum zentralen Merkmal eines richtigen Mannes. Und es ist auch das Weggehen des Vaters, was sich dem Kleinen als »typisch Mann« einprägt. Papa geht weg, weil er arbeiten muss. Aber wenn er wiederkommt, erfährt der Sohn nichts von dem, was er den ganzen Tag über getrieben hat.

Sein Vater kann die Früchte seiner Arbeit nicht vorweisen wie manch frühere Vätergeneration. Er bringt kein erlegtes Wild, keine Früchte oder sonst etwas Nahrhaftes oder Genießbares mit nach Hause, stattdessen oft seine eigene Ungenießbarkeit und seinen stillen Frust. Selbst das Geld, das ein Vater früher am Ende der Woche oder des Monats in der Lohntüte mit nach Hause brachte, ist für das Kind nicht sichtbar. Es heißt nur: Papa geht arbeiten und Geld verdienen. Und nachdem die Mamas dies jetzt auch tun, erscheint das dem Jungen von heute auch nicht mehr als etwas unverwechselbar Männliches.

Die ersten drei Dinge, die ein kleiner Junge also von seinem ersten Männervorbild, dem Vater, lernt, sind: Er geht weg. Er arbeitet. Er verdient Geld. Sie bilden die Grundlage für sein Bild vom »richtigen Mann«.

Nimmt der heranwachsende Junge dann seinen Vater dennoch wahr, zum Beispiel am Wochenende, erlebt er in den seltensten Fällen einen Mann, der sich darum reißt, Zeit mit seinem kleinen Sohn zu verbringen und ihn mit der Welt, mit dem Leben vertraut zu machen. Keine Spaziergänge oder Wanderungen, kein Werkeln, kein Zelten, kein spielerischer Umgang mit der Materie und den Elementen, mit Erde, Holz, Metall, Wasser, Feuer oder anderem. Kein Drachenbau und Drachen steigen lassen, keine »Männergemeinschaft« mit dem großen Mann, seinem Erzeuger.

Stattdessen erlebt er meist einen emotional verschlossenen, unsicheren, unzufriedenen, Angst einflößenden, unbeherrschten, aufbrausenden oder deprimierten, frustrierten, schweigenden Vater, mit dem sich die Mutter nicht selten streitet, und dem er anmerkt, dass das Mann-Sein heute offenbar kein Zuckerschlecken ist. Von ihrem Mann-Sein begeisterte Väter sind heute selten anzutreffen.

Die wichtigsten Informationen darüber, was ein Mann ist, erhält der Kleine jedoch von seiner Mutter. Denn diese lässt es sich kaum nehmen, in Abwesenheit ihres Partners dessen Verhaltensweisen vor den Kindern zu kommentieren, zu kritisieren und diesen in den Augen der Kleinen herabzusetzen. Das machte ihre Mutter schon so, und es ist bis heute so geblieben. In meinen Umfragen bei Vorträgen und Seminaren unter vielen Tausend Teilnehmern, bestätigen kaum mehr als ein Prozent (!) aller Männer wie Frauen, dass ihre Mutter über den Vater anerkennend, wertschätzend und liebevoll gesprochen hätte. »Werde ja nicht wie dein Vater!« ist seit Jahrzehnten, wenn nicht seit Jahrhunderten die ausgesprochene oder unausgesprochene Botschaft der meisten Mütter an ihren kleinen Jungen. Und das sitzt und wirkt.

Der Junge lernt also vor allem, wie er nicht werden soll. Was aber schließlich ein »richtiger« Mann ist oder sein könnte, das erfährt er weder von seinem Vater noch von seiner Mutter. Von ihr kann das auch niemand erwarten, selbst wenn sie versucht, den fehlenden Vater zu ersetzen. So entsteht in den meisten kleinen Männern eine große Unklarheit und Unsicherheit in Bezug auf die Qualitäten der Männlichkeit.

⊞ »Du willst doch ein richtiger Junge sein, oder?«

Natürlich wünscht sich jeder Junge, ein »richtiger Junge« zu sein oder zu werden. Im Unterbewussten vieler Menschen, nicht nur der älteren Generation, kursieren immer noch die Klischees vom richtigen Jungen und vom richtigen Mädchen. Während ein Mädchen im Idealfall nett, brav, fleißig, sauber, gefühlsbetont und hübsch ist, soll der Junge stark, klug, fleißig, groß und zupackend sein, einer, der weiß, was er will, selbstbewusst auftritt und sich gegen andere durchsetzt.

Zeigt der Junge dagegen Gefühle wie Angst, Trauer, Scham, Minderwertigkeit, Verunsicherung oder Hilflosigkeit, träumt er viel herum, wirkt er sensibel oder ist er tief in seiner Gedankenwelt versunken, dann wird ihm von seiner Umwelt, im Kindergarten und in der Schule wie von Gleichaltrigen schnell vermittelt, dass etwas mit ihm nicht stimme. Die rhetorische Frage »Du willst doch ein richtiger Junge sein, oder?« gleicht einer schallenden Ohrfeige für den Jungen, der offensichtlich in den Augen anderer noch keiner ist und sich suchend in seine männliche Identität und Rolle hineintastet.

Einem Jungen werden Gefühle der Schwäche wie Angst oder Trauer und erst recht Tränen nicht in dem Maße zugestanden wie kleinen Mädchen. »Stell dich nicht so an! Sei

nicht so empfindlich! Bist du ein Mädchen? Reiß dich zusammen!« sind verbale Ohrfeigen, auf die der kleine Junge in der Regel mit tief greifenden Entscheidungen reagiert, die sein Verhalten für die nächsten Jahrzehnte prägen. Weil er natürlich kein Mädchen sein will, weil er weiß, dass er Liebe, Bestätigung und Anerkennung braucht, trifft er für sich eine Entscheidung, die einem inneren Schwur gleicht und sein Verhalten und seinen psychischen wie physischen Zustand zukünftig bestimmen wird. **Er schwört: »Ich will mich zusammenreißen und mich anstrengen. Ich werde das, was die anderen nicht an mir mögen, verstecken und nicht mehr zeigen. Denn ich will ›es‹ schaffen.«** Was dieses »es« konkret bedeutet, bleibt zunächst diffus. Er weiß vor allem: »Ich muss anders werden. So wie ich bin, bin ich offenbar nicht richtig.« Hier liegt die Geburtsstunde des später verunsicherten, verwirrten und frustrierten Mannes.

Manche Mütter der jüngeren Generation werden einwenden, das sei doch heute alles gar nicht mehr so. Man ließe kleine Jungen sogar mit Puppen spielen und fördere ihre Sensibilität und Feinfühligkeit. Es stimmt, dass heute nicht mehr alle Jungen »hart wie Kruppstahl« sein müssen und die kleinen »Indianer« ihren Schmerz zeigen dürfen. Da aber auch Mütter nie gelernt haben, mit ihren eigenen Gefühlen der Angst, Wut und Schwäche konstruktiv und verwandelnd umzugehen, und da sich sehr viele Frauen angesichts ihrer leidenden, jammernden und sich aufopfernden Mütter geschworen haben, nie so zu werden, sind sie in den letzten Jahren sehr viel männlicher geworden und haben die Hosen angezogen.
Solche »starken« Frauen, die sich selbst das Schwachsein verboten haben, können kleinen Jungen nicht vermitteln, dass Schwäche und Stärke keine Gegensätze sind, sondern auf das Engste zusammengehören. Der Mensch, der sich seine

Schwächen eingestehen kann und sie akzeptiert, der annehmend und sich selbst liebend durch Schmerz, Enttäuschung, Wut und Angst hindurchgeht, dieser Mensch ist ein starker Mensch. Aber das, in seiner ganzen Dimension, haben bis heute weder Frauen noch Männer gelernt oder verinnerlicht.

Und viele Frauen – häufig diejenigen, die einen aggressiven, cholerischen, jähzornigen Vater hatten oder die besonders fortschrittlich oder »spirituell« sein wollen – lehnen die männlich-aggressive Seite ihres Jungen (wie die der Männer) ab, verbieten ihm gar, mit Holzgewehr oder Pistole zu spielen, sich mit anderen Jungen zu raufen oder »gefährliche« oder »böse« Sachen zu machen. Schon sein blutiges Knie oder sein aufgeschlagener Kopf lassen sie in Panik geraten und geben dem Sohn das Gefühl, jetzt bräche die Welt zusammen.

Seit über zwei Jahrzehnten dauert schon der Siegeszug eines Wortes, hinter dem sich eine gefühlsfeindliche Haltung verbirgt, und das heute auch bereits zum Sprachschatz älterer Menschen gehört. Das Schlüsselwort heißt »Cool-sein«. Zwar wird »cool« auf alles angewendet, was im weitesten Sinn »gut, super, klasse, spitze« und »in« ist, aber im Kern bedeutet »cool« noch immer kühl, kalt, und das heißt: möglichst ohne große Gefühlsäußerungen auftreten, mental stark etwas bringen, was andere bewundern. Ein »cooler Typ« ist in der Regel ein Junge oder Mann, der sich gut verkauft, eine gute Show macht, Erfolg hat und dabei nicht durch Gefühlsintensität, Herzenswärme, Zärtlichkeit, liebevollen Umgang und Mitgefühl auffällt, sondern durch Abgeklärtheit, Selbstbeherrschung, Disziplin, Zielorientiertheit und Durchsetzungsfähigkeit.

Schau dir nur einmal die männlichen wie weiblichen Models in Modeanzeigen an. Da lacht so gut wie niemand, stattdessen coole, kalte Abgeklärtheit und Seelenlosigkeit. Es scheint für sie eine Todsünde zu sein, Emotionen zu zeigen. Als ich vor einigen Jahren einen siebzehnjährigen intelligenten und musikalisch sehr kreativen, ausdrucksstarken Mann fragte, was er denn persönlich unter »cool« verstehe, meinte er: »Cool ist, wenn ich mit meiner Freundin schlafe, einen Orgasmus habe, und sie merkt nichts davon.«

Was den Umgang mit unseren Emotionen angeht, leben wir bis heute noch in der Steinzeit. Einerseits erschafft jedes Kind im Laufe der ersten Lebensjahre bereits eine Unmenge von Gefühlen, allen voran Angst, Trauer, Wut, Scham und Schuld, andererseits wird es von seinen Eltern abgelehnt, sobald es diesen Gefühlen Ausdruck gibt, ob es weint oder tobt, bedrückt ist oder ängstlich. Das Kind lernt, dass es mit diesen Gefühlen nicht geliebt wird, ja, dass mit ihm etwas nicht stimmt, dass es nicht in Ordnung sei.

Denn Kinder, die ihren Gefühlen deutlich Ausdruck verleihen, drücken bei Mutter und Vater die »Knöpfe« und berühren die Eltern in ihrer Hilflosigkeit angesichts der eigenen, lange unterdrückten Wut, Angst oder Trauer. Diese können mit gefühlsintensiven Kindern nicht umgehen und sind nicht in der Lage, ihnen zu zeigen, wie man Angst, Wut oder Trauer einfach annehmen und fließen lassen kann. So lernen Jungen und Mädchen, ihre Emotionen abzulehnen, zu unterdrücken und zu verdrängen, soweit das einem Kind möglich ist.

Hierbei werden Mädchen und Jungen auf unterschiedliche Weise in ihrem Gefühlsausdruck eingeschränkt und manipuliert. Mädchen wird vor allem klar gemacht, sie sollen nicht laut, wild, frech und wütend sein, denn das steht bis heute der Idealvorstellung von einem Mädchen entgegen. Und es führt dazu, dass die meisten nicht lernen, ihren Mund aufzumachen und ihre Interessen anzumelden und durchzusetzen. Ein lautes und wütendes Mädchen bekommt hauptsächlich von seiner Mutter gezeigt, dass sie es mit diesem Verhalten nicht liebt. Denn auch sie wurde von ihrer eigenen Mutter von früh an domestiziert, das heißt, ihr wurde der Hals gestopft nach dem alten Motto: »Frauen, die pfeifen, und Hühnern, die krähen, soll man beizeiten den Hals umdrehen.«

Das spricht heute niemand mehr im Ernst aus, aber gehandelt wird immer noch danach. Woher haben sonst viele Frauen ein verschlossenes Hals-Chakra und eine angeschlagene Schilddrüse, die mit diesem Chakra in enger Verbindung steht? Auch die bei Frauen häufiger vorkommende Migräne, ist auf die Unterdrückung von Wut schon des kleinen Mädchens zurückzuführen. Wut will bejahend gefühlt und ausgedrückt werden, zum Beispiel mit einem kräftigen »Nein!«, sie kann nicht über das Denken gelöst werden.

Kleinen Jungen wird im Gegensatz zu Mädchen sehr früh deutlich gemacht, dass alles Ängstliche, Schüchterne, Traurige, Sensible nicht zu einem wirklichen Jungen gehört. Das überträgt er auf alles, was im weitesten Sinne als »Gefühlsduselei« bezeichnet wird, und es bildet die Grundlage seiner späteren Coolness beziehungsweise Gefühlskälte. Wer diese Einstellung zu seinen Gefühlen verinnerlicht, der darf sich nicht über spätere Herzkrankheiten wundern. Denn die biologische Pumpe »Herz« steht in enger Wechselwirkung mit dem Herz-Chakra, das der Junge früher und systematischer als die Frau verschließt. **Diesem Herz-Verschließen liegt eine innere Entscheidung des Jungen zugrunde, der sich bewusst oder unbewusst sagt: »Ich will nicht mehr fühlen. Denn Fühlen ist unmännlich. Richtige Männer fühlen nicht, sie denken und sie beherrschen sich.«**

So verschiebt der Junge seine Aufmerksamkeit von seinem fühlenden Herzen hin zu seinem denkenden Verstand. Er geht in den Kopf, in das Denken und tut in Zukunft alles, um sich zu kontrollieren und um diese Kontrolle nicht zu verlieren. Denn die Kontrolle zu verlieren, geht mit dem Gefühl von Hilflosigkeit und Schwäche einher, und das gestattet sich weder ein »richtiger« Junge noch ein »richtiger« Mann. Und je konsequenter er in Kindheit und Jugend versucht, das Schwachsein abzulehnen und zu vermeiden, desto gewisser wird es ihn ein paar Jahrzehnte später zu Boden zwingen.

Paradoxerweise führt ihn genau dieser Schritt hin zur Kontrolle durch den Verstand später in immer größer werdende Hilflosigkeit und macht ihn zu einem schweigenden oder zuweilen jähzornigen Mann. Denn der Mann ist in seinem Inneren ein Vulkan, dessen Feuer gelebt werden will, nicht in Form destruktiver Ausbrüche oder zerstörerischen Verhaltens gegenüber seiner Umwelt, sondern mit ganzem Herzen, mit großer Freude und mit Liebe. Die Aggressivität und das zerstörerische, lieblose Verhalten vieler Männer, gerade in der Wirtschaft, kommt nicht daher, dass Aggression von Natur aus »böse« oder »schlecht« ist, sondern weil der Mann nicht gelernt hat, sie mit der Liebe seines Herzens zu verbinden, und auf diese Weise etwas Konstruktives, Schönes, Nützliches zu erschaffen. Die Grundenergie »Aggression« heißt: Ich packe etwas an, ich mache etwas Neues, ich setze etwas um.

Dieses Vulkanische, das Feuer im Mann, ist ein anderes Feuer als das der Frau. Das Feuer der Frau entspricht eher einer stetig brennenden Kerze, es ist beständiger und ruhiger. Das Feuer des Mannes gleicht eher einer Wunderkerze, die ihre Funken voller Begeisterung in der Welt versprühen will, beim Sex mit der Frau und vor allem in seiner Arbeit.

⊞ Die Mütter krallen sich die Söhne

Alles, was zwischen Müttern und ihren Söhnen in den ersten Jahren geschieht, hat große Auswirkungen auf das Leben des späteren Mannes, besonders auf seine Beziehung zu Frauen. Seit Generationen präsentiert sich die große Mehrzahl aller Mütter ihrem kleinen Jungen (wie auch ihren Töchtern) als eine mehr oder weniger leidende, jammernde, schimpfende oder unglückliche Frau. Selbst mit ihren Eltern verstrickt, erlebt sie keine befriedigende oder beglückende Partnerschaft und steht mit ihrem Frausein auf Kriegsfuß.

Das Verurteilen der Männer und Eltern und das Hadern mit dem Schicksal und dem bisherigen Lebensweg erschaffen in ihr das Bewusstsein eines leidenden Opfers, das ihren kleinen Sohn nicht unbeeindruckt lässt. Diese Feststellung ist keineswegs übertrieben, wie Umfragen während meiner vielen Vorträge zeigen. Kaum jemand meldet sich, wenn ich frage, wessen Mutter in ihrer Ehe glücklich war und ihr Frausein geliebt und gefeiert hat.

Durch Verurteilung des Erzeugers und anderer Männer und durch eigenes Leiden bringt die Mutter den kleinen Sohn (wie auch die Tochter) in eine prekäre psychische Lage. Da das Kind aus Vater und Mutter entstanden ist und das Erbe beider in sich trägt, ist es auch seelisch mit beiden verbunden. Das bedeutet, von Natur aus liebt jedes Kind seinen Vater und seine Mutter. Da die Eltern jedoch ihre Beziehung selten in einer liebenden, würdigenden und wertschätzenden Haltung leben und zum Ausdruck bringen, wird der kleine Junge, der weiß, dass er mehr von der Mutter abhängig ist als vom Vater, gezwungen, sich auf ihre Seite zu stellen und vor allem ihre Erwartungen an ihn zu erfüllen. Mütter haben in den ersten Lebensjahren eines Jungen einen immensen Einfluss auf den kleinen Mann und manipulieren ihn oft im höchsten Maße, ohne dass es ihnen bewusst ist. Sie lassen ihn deutlich wissen, was für einen Sohn sie sich wünschen, was sie ablehnen und verurteilen. Natürlich will jede Mutter das Beste für ihn und tut ihr Bestes. Aber unglückliche Menschen können nur vorleben und zeigen, wie man sich selbst unglücklich macht. Das nennt man bei uns »Erziehung«.

Mütter trösten sich mit ihren Kindern oft über das eigene freudlose Schicksal hinweg und machen sich nicht klar, dass ihre Erwartungen, Wünsche und Forderungen Energien sind, die das Kind weder für sich überprüfen kann, noch kann es sich von ihnen abgrenzen. Die Erwartungen, insbesondere die Gebote und Verbote, sind selten von Liebe motiviert, sondern werden aus den eigenen psychischen Nöten und Verstrickungen mit dem eigenen Mann und den Eltern heraus an Sohn und Tochter gerichtet.

Schon der kleinste Junge spürt genau, welches Verhalten die Mutter sich von ihm wünscht. Geht es ihr nicht gut, ist sie mit sich, ihrer Lebenssituation, ihrem Partner unzufrieden oder ist sie unglücklich, registriert der kleine Junge dieses Leiden und fühlt sich durch seine Abhängigkeit von ihr gezwungen, hierauf zu reagieren. Er beginnt, mitzuleiden, will ihr helfen und versucht auf irgendeine Weise, das Leid der Mama zu lindern. Viele Jungen bieten sich innerlich als Ersatzpartner an und denken: »Ich wäre der bessere Partner für Mama. Ich will ihr helfen.« Sie wollen ihr zeigen, dass es auch gute Männer gibt und trennen sich dadurch innerlich von ihrem Vater, indem sie ihn wie die Mutter als »schlecht« oder »böse« verurteilen.
Aufgrund der psychischen und physischen Abhängigkeit von seiner Mama hat der kleine Mann keine Chance, eine »neutrale« Position zwischen Mutter und Vater einzunehmen.

Da der Vater meist mehr abwesend als anwesend ist, braucht der Sohn unbedingt die Aufmerksamkeit und Zuwendung der Mutter für sein eigenes psychisches Überleben, wenn niemand sonst da ist.

Darum stellt er sich innerlich auf die Seite seiner Mutter und vermittelt ihr: »Mama, ich bin für dich da, ich helfe dir.« Der amerikanische Autor Harvey Hornstein hat nachgewiesen, dass die Art, wie eine Mutter den kleinen Jungen anspricht und lobt, überraschend deutlich sein späteres Verhalten Frauen gegenüber beeinflusst. Wenn Mütter ihre kleinen Jungen loben, dann unterscheidet sich dies sehr von der Art, wie sie ihre Töchter ansprechen. Zu ihrem Sohnemann sagen sie sehr häufig: »Du bist mein guter Junge« oder »Du bist mein großer Junge« oder »Du bist mein kluger Junge.« Das »mein« signalisiert dem Kleinen »Du gehörst zu mir!«, sonst würde sie sagen »unser Junge«.

Hier liegt die Geburtsstunde des späteren Frauenkümmerers, Frauenretters oder Frauenhelden. Denn die Art, wie Mütter ihre kleinen Söhne ansprechen und loben, hat für den Kleinen eine größere Bedeutung, als man annimmt. Er schließt hieraus sehr genau, welchen Jungen sich seine Mutter wünscht und wie er am meisten Punkte sammeln und sich ihr Wohlwollen und ihre Zuwendung erarbeiten kann. Das Gutsein, Großsein oder Klugsein signalisiert unterschiedliche Erwartungen und führt zu unterschiedlichen Reaktionen des Jungen.

Der »gute« Junge soll vor allem brav, angepasst und pflegeleicht sein und der Mama keine Sorgen machen. Der »große« Junge soll sich durch ein möglichst erwachsenes, reifes Verhalten auszeichnen und nicht mehr »klein« sein, er wird dadurch unbewusst angehalten, alles Kindliche, Kleine, Schwache und Bedürftige an sich abzulehnen und abzustellen. Er will Mama durch Größe beeindrucken. Und der

»kluge« Junge soll Mama beweisen, dass er intelligent ist, schnell viel lernt und kein »dummes Zeug« redet, sondern möglichst kluge Sätze von sich gibt. Jeder kennt solche kleinen »Klugscheißer«, die der Familie oder den Nachbarn oft mit Stolz präsentiert werden.

Die Erwartungen und die Art, wie die Mutter den kleinen Sohn lobt, und ihm ihre Aufmerksamkeit schenkt, haben für das Verhalten des späteren Mannes gegenüber »seinen« Frauen große Auswirkungen. So wird der regelmäßig mit »mein Guter« angesprochene Junge mit hoher Wahrscheinlichkeit einmal zum »Frauenverehrer« oder »Frauenversteher«. Er tut möglichst alles für seine Frau, liest ihr die Wünsche von den Augen ab und passt sich schnell an. Er verehrt die Frau und stellt sie nicht selten (innerlich) auf einen Sockel, wie er es schon mit seiner Mama getan hat.
Der oft mit »mein Kluger« gelobte Junge entwickelt sich zum »Frauenerzieher«. Er weiß immer alles besser und versucht seinen Frauen beizubringen, wie sie es richtig zu machen haben. Nicht selten spielt er später den Oberlehrer und glaubt, erst durch ihn und seine »Erziehung« würde die Frau vollständig, reif oder gebildet.
Und der »große Junge« versucht als Erwachsener, den Starken zu spielen und die Frauen mit etwas »Großem« zu beeindrucken, sei es mit seinen großartigen Leistungen im Beruf, im Bett, seiner goldenen Kreditkarte oder seinem großen Auto. Der berühmte »Frauenheld« ist nur eine der möglichen Varianten des »Frauenbeeindruckers«.

Ein vierter Typ, den ich diesen drei Männertypen hinzufügen möchte, ist der Frauenretter, der sich in der Kindheit nicht vom Leiden seiner Mutter abgrenzen konnte und beschloss, es selbst einmal ganz anders als sein Vater zu machen. Wie schon damals der kleine Junge, versucht er unbewusst, sein richtiges Mann-Sein zu beweisen, indem er eine oder mehrere Frauen (parallel oder nacheinander) aus ihrem Elend rettet. Dies ist eines der teuersten und auf Dauer frustrierendsten »Hobbys« von Männern.

Vielleicht hast du schon beim Lesen überlegt, ob von diesen Mustern und Männerrollen eine auch auf dich und deine Beziehung zu Frauen zutrifft. In den späteren Kapiteln über die Mann-Frau-Beziehung dürfte es dir völlig klar werden.

Ich habe selbst das »Hobby« des Frauenretters und -kümmerers ausgiebig über viele Jahre betrieben. Nachdem mich meine Mutter Käthe mit zweiundvierzig Jahren aus ihrem schon arg mitgenommenen Körper als fünftes Kind zur Welt gebracht hatte, nahm ich sie beinahe ausschließlich leidend und fromm wahr. Sie lief so oft wie nur möglich in die Kirche, litt fast ständig unter körperlichen Beschwerden und Schmerzen und wurde vielfach operiert. Dennoch war sie bei alledem sehr aktiv und versuchte, möglichst viele Frauen und Familien durch ihr soziales Engagement im »Mütterverein« zu unterstützen, was mich sehr beeindruckte. Die beiden Lebensmottos meiner Mutter waren einerseits »Beten und Gutes tun« und andererseits »Aushalten, durchhalten und Schnauze halten«. Das Letztere war besonders auf ihre Beziehung zu meinem Vater gemünzt.

Natürlich wollte ich wie jedes Kind ein Maximum an Aufmerksamkeit und Liebe von ihr erhalten. Also ging ich auch oft in die Kirche, wurde zum Vorzeige-Messdiener und wechselte mit zehn Jahren ins Klosterinternat, um später einmal Missionspriester zu werden und damit den Traum meiner Mutter zu erfüllen. Aber schon im Kindergarten hatte ich angefangen, Mädchen zu bewundern und zu unterstützen. Als die Mutter meiner kleinen fünfjährigen Freundin Ulrike starb, tröstete ich sie mit dem Versprechen, sie zu heiraten, wenn ich groß wäre. Dann sei sie bestimmt alle Sorgen los.

Da das Leben im Haus der Steyler Missionare auf Dauer doch nicht so prickelnd für einen kleinen lebensfrohen Jungen wie mich war, gab ich den Wunschgedanken (meiner Mutter) auf, Priester zu werden, und verabschiedete mich nach drei Jahren wieder von dort.

Lange Zeit hatte ich später das teure und auf Dauer unbefriedigende Vergnügen, mich als Frauenretter zu betätigen. Heute habe ich mich aus diesem Muster und den Verstrickungen mit meiner Mutter gelöst und kann sie mit ihrer Biografie so annehmen und würdigen, wie sie war. Sie hat es – wie alle Mütter – so gut gemacht, wie sie konnte. Ich freue mich, dass heute immer mehr Frauen mit dieser unseligen Tradition der Mütter brechen und beginnen, sich mehr und mehr zu lieben, ohne dabei zum Halbmann zu mutieren. Unsere Mütter und Urmütter freut dies ebenso, denn sie schauen auf das, was ihre Nachfolgerinnen heute aus ihrem Erbe machen.

Mütter geben sich in ihrer Mutterrolle oft »lebenslänglich«, nach dem Motto »Einmal Mutter – immer Mutter«, und krallen sich die Kinder. Sie wechseln aus dem Muttersein oft nicht mehr zurück in die Rolle der Frau und zerstören auf diese Weise die Liebesbeziehung zum Mann. Zwischen der Energie und Ausstrahlung einer »Mutter« und der einer »Frau« liegen Welten. So wird der kleine Junge einerseits durch die Erwartungen und Wunschbilder der Mutter, andererseits durch ihre Unzufriedenheit und ihr Leiden in der Partnerschaft an diese gebunden und mit ihr verstrickt.

Die wenigsten Mütter geben ihre Söhne wieder frei und an das Leben zurück und legen frühzeitig ihre kontrollierende und bemutternde Rolle ab. So bleiben unzählige Männer auch in ihrer Ehe innerlich zutiefst mit der Mutter ihrer

Kindheit verstrickt, selbst dann, wenn diese schon lange gestorben ist. Das trifft nicht nur auf diejenigen zu, die in der Kindheit »Muttersöhnchen« waren, sondern auf die Mehrzahl aller Männer. Die eigene Frau wird unbewusst oft zur Ersatzmutter, die dann auch so von ihrem Mann angesprochen wird: »Mutter, haben wir gekocht?« Und nachts geht's dann mit »Mutter« ins Bett, sehr prickelnd kann das nicht werden.

Wenn Männer den wahren Mann in sich entdecken und leben wollen, das heißt freie Männer und reife Beziehungspartner sein wollen, dann werden sie nicht umhin kommen zu lernen, sich aus dieser tiefen Verstrickung zu lösen. Hierzu braucht es keine zahllosen therapeutischen Sitzungen. Jeder Mann kann dies über geführte Meditationen wie »Die Mutter meiner Kindheit – Eine Begegnung für Klarheit, Frieden und Freiheit« selbst in wenigen Monaten erreichen. Die Mutter ist aus meiner Sicht mit Abstand die größte Tür in die Freiheit des Mannes. Wer sich nicht aufmacht, durch diese Tür zu gehen und sich innerlich im Frieden von ihr zu lösen, der darf in seinen Partnerbeziehungen mit unseligen Wiederholungen rechnen.
Solange der Mann sich nicht aus dem Netz der Verstrickung mit der Mutter seiner Kindheit befreit hat, ist er nicht in der Lage, seine Partnerin so wahrzunehmen, wie sie wirklich ist. Denn zwischen ihn und seine Frau schieben sich auf unbewusste Weise Tausende von Bildern, Gefühlen und Erfahrungen, die er im Zusammensein mit seiner Mutter in sich erschaffen und gespeichert hat. Mit dem Verstand allein kann er nicht verhindern, dass er diese auf die Frauen seines Lebens überträgt.

Die Freiheit, nach der sich jedes Männerherz zutiefst sehnt, entsteht zuallererst durch die Befreiung von der Mutter der

Kindheit. Darum rate ich jedem Mann zwischen achtzehn und einundachtzig, sich diese Aufgabe beherzt vorzunehmen. Auch dem Mann im Rentenalter wird dies noch einen Schub an Lebensqualität und -freude bringen, den sich der Verstand nicht vorstellen kann. Denn die Verstrickungen der Kindheit verblassen keineswegs mit der Zeit, sondern wirken ein Leben lang mit der gleichen Kraft, wenn wir sie uns nicht bewusst anschauen, durchfühlen und lösen. Ganz gleich, wie lange es her ist, dass du verletzt wurdest – alle Wunden wollen geheilt werden. Denn die Zeit heilt keine Wunden, die Zeit heilt gar nichts.

⊞ Abwesende und schwache Väter

Wenn Männer auf ihr inneres Verhältnis zu ihrem Vater angesprochen werden, dann fällt ihnen dazu wenig ein. Sie erinnern sich selten an etwas, das sich in den ersten zehn Lebensjahren zwischen ihnen und dem Vater abspielte. Oft sind es Bilder ab der Pubertätsphase, die im Mann auftauchen. Der Sohn hat – wie oben beschrieben – nicht nur erfahren, dass sein Vater die meiste Zeit abwesend ist, sondern auch, dass er in den Augen der Mutter entweder ein Versager oder ein Tyrann ist. In seinen Augen versagt er bei der Aufgabe, seiner Mutter ein guter Partner zu sein. Er versagt ebenso darin, ein liebevoller, gefühlsintensiver und präsenter Vater zu sein, und oft genug versagt er auch im Beruf. Wenn jemand mürrisch oder aggressiv von seiner Arbeit nach Hause kommt, dann muss auch dieser Lebensbereich im Argen liegen.

Das Bild vom Vater – dem ersten Mann im Leben eines Jungen – als Versager ist im Bewusstsein vieler Männer gut ver-

ankert und hinterlässt tiefe Spuren im Leben der Söhne. Wenn der Vater in den Augen des Jungen ein Versager war, dann schwächt dies den späteren Mann erheblich und lässt ihn oft genug beruflich wie in der Beziehung zu einer Frau scheitern, obwohl er es ganz anders und natürlich besser machen wollte als jener. Neben der emotionalen Distanz trägt auch die kritisierende, herabsetzende, bestrafende Behandlung durch den Vater zum Bild des Versagervaters im Jungen und späteren Mann bei.

Viele Väter erzeugen in ihren kleinen Jungen wie Mädchen eine Angst vor dem Männlichen: Sie unterdrücken ihre Ängste, ihre Wut und ihre Trauer so lange wie möglich, um dann entweder in ein depressives, alle anderen bedrückendes Schweigen zu versinken oder um die Familie, mehr oder weniger häufig, mit ihren jähzornigen Ausbrüchen zu erschrecken. Manchem Erwachsenen stecken Szenen eines betrunkenen, schreienden und terrorisierenden Vaters noch lebhaft in den Knochen. Da die hilflose Mutter ihn außerdem als strafende Instanz missbrauchte (»Warte nur, bis Papa nach Hause kommt!«) zieht das Kind hieraus den Schluss: Männer sind entweder traurige oder böse Gestalten. Vor Männern nimmt man sich besser in Acht und kommt ihnen nicht zu nahe.

Erinnere dich daran, welche Atmosphäre dein Vater (falls du einen hattest) in deiner Kindheit in der Familie erzeugt hat. Wenn du mit Mutter oder Geschwistern zu Hause warst und es war friedlich und du hörtest dann, wie die Haustür aufging und wusstest: »Jetzt kommt Papa!« – welches Gefühl löste das in dir aus? In vielen Familien schlug in dieser Situation schlagartig die Stimmung um, weil jeder sich fragte: »Wie ist er heute drauf? Gut gelaunt oder mies?« Auf diese Weise haben Väter durch ihre bloße Anwesenheit das Klima ihrer Familie bestimmt.

Ein kleiner Junge sehnt sich aber danach, dass er von seinem männlichen Vorgänger und Erzeuger gesehen und wertgeschätzt wird. Das Lob des Vaters hat für ihn ein anderes Gewicht als das Lob der Mutter. Wenn der kleine Junge etwas geschafft hat, wenn er seinen ersten Turm gebaut hat, das erste Mal auf einen Baum geklettert ist oder mit seinem Fahrrad fährt, ohne festgehalten zu werden, dann lechzt er geradezu nach der Anerkennung des großen Mannes. Sein Ruf »Papa, Papa, guck mal, was ich kann!« wird jedoch selten mit einem bewundernden »Toll! Super machst du das!« beantwortet. Denn ein Mann, der an sich selbst wenig Tolles findet, kann auch seinen Sohn nicht aus ganzem Herzen loben und nähren.

So gehen die Söhne schließlich ins Leben hinaus ohne das Bewusstsein: »Mein Vater ist stolz auf mich. Ich spüre seine Hand auf meiner Schulter und höre seine Stimme, die mir sagt: ›Du machst das schon. Du bist stark. Meine Liebe begleitet dich.‹« Die fehlende Anerkennung und Wertschätzung vonseiten des Vaters nagt noch am erwachsenen Mann, auch wenn er es tief ins Innere verdrängt hat. Sie hinterlässt in ihm ein Vakuum, das er auf andere Weise zu füllen versucht.

Täglich rennen Millionen Männer mit dieser unerfüllten Sehnsucht nach Anerkennung und Liebe des Vaters im Bauch in die Betriebe. Sie wollen nicht nur gutes Geld verdienen, sondern auch eine Arbeit abliefern, die ihnen das Lob und die Wertschätzung ihrer Vorgesetzten einbringt. Da der Chef jedoch nicht der Vater ist und ihn selbst oft Zweifel und Ängste plagen, ist er nicht in der Lage, seinen Mitarbeitern das zu geben, was sie sich wünschen: emotionale Wärme, aufrichtige Rückmeldung und kraftvoll anerkennende Unterstützung. Frühere familiengeführte Firmen mit einem führungsstarken und zugleich warmherzigen Chef an der Spitze konnten diese Bedürfnisse vieler Männer noch ganz anders auffangen und befriedigen. Probleme mit Vorgesetzten und Autoritätsfiguren wie Lehrern, Polizisten, Vertretern von Behörden oder »Vater Staat« lassen sich fast immer auf ein unfreies, verstricktes Verhältnis zum Vater der Kindheit zurückführen, ebenso wie berufliches Scheitern.

So seltsam es klingt, auch der schwächste Vater ist für den Sohn der Vermittler einer männlich-väterlichen Kraft, die dieser dringend benötigt, um im Leben seinen Mann zu stehen und um das auszudrücken und zu erschaffen, was ihm Freude und Erfüllung bringt. **Beruflicher Misserfolg und Probleme mit Vorgesetzten sind aus meiner Erfahrung zu neunzig Prozent auf schwache und/oder abwesende Väter zurückzuführen.** Erfolgreiche Männer, die ohne Vater aufgewachsen sind, haben sich ihre Position meist sehr hart erkämpfen müssen. Die »vaterlose Gesellschaft«, die Alexander Mitscherlich schon in den Sechzigerjahren beklagte, existiert auch heute noch in weitem Maße, und sie hat auf Töchter und Söhne sowie die Mann-Frau-Beziehung katastrophale Auswirkungen.

Zugleich sind wir Teil des großen unsichtbaren Energiesystems, in das wir und alle Männer und Frauen, die uns als Ahnen vorausgingen, untrennbar eingebunden sind. Sowohl von unserem Vater und dessen männlichen Vorgängern als auch von der Mutter und den Urmüttern fließen uns Kräfte zu, die beide Geschlechter benötigen, um ein ausgeglichenes glückliches Leben zu führen.

Ganz egal also, ob der Vater früh verstarb, überhaupt nicht oder nur wenig zu Hause war, die Familie nach einer Scheidung verließ, ob er als Despot oder als Schlappmann auftrat, wir Männer brauchen diesen Vater im Rücken als liebende, anerkennende und nährende Kraft und als erste Person unserer männlichen Ahnenreihe, die uns Männern zuruft: »Du bist unser Fahnenträger. Mach etwas aus unserem Erbe, das in dir steckt!« Die meisten Menschen haben kein Problem damit, das biologische Erbe ihrer Vorfahren anzuerkennen, das über die Analyse von Genmaterial nachweisbar ist. Ebenso wissen wir es heute zu schätzen, dass Männer von Generationen vor uns das Rad und den Motor erfunden haben. Ohne dieses Erbe würde heute kein Mensch in ein Auto steigen können.

In uns existiert aber auch ein psychologisches Erbe. Was unsere Väter und Mütter gestern und seit Hunderten von Jahren gelebt und an Lebensmustern erschaffen haben, ist kein Schnee von gestern, sondern ist in uns allen komplett gespeichert. Wird dieses Erbe von uns nicht anerkannt und gewürdigt, können wir als Männer und Frauen auch nicht darüber hinausgehen, sondern wiederholen die Muster und das Leid erzeugende Verhalten wieder und wieder. Aus diesem Kreislauf können und müssen wir jetzt aussteigen.

Jeder Mann ist in der Lage, die liebend nährende und stärkende Verbindung zum eigenen Erzeuger wie zu den männlichen Ahnen herzustellen, auch wenn sie in der Kindheit völlig gefehlt hat. Ich empfehle jedem, seinem Vater mithilfe einer geführten Meditation in seinem Innern zu begegnen, seine Beziehung zu ihm zu klären und ihn dadurch »hinter sich« zu stellen. Das ist kein »Fantasiespiel«, sondern eine Begegnung, die der Mann individuell und einzigartig erlebt. Dabei sieht und spürt jeder sofort, welche innere Beziehung gegenwärtig zum eigenen Vater besteht. Fast alle entdecken in höchstem Maße Verstrickungen, die absolut real und fühlbar sind, und die jeden Tag in unserem Leben Wirkung zeigen, unter anderem durch Beschwerden auf der rechten, der männlichen Körperhälfte.

Ich habe die offensichtliche Wirkung der Meditation »Der Vater meiner Kindheit« bei vielen Hundert Männern und Frauen in meinen Seminaren beobachten können. Die väterliche Kraft und Liebe fließen unmittelbar in das feinstoffliche System im Bereich des Kreuzbeins hinein und bringen den Menschen dazu, sich aufzurichten und kraftvoll und selbstbewusst durch sein Leben zu gehen. Ich empfehle jedem, der mit seinem Vater nicht im Frieden ist und in keiner herzlichen, liebenden Verbindung zu ihm steht, diese Meditation über ein bis zwei Monate regelmäßig, am besten wöchentlich, durchzuführen.

Mein Vater Jacob wurde 1910 geboren und erlebte zwei Weltkriege. Im Zweiten kam er in russische Gefangenschaft und konnte nach fünf Jahren Lagerzeit von dort fliehen. Er hat über die Kriegszeit und das Leiden der Männer nie gesprochen. Wie so viele von ihnen, vergrub auch er zeitlebens seine Gefühle in sich. Und starb am Ende am dritten Herzinfarkt. Dennoch kann ich heute seine Lebensleistung anerkennen. Er hat seiner Familie sein Leben lang als Ernährer und Versorger gedient. Mit vierzehn Jahren begann er als Botenjunge in einer großen Stahlfirma, in der er sich mit den Jahren zum Leiter der Kostenrechnung hocharbeitete, und einen Ruf als strenger, aber auch fairer Chef genoss. Als »seine« Firma zum ersten Mal rote Zahlen schrieb und Verluste machte, erlitt er wenige Tage später seinen ersten Infarkt, so sehr identifizierte er sich mit ihr.

Er kam nie auf die Idee, dass auch in seinen Söhnen Talente stecken könnten, und schenkte uns keine Anerkennung oder Wertschätzung. Stattdessen wertete er uns verächtlich ab und vermittelte uns, wir seien dumm und nicht in Ordnung. Mich bezeichnete er gern als »Memme« (zum Beispiel wenn ich die siedend heiße Suppe nicht so schnell hinunterstürzen konnte, wie er das im Krieg gelernt hatte) und selbst meine erfolgreiche Kriegsdienstverweigerung, die damals noch über ein tribunalähnliches Verfahren erkämpft werden musste, verurteilte er trotz seiner eigenen schlimmen Erfahrungen im Krieg und in russischer Gefangenschaft. Ich selbst habe ihn über lange Zeit als »Geizhals« verachtet, weil es dauernd zum Krach wegen des Haushaltsgeldes mit meiner Mutter kam, und diese für persönliche Wünsche kaum etwas erhielt. Sogar die Zusatzkosten für ihren Homöopathen rieb er ihr vorwurfsvoll unter die Nase.

Er war in meinen Augen damals »der Böse« und meine Mutter »die Arme«. Später habe ich mein Urteil zurückgenommen, als ich begriff, wie viele Ängste und Kleinheitsgefühle in ihm gesteckt haben müssen. Ich erfuhr, dass er während seiner gesamten fünfundvierzig Jahre Berufstätigkeit nie eine Gehaltserhöhung verlangt hatte, und offenbar über Jahrzehnte deutlich weniger verdiente als die anderen Abteilungsleiter der Firma. Das könnte man als Dummheit bezeichnen, aber ich weiß heute, dass es seiner Unfähigkeit entsprang, sich selbst wertzuschätzen und für sich einzustehen.

Als ich mich mit siebzehn Jahren entschloss, in »seiner« Firma eine Lehre zum Industriekaufmann zu machen, muss er große Angst gehabt haben, ich könnte ihn, den angesehenen Abteilungsleiter, blamieren, und ließ sich von seinen Kollegen meine Monatsberichte vorlegen, bevor sie zur Personalabteilung wanderten. Und als ich ihm ein paar Jahre später stolz mein erstklassiges Abschlusszeugnis des Abendgymnasiums schickte, war er nicht in der Lage, seinen Stolz auf mich auszudrücken. Nur indirekt erfuhr ich, dass er vor anderen mit meinem Zeugnis prahlte. Heute ist mir auch klar, dass meine eigenen früheren Probleme, mit Geld sorgsam umzugehen, aus der Verstrickung mit meinem als »geizig« verurteilten Vater entstanden. Weil ich es vollkommen anders machen wollte, tendierte ich dazu, immer mehr Geld auszugeben, als ich verdiente, und meinen Dispo-Kredit oft bis zum Anschlag auszunutzen, zur Freude meiner Sparkasse.

Ich bin meinem Vater heute in Liebe und Respekt verbunden und ziehe meinen Hut vor seinem Lebenslauf, den ich nicht gegen meinen eintauschen wollte, der so viel leichter ist. Er steht, ebenso wie meine Mutter, im Geiste hinter mir, und seine Liebe fließt mir zu. Dasselbe wünsche ich jedem Mann und jeder Frau, und in meinen Seminaren habe ich die große Freude, den Weg dorthin zeigen zu dürfen. Welche Veränderungen in Richtung Frieden und Freiheit in vielen Teilnehmern innerhalb einer Woche eintreten, glaubt kaum jemand, der das nicht erlebt hat, schon gar kein Psychologe. Dessen letztes Argument lautet meist: »So einfach kann es nicht gehen.« Aber das Leben ist einfacher zu verstehen und zu verändern, als wir bisher glauben.

⊞ Der kleine Junge im großen Mann

Wenn der Mann sich selbst und den Sinn seiner Erfahrungen verstehen will, darf er sich für den kleinen Jungen öffnen, der in jedem Mann steckt. Dieser Junge ist keine Fantasiefigur, sondern ein lebendiges Wesen voller Gefühle, das sich danach sehnt, endlich vom »großen Mann« wahrgenommen zu werden. Er sehnt sich seit der Kindheit nach Aufmerksamkeit, Wertschätzung, Lob und Liebe. Allerdings glaubt dieser Junge immer noch, diese Liebe müsse von Mutter und Vater kommen. Aber die beiden können für den Kleinen nichts mehr tun, denn sie sind einfach nicht mehr zuständig für ihn. Für diesen Jungen muss der Mann jetzt selbst die Verantwortung übernehmen und lernen, seine Wahrnehmung und sein Herz für ihn zu öffnen.

Bei allem, was du als Mann erlebst, ob du arbeitest oder mit einer Frau zusammen bist, spielt dein kleiner innerer Junge eine Hauptrolle. Er ist die Schlüsselfigur in dir für die Entstehung wie für die Lösung deiner Probleme mit Frauen, mit Kollegen, Chefs und anderen, und du kannst seine Bedeutung für ein Leben in Freude, Frieden und Freiheit nicht hoch genug einschätzen. Er ist die Person, die du als Erstes wirklich wahrnehmen und lieben lernen darfst, ja sie ist die Tür zu deiner Selbstliebe.

Warum? In ihm ist all die Lebendigkeit, Freude, Begeisterung, Lebenslust und Kreativität gespeichert, die du für ein wunderbares Männerleben brauchst. In deinem kleinen Jungen ist Power pur enthalten. Aber zugleich ist er auch der Träger all der Gefühle, die du seit deinen ersten Jahren auf dieser Erde abgelehnt hast zu fühlen. Und diese Gefühle kommen heute immer dann in dir hoch, wenn es dir »schlecht geht«.

Wenn eine oder deine Frau dich spüren lässt, dass sie nicht sehr viel von dir hält, wenn sie dir Vorwürfe macht, du seiest zu wenig einfühlsam, hilfsbereit oder präsent, du hättest dies oder jenes nicht oder anders machen sollen, dann wird der kleine Junge in dir aktiviert. Entweder reagierst du verärgert, wütend oder enttäuscht, trotzig oder traurig, mit Schweigen oder mit Türenknallen, oder du schüttelst nur den Kopf über »die Frauen«, die Männer einfach nicht verstehen, und verkriechst dich in deine Arbeit, in den Keller, vor den Fernseher oder deinen PC.

Achte beim nächsten Mal nicht nur darauf, wie du äußerlich reagierst, sondern nimm dir Zeit zu spüren, welche Gefühle in deinem Innern ausgelöst werden, entweder von deiner Frau oder von deinem Kind oder deinem Chef. Denn diese Personen sind nicht die Ursache deiner Gefühle, sondern sie kitzeln sie hoch, sie drücken deine Knöpfe und lösen Ängste, Wut, Trauer, Trotz, Kleinheit, Schuld- oder Schamgefühle in dir aus und lassen dich dann manchmal ziemlich alt aussehen.

Und es ist nicht zynisch gemeint, wenn ich sage: Diese »Knöpfe-Drücker« brauchst du dringend. Sie sind ein Segen für dich, auch wenn du noch nicht weißt, worin der Segen liegen soll. Dir geht es ja erst einmal »Scheiße«, wenn so ein Gefühl in dir hochkommt, oder? Diese »Knöpfe-Drücker« nenne ich gern unsere »Arsch-Engel«, weil unser Kopf sie (in dieser Situation) für einen »Arsch« hält, sie aber in Wirklichkeit unsere Engel sind, die uns den Weg ins Aufwachen und zum wahren Mann-Sein unerbittlich zeigen.

Für den Umgang mit diesen Gefühlen oder Emotionen hast du keine Ausbildung vorzuweisen, keinen Führerschein und kein Diplom. Der gekonnte Umgang mit Gefühlen ist für die meisten Männer, junge wie ältere, ein noch unbekanntes Land, das erforscht werden will. **Aber wenn sie das Land der Gefühle in dieser Zeit wirklich kennenlernen und zu einem bekannten Terrain machen, dann stoßen sie die Tür zur Freiheit von der Vergangenheit weit auf und werden zu wirklichen Männern.**

Jedes Männerherz sehnt sich nach einem lust- und liebevollen Leben in Begeisterung, Erfüllung und Freiheit. »Freiheit ist das Thema des Mannes« heißt es in meinem letzten Buch »Zersägt eure Doppelbetten!« und es ist ein zentrales Thema dieses Buches. Um aber jene Begeisterung und Lebenslust wieder zu wecken und wahrzunehmen, die in dem kleinen Jungen steckten, der du einmal warst, und sie in gelebtes Leben umzusetzen, brauchst du den Zugang zu diesem kleinen Jungen, der in dir lebt. Du brauchst den Zugang zum freiwilligen Fühlen deiner bisher abgelehnten Gefühle. Denn wer seine Trauer nicht fühlen will, kommt auch nicht an seine Freude heran; wer seine Ängste nicht als eigene Schöpfungen begreift und nicht mit offenem Herzen fühlt, der kommt auch nicht ins Land der Freiheit. Warum glaubst du, ist Marlboro zur führenden Zigarettenmarke geworden? Weil die Sehnsucht nach Freiheit so tief im Herzen der Männer verankert ist.

Der Weg zu einem Ziel wie der Freiheit führt paradoxerweise immer über die Wahrnehmung, Annahme und liebende Verwandlung des Gegenteils in uns, nämlich aller Unfreiheit, das heißt aller Ängste, aller Wut, aller Ohnmacht. Der Weg zur Freude führt durch Trauer und Depression. Der Weg zu Selbstbewusstsein und Kraft führt entsprechend durch Gefühle der Schwäche, der Scham, Schuld und Minderwertigkeit. Der Weg zum Frieden führt durch allen Unfrieden in uns, aber niemals über die Ablenkung und Verdrängung dieser ganzen unfriedlichen und unfreien Vergangenheit, die tief in uns gespeichert ist und die wir bis heute ablehnen. Und der Schlüssel zu allem heißt LIEBE. Und wie der Mann sich selbst und alles und alle um sich herum lieben lernt, davon handelt dieses Buch. Es ist ein Buch über Liebe und Freiheit.

Männern wird von vielen Frauen vorgeworfen, dass sie inkompetent im Umgang mit Gefühlen seien, und auf die Mehrzahl der Männer trifft das auch zu. Denn der kleine Junge von damals musste sein Herz verschließen. Er ist ins Denken, Kontrollieren, Anpassen, Zusammenreißen und ins Machen gegangen, um die Erwartungen seiner Umwelt zu erfüllen. In diesem Prozess blieb der innere kleine Junge mit seinen vielen Gefühlen einsam und traurig auf der Strecke. Wenn du ein lebendiger, von dir selbst und dem Leben begeisterter Mann sein oder werden willst, dann führt der Weg über diesen kleinen Jungen, der in deinem Innern auf dich wartet. Du kannst ihm – wenn du willst, jetzt gleich – in einer Meditation begegnen, auf einer Reise nach innen. Du findest sie auf der CD, die diesem Buch beiliegt (Track 5 und 6).

Bei dieser Begegnung siehst und erlebst du dich selbst als den kleinen Jungen von damals, fühlst mit ihm, sprichst zu ihm und öffnest ihm dein Herz. Du kannst seine unwahren Gedanken über sich korrigieren, ihm helfen, seine Gefühle zu bejahen und fließen zu lassen, und ihm die Freude am Leben wieder zurückgeben. Bist du bereit, ihm und damit dir selbst dieses Geschenk zu machen? Wenn ja, warum fängst du nicht gleich damit an?

3

Was der Mann jetzt tun kann

⊞ Der Mann braucht Zeiten mit sich allein

Nur wenige Männer lieben es heute, ein Mann zu sein auf dieser Erde. Vor lauter Fixierung auf das Machen und Tun, auf Arbeiten und Pflichterfüllung haben es die meisten von uns versäumt oder nie gelernt, sich selbst liebend und wertschätzend zu begegnen und zu behandeln. Für viele sind Worte wie Selbstliebe und Selbstwertschätzung etwas Unmännliches und Fremdartiges. Ein Mann soll sich selbst lieben können? Wie soll das aussehen?

Der Mann hat wie die Frau gelernt, dass Liebe etwas ist, das von einem anderen kommen muss, aber nicht von einem selbst. Für ein Kind, das von seinen Eltern abhängig ist, trifft es zu, dass es Liebe und Aufmerksamkeit von anderen benötigt. Diese Abhängigkeit von der Liebe anderer prägt sich uns in den Jahren der Kindheit und Jugend tief ein, und wenn wir später das Elternhaus verlassen, wird die Grundeinstellung »Ich brauche Liebe von anderen« nicht korrigiert. So glaubt auch der erwachsene Mann, dass er allein nicht überlebensfähig ist, und konzentriert sich darauf, durch Leistung die Anerkennung von anderen, von einer Firma und von seiner Frau zu gewinnen. Sowohl der Vorgesetzte als auch die Partnerin sollen ihm bestätigen, dass er ein guter, ein richtiger Mann ist. Aber das funktioniert nicht und lässt am Ende einen frustrierten, hungrigen und verunsicherten Mann zurück.

Unsere wichtigste Nahrungsquelle für das seelische Wohlbefinden und für ein begeistertes Mann-Sein liegt in uns selbst. Auf diese Quelle hat uns niemand hingewiesen, weil die anderen es auch vergessen haben. Und so kennt der Mann diese Kraftquelle in aller Regel nicht. Er hat nicht die geringste Ahnung, was in ihm steckt, weil er gelernt hat, nur auf seinen Kopf mit seinen vielen unwahren Gedanken zu hören. Über den Verstand ist aber noch niemand glücklich geworden, denn der spult immer wieder die gleichen Gedanken ab, durch die wir uns selbst runterziehen, kleinmachen und uns antreiben.

Wer ein glücklicher Mann werden will, wer begeistert in dieser Welt leben, lieben und arbeiten will, der darf lernen, wie man eine lebendige und liebende Beziehung zu sich selbst aufbaut und führt. Und dieser Weg führt immer über das Herz. Jeder Mann, der sich für diesen Weg ins Männerglück entscheidet, kann das lernen. Der Mann muss und wird lernen, dass er sich selbst der erste und wichtigste Partner ist, auf den er sich verlassen kann.
Das Wichtigste ist hierbei, dass der Mann sich Zeit nimmt für sich selbst. Zeit mit sich allein zu verbringen, ist die erste Wertschätzung, die wir uns selbst schenken dürfen und müssen. Und in dieser Zeit geht es nicht darum, den Körper in der Muckibude oder beim Joggen zu bewegen und zu malträtieren, sondern uns innerlich zu bewegen, etwas in uns in Bewegung zu bringen, das seit Langem blockiert ist. Mann, stell dich und dein Männerleben in den Mittelpunkt deiner Aufmerksamkeit! Kümmer dich endlich um das Wesentliche, um dich selbst! Auch wenn du eine Frau und drei Kinder hast, ändert dies nichts daran, dass du, der Mann, das Wichtigste in deinem Leben bist. Fang an, dir Zeit zu schenken, die du in Ruhe mit dir verbringst, um zur Besinnung zu kommen, um dich auf die Kernpunkte zu besinnen, die über deine seelische und körperliche Gesundheit und über dein glückliches Männerherz entscheiden. Wenn du das nicht tust, ist die Wahrscheinlichkeit hoch, dass dich das Leben eines Tages durch einen Unfall oder eine Krankheit flachlegt und damit zwingt, dich dir selbst zuzuwenden.

Männer verbringen circa siebzig Prozent ihrer Wachzeit mit ihrer Berufsarbeit, die Fahrten zur Arbeitsstelle kommen noch hinzu. Die restliche Zeit widmen sie der Partnerin oder der Familie, sitzen vor dem Fernseher oder Computer. Der Gedanke, regelmäßig, ja täglich Zeit mit sich allein zu verbringen, erscheint dem Normalmann absurd und er fragt: »Und was soll ich da tun?« Er weiß mit sich oft nichts anzufangen, außer sich erneut in Aktivitäten zu stürzen, im Keller, in der Garage oder am Haus.

Um zu sich selbst und damit zum Wesentlichen zu finden, wird der Mann lernen müssen, das Mit-sich-Sein zu genießen, anstatt es nur irgendwie auszuhalten. Wer nicht zur Ruhe kommt und die stillen Augenblicke nicht genießen lernt, der läuft mit viel Unklarheit im Kopf herum und fühlt sich getrieben. Und wer im Kopf unklar ist, wer sich des Wesentlichen in seinem Leben nicht bewusst ist, der produziert im Alltag Unzufriedenheit sowie Zustände und Ereignisse, die ihn nicht glücklich machen.

Zeiten, die du in der Stille mit dir verbringst, sei es bei einem ruhigen Spaziergang, sei es bei einer Stunde in deinem Garten, in der Sauna oder mit einem guten Buch, das dich innerlich berührt oder inspiriert, sind Zeiten, die dich am meisten nähren. Hierzu gehört auch, dass du dich am Tag mindestens eine halbe Stunde hinsetzt, die Augen schließt und aus dem Denken ins Fühlen gehst. Erst wenn wir uns für Stille entscheiden, können wir den Lärm in uns wahrnehmen, den Lärm der Gedanken, die beunruhigenden oder bedrückenden Empfindungen unseres Körpers und die uns oft plagenden Emotionen wie Angst, Schuld, Kleinheit, Wut oder Trauer. Solche regelmäßig mit dir allein verbrachte Stunden sind die größten Geschenke, die du dir selbst machen kannst. Sie führen dich zu dir selbst.

Viele Männer haben Angst vor Stille und Alleinsein, weil dann nichts vorhanden ist, woran sie sich festhalten können. Viele Aktivitäten im Außen genauso wie extrem häufig oder intensiv betriebener Sport sind meist Ablenkungen von unserem inneren Geschehen. Der Kopf sagt hier oft: »Ich brauche meinen Sport, danach geht's mir besser!« Wenn du zu den Viel- oder Extremsportlern gehörst, dann beobachte dich einmal von innen, wenn du herumjoggst oder dir im Fitnesscenter einen abschwitzt. Machst du das, weil du dich liebst? Oder weil du deinen Körper in Schuss halten willst? Treibst du deinen Körper schmerzhaft an und hängt dir am Ende die Zunge aus dem Hals oder prägen Gelassenheit, tiefe Freude an der Bewegung und Sanftheit dein Training?

Das unbewusste Motiv vieler Sport treibender Männer ist der Versuch, über das intensive Körpergefühl, das oft bis an die Schmerzgrenze reicht, andere Gefühle, vor allem Ängste, nicht mehr spüren zu müssen. Über Sport kann man genauso viel verdrängen wie mit vielen Überstunden, ausgedehntem Fernsehkonsum, Sauferei oder suchtartigem Sex. Anstatt vor seinem unruhigen Innenleben wegzulaufen, darf der Mann jetzt die Richtung seiner Aufmerksamkeit um hundertachtzig Grad drehen: von außen nach innen, auf seine Gefühle, seine Empfindungen, seine Gedanken und sein Herz. Wenn Männer nicht nach innen gehen, verpassen sie das Wesentliche und laufen im Außen in die Irre.

Plane deshalb Zeiten der Stille für dich fest in deinem Alltag ein, so wie wichtige Geschäftstermine. Bevor du morgens aus dem Haus stürzt, gib dir zwanzig, dreißig Minuten, in denen du dich in deinem Zimmer oder im Schlaf- oder Wohnzimmer (wenn du noch kein eigenes Zimmer hast) in einen Sessel setzt, die Augen schließt und nicht darüber nachdenkst, was du heute alles schaffen musst oder was in der Firma auf dich wartet. Du sitzt einfach da und atmest sanft und ruhig und nimmst wie ein Beobachter alles wahr, was sich in deinem Körper an Empfindungen bewegt: Ruhe oder Unruhe, Weite oder Enge, Schwere oder Leichtigkeit usw. Und du sagst innerlich oder sprichst es aus: »Alles in mir darf jetzt da sein. Ich bin bereit zu fühlen.«

Und nach ein paar Minuten spürst du nach, welche Emotionen im Moment in dir wahrzunehmen sind, sei es Freude oder Bedrücktheit, Angst oder Vertrauen, Frieden oder Ärger und Ähnliches. Und du erlaubst auch ihnen liebevoll, da zu sein. In diesen ersten zehn Minuten kommst du immer mehr in die Ruhe, in das einfache Dasitzen und Nichtstun. Und du kannst es auch mit dem Satz ausdrücken: »Es gibt jetzt nichts zu tun, sondern nur zu sein.«

Als Drittes gehst du mit deiner Aufmerksamkeit in die Mitte deiner Brust, in dein Zentrum, dein eigentliches Herz (im Unterschied zum biologischen Herzen, der fleißigen, unermüdlichen Pumpe). Spüre dieses Zentrum und atme stetig sanft ein und aus, wobei du dir vorstellen kannst, du würdest durch deine Brust ein- und ausatmen. Dieser Übungsteil bringt dich noch mehr zur Ruhe und zu dir selbst. Falls du nach wie vor Unruhe, Enge, Angst, Trauer oder irgendetwas Unangenehmes in dir spüren solltest, versuche nicht, dich dagegen zu wehren oder es wegzumachen, sondern spüre es und erlaube ihm, jetzt da zu sein.

Gegen Ende dieser zwanzig oder dreißig Minuten kannst du ein paar Sätze still für dich oder laut aussprechen, die diesem Beginn des Tages eine schöne Schubkraft und Richtung geben. Vielleicht sagst du zum Beispiel:

> *»Ich danke für diesen neuen Tag*
> *und ich danke für die vergangene Nacht.*
> *Ich will mich heute wieder in Liebe begleiten*
> *und sehr gut für mich sorgen.*

Ich öffne mich für Freude, Gelassenheit und inneren
  Frieden,
und ich werde mir selbst der beste Freund sein.
So nehme ich alle Geschenke dieses Tages
liebend und dankbar an.
Möge der Tag gesegnet sein.
Danke. Danke. Danke.«

Als Alternative (vor allem zum Einüben) kannst du auch eine meiner »Meditationen am Morgen« in den CD-Player legen und dich durch meine Stimme in den neuen Tag führen lassen.

Der Kopf mancher Männer mag glauben, für so etwas wäre keine Zeit am Morgen. Aber die Wahrheit ist, diese Männer wollen sich (noch nicht) diese Zeit nehmen und dafür (notfalls) eine halbe Stunde früher ins Bett gehen. Solche Zeiten der Stille wie diese am Morgen sind Quellen für Kraft, Freude, Gelassenheit, Klarheit, inneren Frieden und Selbstzentriertheit, das heißt, diese zwanzig, dreißig Minuten sind bestens investierte Zeit und Energie, die dir hundert- und tausendfach wieder zufließt.

⊞ Nimm deine Schöpferkraft wieder in Besitz

Schon als kleiner Junge hast du gelernt, dich selbst abzulehnen, abzuwerten, dich runterzumachen und manches Mal regelrecht zu hassen. Du hast dich von der Liebe zu dir selbst getrennt, die in dem unschuldigen Säugling, der du einmal warst, noch vollkommen vorhanden war. Du hast dich nach der Liebe und Aufmerksamkeit anderer gesehnt und hast feststellen müssen, dass es diese nicht umsonst gab, sondern nur gegen Leistung. Das war ein Schock für dich wie für uns alle.

Denn das kleine Kind ist noch pure Liebe und verschenkt seine Liebe, ohne zu fragen, was es dafür bekommt. Es bewertet und verurteilt nicht. Es kritisiert nicht, sondern geht mit offenen Ärmchen neugierig und liebend auf seine Welt zu. Aber bald erfolgt die Vertreibung aus dem Paradies der unschuldigen, glücklichen Kindheit. Dem Kleinen wird deutlich gemacht, dass er sich ändern und anpassen muss. Das geschah und geschieht in allen Elternhäusern, denn die wenigsten können sich vorstellen, dass ein Kind von Natur aus in Ordnung ist und vor allem Vorbilder an Menschen benötigt, die sich selbst lieben und achtsam mit sich und anderen umgehen. Aber das können bis heute nur wenige Eltern.

Und so hast auch du schon in deinen ersten Jahren gelernt, Erwartungen und Forderungen von Mutter und Vater zu erfüllen, die da hießen: »Wir lieben dich, wenn du brav, ruhig, sauber, fleißig und anständig bist. Wir wollen, dass du normal bist, so wie wir. Mach uns keinen Ärger und pass dich an!« Du hast den einzig möglichen Schluss daraus gezogen, nämlich, dass du nicht in Ordnung bist und erst in Ordnung gebracht werden muss.

Auf diese Weise hast du gelernt, dich selbst abzulehnen und zu denken: »Ich bin nicht liebenswert.« Da du aber gespürt hast, dass du ein Mindestmaß an Aufmerksamkeit von den Großen brauchst, hast du ihr Urteil über dich übernommen und dich selbst für vieles verurteilt. Und je älter du wurdest, desto mehr hast du an dir verurteilt: deine Wildheit, deinen Spieldrang, deine Unruhe, deine Neugier, dein Lautsein, deine Gefühle wie Wut, Trauer, Angst und noch mehr. Denn das war alles nicht erwünscht und man hat es dich spüren lassen. **Die Verurteilung deiner selbst aber war deine eigene** schöpferische Leistung in Reaktion auf deine Umwelt. Weil andere dich ablehnten, hast du gelernt, dich selbst abzulehnen. Das war deine eigene Schöpfung.

Es ist so wichtig, dass du diesen Vorgang verstehst und nicht einfach sagst: »Meine Eltern haben damals Mist gebaut.« Weder du noch deine Eltern haben Mist gebaut, sie konnten nicht anders. Und du konntest auch nicht anders, als ihre Meinung und ihr Urteil über dich, den kleinen Jungen, zu übernehmen. Kein Kind hat die Freiheit zu sagen oder zu denken: »Ihr könnt mich ruhig ablehnen und verurteilen, das macht mir nichts. Ich bin schwer in Ordnung und ich stehe zu mir.« Denn das Kind weiß, dass es abhängig ist und sich anpassen muss. Und so hört es auf, an das Gute in sich selbst zu glauben. Denn was die Großen da sagen, die uns wie Götter erscheinen – uns gegenüber allmächtig –, muss in unseren Augen die Wahrheit sein. Diese Art der Anpassung hat für dein späteres Mann-Sein große Folgen gehabt.

Obwohl du damals nicht sagen konntest: »Und tschüss, ich nehm mir jetzt eine eigene Bude!«, warst du dennoch schon ein kleiner Schöpfer, denn du konntest denken. In deinen Gedanken hast du in den ersten Lebensjahren begonnen, dich selbst abzulehnen und dir deine Liebe zu entziehen. Und du hast angefangen, Angst, Scham, Schuld und ein Kleinheitsbewusstsein zu erschaffen, mit dem du vermutlich noch heute durch dein Leben gehst. Die Ablehnung des Kindes durch seine Eltern und später durch andere Erwachsene ist so schmerzhaft, dass das Kind alle möglichen Strategien ausprobiert, um möglichst wenig Kritik, aber möglichst viel Zuwendung und Lob zu erhalten.

In diesen Jahren entsteht in vielen Kindern der Wunsch, perfekt zu werden. Mit ihrer Kinderlogik sagen sie ganz richtig: »Wenn ich einmal perfekt bin und keine Fehler mehr mache, dann werde ich nicht mehr kritisiert und abgelehnt, sondern nur noch gelobt.« Schon das kleine Kind versucht, Schmerz zu vermeiden und Liebe durch Leistung zu erwerben. Mit diesem Rucksack namens »Perfektionismus« laufen viele Männer und Frauen herum und tragen sehr schwer daran. Denn diese Rechnung geht einfach nicht auf.

Wenn du deinem Leben eine neue Richtung geben willst, wenn du zu jenem inneren Glück, das du als Kleinkind kanntest, und zur Freude am Mensch- und Mann-Sein finden willst, darfst du diese schöpferische Leistung deiner Kindheitsjahre erkennen und anerkennen. Als erwachsener Mann darfst du heute deine Schöpferverantwortung dafür übernehmen, dass du dich über Jahre und Jahrzehnte selbst verurteilt hast, als nicht liebenswert und als nicht gut genug. Du warst es letztendlich selbst, der sich seine Liebe entzogen hat, und das war ein großer schöpferischer Akt.

Versäumen wir diesen wichtigen inneren Schritt, rückblickend die Verantwortung für unsere frühen Schöpfungen zu übernehmen, bleiben wir im Bewusstsein eines Opfers unserer Eltern beziehungsweise unseres Schicksals stecken, und damit im Gefühl der Ohnmacht. Die meisten Menschen leben bis heute in einem Opferbewusstsein und denken: »Wenn die anderen mich damals nicht … Wenn meine Mutter nicht immer … Wenn mein Vater nicht … Wenn das anders gelaufen wäre, dann, ja dann wäre das alles nicht so gekommen, dann ging es mir heute besser!« Solange wir dieses Denken nicht ändern, halten wir uns selbst ohnmächtig und handlungsunfähig. Denn unsere eigenen Urteile über andere sind wie Handschellen: Haben die anderen Schuld an unserem Schicksal, dann liegt auch bei ihnen die Macht, es zu ändern, und nicht bei uns.

Wenn du also bereit bist oder dich für die Bereitschaft öffnest, die Verantwortung dafür zu übernehmen, dass du viel Unsinniges über dich gedacht hast und es bis heute glaubst, geht die Tür zu einer entscheidenden Veränderung deines Lebens auf. Erkenne, dass du seit deiner Kindheit gelernt und dir angewöhnt hast, dich selbst in deinem Denken herabzusetzen, dich zu verurteilen und dein Grundlebensgefühl zu vermiesen, dass du jetzt aber das Rad herumdrehen kannst. Denn wenn ich selbst es war, der mir die Liebe entzogen und mich abgewertet hat, dann kann nur ich allein es ändern, dann liegt die Macht bei mir und nicht bei anderen.

Wenn du glaubst, ich würde übertreiben in Bezug auf deine Selbstverurteilungen, dann mach doch einmal den Gegentest und sprich folgende Sätze laut aus und spüre dabei in dich hinein und prüfe, wie sich die Resonanz dieser Sätze in dir anfühlt. Die Sätze lauten: »*Ich bin ein toller, ein wunderbarer Mann und ich bin mir selbst der allerbeste Freund und begleite mich selbst mit großer Liebe und Achtsamkeit.*« ... Nun? Rufen all deine Zellen in dir: »Ja, ja, ja – genauso ist es!«? Wenn das der Fall ist, meinen herzlichen Glückwunsch. Wenn es eher in dir sagt: »Na ja, so ganz glaube und lebe ich das noch nicht«, dann ermutige ich dich, dir deine Schöpfermacht zurückzuholen und dir bewusst zu machen, wie unendlich groß sie ist. Übernimm die Verantwortung für deine jahrzehntelange miese Selbstbehandlung und sage:

»*Ich öffne mich dem Gedanken, dass ich selbst es war und bin, der den größten Einfluss auf meine äußere und innere Lebenswirklichkeit hatte und hat. Dieser Einfluss besteht in der Macht meiner Gedanken, die ich mir zu denken angewöhnt habe, über mich selbst, über das Leben und über die anderen. Und diese Macht liegt in meinen Gedanken, in meinem Sprechen und meinem Handeln. Ich bin bereit, heute all meine Schöpfungen und Erfahrungen als mein eigenes unbewusstes Werk anzuerkennen und zu würdigen. Ich nehme heute die Macht, meine innere und äußere Lebenswirklichkeit zu erschaffen und zu gestalten, wieder zu mir selbst zurück!«*

Wir alle, Männer wie Frauen, sind von Natur aus mit unbegrenzter Schöpferkraft ausgestattet, nur hat uns das niemand gesagt, denn die anderen wussten es selbst nicht. Jeder von uns wird als ein Ferrari mit 1000 PS geboren, aber jedem wird vermittelt, ein Goggomobil zu sein. Aber das ändert nichts daran, dass dieser Ferrari-Motor nach wie vor in dir ist und Lust hat, auf Touren zu kommen. Schöpferkraft bedeutet Macht, mit der man etwas machen kann. Und das Machen, das Erzeugen und Zeugen, das Erfinden und Kreieren gehört zum Wesen des Mannes. Wer sich jedoch dieses Potenzials, dieser ungeheuren Möglichkeiten, die in ihm liegen, nicht bewusst ist und im Innern sagt: »Ach, mit Macht habe ich es nicht so. Das mag ich nicht!«, der trifft damit auch eine Wahl und wählt mit dieser Einstellung das Gegenteil, nämlich Ohnmacht.

Dieser innere Vorgang – die unbewusste Wahl, mich den anderen und dem Leben gegenüber ohnmächtig auszuliefern – ist eine der großen Ursachen für die Schwäche und Lustlosigkeit des heutigen Mannes, der an seinem Männerleben oft so wenig Begeisterndes finden kann und sich mehr oder weniger träge durch sein Leben schleppt. Diese damals unbewusste Wahl kannst du heute durch eine bewusste ersetzen.

Du kannst dich dafür entscheiden, aus deinem gut gepflegten Opferbewusstsein auszusteigen und dich als bewusster Schöpfer deines Lebens zu betätigen. Triff diese Wahl heute bewusst und entscheide dich, das Leben von nun an mit dieser radikal anderen Grundhaltung und Sichtweise zu betrachten: Alles, was du denkst, sprichst und tust, hat einen Einfluss auf deine Lebenswirklichkeit. All das sind Energien, die sich in deinem Leben in Form von Ereignissen und Zuständen manifestieren, in deinem Körper, in deinem Grundlebensgefühl, in deinen Beziehungen zu den Menschen und an deinem Arbeitsplatz.

Frage dich: Was will ich über mich denken? Will ich mich als kleines abhängiges »Würstchen« betrachten, das eh keine Chance hat? Will ich mein Leben als eine Kette von merkwürdigen Zufällen ansehen, auf die ich keinen Einfluss habe? Jeden Tag, vom Aufstehen bis zum Schlafengehen, bist du schöpferisch tätig, indem du Energien in die Welt sendest, die sich dir über kurz oder lang als erfahrbare Lebenswirklichkeit präsentieren. Jetzt will das bisher von dir Erschaffene gewürdigt werden, damit du auf der Basis dieser deiner Leistungen und Erfahrungen nun ein neues Leben beginnen kannst. Das wird keine harte Arbeit sein, wie dein Kopf vielleicht vermutet, sondern es bedarf weit weniger Mühe und Energie als deine bisherige anstrengende Lebensweise.

⊞ Das Stress- und Druckprogramm des Mannes

Wer jahrelang bestimmte Gedanken über sich selbst und das Leben denkt, der bringt in sich tiefe Grundüberzeugungen und Einstellungen hervor, die mit der Zeit eine ungeheure Macht entwickeln und eine Eigendynamik entfalten. Gedanken sind wie Lichtstrahlen; wie die Drähte, aus denen ein starkes Drahtseil entsteht, bündeln sich diese Strahlen über die Jahre, wenn sie immer wieder gedacht werden, zu einer starken Überzeugung. Welche der folgenden Gedanken kennst du aus deiner Vergangenheit und Gegenwart in dir?

- Ich muss mich anstrengen!
- Ich muss es schaffen!
- Ich muss besser werden!
- Ich muss mich zusammenreißen!
- Ich darf mich nicht gehen lassen!
- Ich muss Leistung bringen!
- Ich will es den anderen beweisen!
- Ich darf nicht lockerlassen!
- Ich darf keine Fehler machen!
- Ich darf nicht versagen!
- Ich muss perfekt werden!

Das sind ein paar Kostproben aus dem Repertoire einer inneren Figur, die du selbst erschaffen hast, deines inneren Druckmachers und Kritikers. Diese in dir sitzende Wesenheit hast du in frühen Jahren erschaffen und später immer weiter gefüttert. Und damit hast du diesem inneren Wesen Leben eingehaucht und es beauftragt, dir ständig Druck zu machen, dich anzutreiben, dich zu ermahnen und dir keine Ruhe mehr zu lassen. Du leidest (ebenso wie unzählige Männer) unter diesem Druckmacher und Kritiker, der nie zufrieden mit dir ist, denn du hast ihn beauftragt, dir Druck zu machen, dich zu kritisieren, dich kleinzudenken und nicht, dich zu lieben. Das ist nicht sein Job.

Jeder Mann sehnt sich wie der kleine Junge von damals danach, etwas in seinem Leben auf die Reihe zu bringen, im weitesten Sinne mit etwas erfolgreich zu sein und daran Freude zu haben. Diesen »Erfolg« verbindet der normale Mann mit Erfolg und Aufstieg im Beruf, mit Geldverdienen, mit Erwerb materieller Güter, einem Auto, einer Wohnung, einem Haus, und mit der Anerkennung seitens einer Frau. Denn er hat gelernt, ohne Leistung ist er nichts wert und auch nicht liebenswert. »Schau, dass etwas aus dir wird!« haben viele Jungs gehört, und für das Kind hieß das: »Heute bist du noch nichts. Heute hast du noch keinen wirklichen Wert.« Also sagen heranwachsende Jungen und junge Männer zu sich selbst: »Streng dich an, hau ran, verdiene Geld, damit du was vorzuweisen hast. Denn erst, wenn du etwas hast, dann bist du was! Haste nichts, biste nichts!«

Die Strategie »Viel tun – dann viel haben – dann viel sein« verfolgen unbewusst heute noch die meisten Männer und laufen damit in eine Sackgasse. Denn zum wirklichen Glücklichsein, zum erfüllten Mann-Sein, zum »Viel-Sein« führt dieser Weg nicht. Du kannst noch so viel tun, noch so viel Materielles erwerben, außerdem ein gut gefülltes Bankkonto besitzen, das Gefühl von »Ich bin erfüllt, geliebt, wunderbar! Und das Leben ist schön!« stellt sich dadurch nicht ein. Wir müssen und können heute andere Wege finden, um das zu erreichen, wonach wir uns in der Tiefe sehnen, nämlich mit uns selbst in unserem Männerkörper mit unserem Männerleben glücklich und von uns selbst und vom Leben begeistert zu sein.
Wir dürfen endlich unser Motiv hinterfragen, weshalb wir immer so viel tun und arbeiten wollen. Viele rackern sich nicht deshalb ab, weil genau diese Arbeit sie begeistert und erfüllt, sondern um etwas zu erreichen und dadurch etwas zu bekommen: zum einen Geld und Wohlstand, zum anderen soziale Anerkennung und Bestätigung von der Frau, den Eltern, Geschwistern, Freunden, Nachbarn. Auf diesem Weg jedoch wird kein Mann glücklich. So machst du dich nur kaputt.

Wir dürfen heute auch unsere Verantwortung dafür übernehmen, dass wir eine Vielzahl unwahrer Gedanken über lange Zeit geglaubt haben (all die »Ich muss«, »Ich sollte«, »Ich darf nicht«), und mit diesen Gedanken unsere stressige, angespannte, uns erschöpfende und nicht selten frustrierende Lebens- und Arbeitswirklichkeit erschaffen haben. Wenn wir uns dem Gedanken öffnen, dass nicht der Chef, nicht die Partnerin oder die Eltern die Verursacher von Druck, Angst und Stress in unserem Leben sind, sondern nur Mitspieler in unserem eigenen Schöpfungsspiel, dann können wir in uns einen wichtigen Schalter umlegen, um aus diesem Anstrengungsprogramm auszusteigen.

Ich empfehle dir, jenen inneren Druckmacher und Kritiker, den du in dir erschaffen hast, einmal persönlich kennenzulernen. Vielleicht glaubst du, er sei eine fiktive Figur. Da irrst du. Er ist aufgrund deiner Gedanken eine mit Leben gefüllte konkrete innere Gestalt, die dir genau sagen kann, wie es ihr mit dir und in dir ergeht. Und ich wette, dass sie dir sagen wird: »Ich kann langsam nicht mehr. Ich habe die Schnauze von meinem Job in dir langsam voll.« Stell dir einmal vor, du hättest diesen Job in der Außenwelt, bei dem du einer Person den ganzen Tag hinterherlaufen und ihr sagen müsstest, sie wäre nicht gut genug, sie müsse sich noch mehr anstrengen, sie solle sich nichts einbilden auf das bisher Erreichte und so weiter. Was glaubst du, wie viele Tage du Spaß an diesem Job hättest?

Darum sehnt sich diese innere Person danach, endlich von dir in Rente geschickt zu werden und wieder frei zu sein, und das kannst du ihr und damit dir selbst schenken. Das gelingt aber erst dann, wenn du ihre immense Leistung würdigst und ihr deinen Dank zeigst. Denn alles, was gehen oder weiterziehen soll, muss erst einmal gewürdigt werden, sonst kann es nicht gehen. Diese Begegnung kannst du in meiner Meditation »Schluss mit Hetze, Druck und Stress« ganz lebhaft erfahren, und sie wird dich nicht unberührt lassen.

In dieser Begegnung befreist du deinen Druckmacher von seinem einstigen Auftrag, und du gewinnst dafür deine Macht und Energie zurück, die du seit Jahrzehnten an ihn gebunden hast. Wenn du diese Meditation einmal wöchentlich über zwei oder drei Monate machst, kannst du die Veränderung deines Kritikers und Druckmachers bestens verfolgen und innerlich spüren. Das Ergebnis wird sein, dass Tonnen von Druck und Hetze von dir abfallen, und du wesentlich liebevoller, geduldiger und milder mit dir selbst umgehst.

⊞ Lerne, dir selbst zu vergeben

Viele, wenn nicht fast alle Männer laufen mit einem schlechten Gewissen durch ihr Leben, verbunden mit Schuld-, Scham- und Kleinheitsgefühlen. Unbewusst ist es ihnen peinlich, dass sie nicht das erreicht haben, was sie sich – bewusst oder unbewusst – ersehnten: Freude am Leben und am Mann-Sein zu haben. Und das ist es unter anderem, was Männer unterschwellig oft so aggressiv macht. Diese Aggressionen erleben wir häufig im Straßenverkehr und sie lassen sich auch in Kriminalitätsstatistiken ablesen. Über neunzig Prozent aller Gefängnisinsassen sind übrigens Männer.

Kleine Jungen bekommen über ihren Vater oder über Männer vor allem zu hören, dass sie arbeiten gehen und Geld verdienen. Dies ist ihre erste Information darüber, wozu Männer da sind. Also entschließen sie sich, das auch einmal zu tun, wenn sie groß sind. Welche Merkmale eines »richtigen Mannes« lernt ein Junge sonst noch kennen? Vielleicht, »groß und stark« zu sein. Also beschließt der kleine Mann, es sich und den anderen zu zeigen, und beginnt, sich auf Leistung, auf Arbeit und Geldverdienen zu konzentrieren. Von dieser eingleisigen Schmalspur kommen viele Männer ihr Leben lang nicht mehr herunter. Ihr ganzes Selbstwertgefühl binden sie daran, wie erfolgreich sie in ihrem Beruf sind, wie viel Geld sie verdienen und wie viel Vorzeigbares sie damit erwerben können, allem voran Auto und Wohnung oder Haus.

Die meisten Männer sind über weite Strecken sehr fleißig und verfolgen diesen Leistungsweg über einige Jahrzehnte. Sie konzentrieren sich auf das Machen und Tun im Außen. Aber für die Innenseiten ihres Lebens, für ihre Gedanken, ihre Gefühle, ihr Herz und ihre Sehnsüchte, haben sie weder Zeit noch Aufmerksamkeit, denn niemand hat ihnen vermittelt, wie die Innenseite und die Außenseite des Menschen zusammenhängen.

Mann, mach dir klar, dass dein bisheriges Leben auf fast ausschließlich unbewussten Entscheidungen beruht. Du wolltest es so gut machen, wie du kannst, und du hast es immer so gut gemacht, wie du konntest und wie du es wusstest, auch wenn du das noch nicht glaubst. Heute ist es Zeit, innezuhalten und nach innen zu gehen. Es ist Zeit, Inventur zu machen und eine Zwischenbilanz zu ziehen. Es ist Zeit, zu erkennen, dass du dich für vieles verurteilt und dein Selbstwertgefühl an deine Leistungen geknüpft hast. Es geht jetzt darum, dich um deine Gedanken zu kümmern, die du von anderen übernommen und die du selbst gedacht hast; Gedanken über dich, über das Mann-Sein, über Frauen und über das Leben. Viele dieser Gedanken waren und sind verurteilende Gedanken. Jetzt ist die Zeit gekommen, die Unwahrheit dieser Gedanken zu erkennen und deine Urteile zurückzunehmen. Jetzt wird es Zeit, dir selbst zu vergeben, dein Herz für dich zu öffnen, Zeit, deinen Verstand zu öffnen für wahre Gedanken.

Mir selbst zu vergeben heißt zu erkennen, wie lieblos, hart und unbarmherzig ich mich selbst über Jahrzehnte in meinen Gedanken und meinem Tun behandelt habe. Du kannst und wirst neu denken über dich und deinen bisherigen Weg. Du kannst dich für neue Gedanken, für Verständnis, für Mitgefühl, für Annahme und Liebe zu dir und deinen bisherigen Schöpfungen und Erfahrungen entscheiden. Das geht nicht allein über den Kopf, sondern vor allem über dein Herz. Letzteres hast du vor langer Zeit verschlossen, als du anfingst, dir selbst die Liebe zu entziehen, und du deinen Marsch durch das Leben antratest, oft schon, bevor du die lange, spitze Schultüte in deinen kleinen Armen hieltest.

Schau dir bitte die folgenden Gedanken an und nimm wahr, welche auch du schon gedacht hast:

- Ich habe viele Fehler gemacht.
- Ich habe es versaut.
- Ich hätte es besser machen müssen.
- Ich bin nicht gut genug.
- Ich bin gescheitert.
- Ich bin ein Versager.
- Ich bin auch zu blöd.
- Ich bringe es einfach nicht.

Das sind harte Urteile, die viele Männer über sich fällen, wenn sie in diesen übernommenen Mustern denken. Manche dieser Gedanken haben sich zu tiefen Überzeugungen in ihnen verfestigt und Tonnen von Scham-, Schuld- und Minderwertigkeitsgefühlen erschaffen, die ihnen heute schwer auf den Schultern liegen. Wie schon erwähnt: Gedanken erschaffen Gefühle. Und an diesen Gefühlen leiden wir, wenn wir nicht lernen und bereit sind, sie bejahend zu fühlen, damit sie wieder aus uns hinausfließen können.

Was glaubst du, warum es so viele Männer »im Kreuz« haben, warum sie sich mit Rücken- und Bandscheibenschmerzen herumplagen? Weil auf ihren Schultern und Rücken tatsächlich tonnenschwere Gewichte liege, mit denen sie jeden Morgen aufstehen und abends ins Bett gehen. Auch wenn wir diese Gewichte nicht sehen, jeder kann sie spüren, und sie sind sehr real. Wir selbst haben sie uns auf die Schultern gepackt, wir tragen unser eigenes Kreuz auf den Schultern. Jedes Kilo dieses Kreuzes besteht zum einen aus unseren eigenen Energien, vor allem aus Schuld, Scham, Kleinheit und Minderwertigkeit, und zum anderen aus den Energien anderer Menschen, die »uns leidgetan« haben, allen voran Mutter oder Vater oder beide. Von Eltern, die wir als Kind als schwach oder leidend wahrnehmen, übernehmen wir auf unbewusste Weise Tonnen von Leid und packen sie uns selbst auf die Schultern, um die Beladenen zu entlasten. (Haustiere können das auch, sie übernehmen Krankheiten ihres Besitzers, dem sie in Liebe verbunden sind.)

Jetzt ist die Zeit gekommen, dieses Kreuz wieder von deinen Schultern zu nehmen, und du kannst das. Jeder Mann kann es, wenn er folgenden Zusammenhang begreift.

- Ich habe gelernt, »Mist«, das heißt viel unwahres Zeug, über mich zu denken und mich dadurch zu verurteilen.
- Diese Gedanken haben in mir viele negative Gefühle erzeugt.
- Da ich gelernt habe, dass ein »richtiger Junge« sich beherrscht und seine Gefühle für sich behält, habe auch

ich sie für mich behalten und nach innen verdrängt und mich immer wieder davon abgelenkt.

- Diese Gefühle liegen jetzt tonnenschwer auf mir und belasten meinen Körper.

Um uns aus diesem Kreislauf zu befreien, müssen wir uns um zwei Arten von Energien kümmern: um unsere Gedanken, die zu den Gefühlen geführt haben, und um die Emotionen, die wir bis heute in unseren Körpern festhalten und die den physischen Körper schwer belasten und auf Dauer kaputt machen.

Hier geht es zunächst einmal um die Gedanken, mit denen du dich verurteilst und dir das Leben schwer gemacht hast. Diese Gedanken korrigierst du, indem du bereit bist, deinen bisherigen Weg mit anderen Augen, mit den Augen deines Herzens anzuschauen und zu erkennen: »Ich habe es so gut gemacht, wie ich es konnte. Ich wusste es nicht besser.« Dein Verstand glaubt vermutlich noch, dass du es da und dort hättest besser machen können, aber dies ist ein Irrtum. Heute würdest du wahrscheinlich manchmal anders handeln, aber damals ging das nicht. Dir fehlten dazu ein paar Grundlagen und Einsichten, Einsichten in dich und in die Art und Weise, wie wir Menschen Lebenswirklichkeit erschaffen.

Bevor du irgendeinem Menschen vergeben kannst und mit ihm in Frieden kommst, darfst du lernen, dir selbst zu vergeben und den Krieg gegen dich zu beenden, der in deinem Innern tobt. Das Herz des Mannes bricht nicht, weil jemand mit ihm »böse« umgeht (die Eltern, der Chef oder die Frau) und ihn nicht liebt, sondern weil er sich selbst nicht liebt und in seinen Gedanken und seinem Verhalten extrem lieblos mit sich selbst umgeht. Wenn du diesen Vorgang durchschaust, kannst du deine bisherige Vergangenheit würdigen und friedlich abschließen und sie rund machen.

Sich selbst zu verzeihen, was man sich vorgeworfen hat, ist einer der größten und wichtigsten Schritte, die ein Mensch (Mann wie Frau) tun kann, um seinem Leben eine entscheidende Wende und eine neue Richtung zu geben. An der Selbstvergebung führt kein Weg vorbei. Würden alle Menschen diesen Weg gehen, hätten wir eine friedliche Welt, denn der Unfrieden im Außen, in Familien und Partnerschaften, in Firmen und Organisationen, in Ländern und zwischen Ländern, ist nur das äußere Ergebnis des Krieges, den der einzelne Mensch gegen sich selbst führt.

Ich empfehle dir, lieber Leser, liste einmal alle selbstverurteilenden Gedanken auf und nimm dir dafür ein, zwei Stunden Zeit. Schreibe zunächst nieder, was du glaubst, falsch oder nicht gut genug gemacht zu haben. Liste alle »Fehler« auf, die du in deinen Augen begangen hast. Und in einem zweiten Schritt schreibe alle Sätze auf, in denen du dich selbst, dein Wesen, deine Art, als Mann, als Mensch, als »nicht gut genug« oder »schlecht« verurteilst. Die zweite Liste bezieht sich also auf dein »nicht gutes Sein« und die erste auf dein »nicht gutes Tun«.
Du öffnest damit die Kiste mit der Munition, die du gegen dich selbst gerichtet hast und noch heute jeden Tag gegen dich anwendest. Es erfordert ein wenig Mut, sich diesen ganzen unwahren »Scheiß« anzuschauen und bewusst zu machen.

Wenn du mutig und ehrlich diese Inventur der Selbstverurteilung erledigt hast, empfehle ich dir, die Meditation »Mir selbst vergeben« einige Male im Abstand von zwei Wochen durchzuführen. Es handelt sich um ein inneres Ritual, das deine feinstofflichen Körper reinigt und dich mit dir selbst versöhnt.

⊞ Mann, fang an, dich zu lieben!

In deiner Kindheit hast du zu Recht geglaubt, du müsstest dich anpassen und die Erwartungen anderer erfüllen. Denn als Belohnung dafür erhieltest du positive Aufmerksamkeit, Anerkennung, Lob und Wertschätzung. Seitdem du aber dein Elternhaus verlassen hast, bist du objektiv, was deine Möglichkeiten angeht, ein freier Mensch, denn die Rahmenbedingungen deines Lebens sind heute komplett anders als damals. Du brauchst heute nicht mehr etwas zu leisten, um geliebt oder geschätzt zu werden. Im Gegenteil: Verfolgst du diese Strategie unbewusst weiter, gerätst du mehr und mehr in eine Sackgasse und in zunehmende Unfreiheit, und vielleicht stellst du gerade fest, dass du dich genau darin befindest.

Im Gegensatz zu dem Jungen, der du einmal warst, brauchst du heute nicht mehr die Anerkennung, Bestätigung und Liebe anderer Menschen. Du kannst, darfst und musst sie dir stattdessen selber schenken. Aber der kleine Junge in dir glaubt oder weiß das noch nicht. Darum musst du es dir und ihm bewusst machen. Der Mensch, der sich ins Zeug legt und sich abrackert, damit andere ihn anerkennen, ähnelt einem Junkie, der an der Nadel hängt. Es ist ein suchtähnliches Verhalten und wird dich nicht glücklich machen. Egal, ob du deine Lorbeeren im Beruf sammelst und erfolgreich bist oder ob du dich mit deinem Tun für andere aufopferst – solange du die Quelle deines Glücks nicht in dir selbst entdeckt hast, läufst du damit ins Leere oder in ein Burn-out-Syndrom. Diese Glücksquelle heißt: Liebe zu dir selbst.

Begreife, dass alles in dir liegt, was du für ein glückliches und schönes Leben brauchst. Es war schon immer in dir.

Aber keiner hat es dir gesagt, und vielleicht fällt es dir heute noch schwer, es zu glauben. Um Zugang zu diesem unendlichen Schatz in dir, zu Liebe, Weisheit und Wissen zu erhalten, darfst du dich diesem Schatz erst einmal öffnen, indem du dir sagst: »*Ich öffne mich dem Gedanken, dass ich mich selbst lieben kann, ja, dass in mir eine unendliche Quelle namens ›Liebe‹ vorhanden ist. Ich selbst bin eine Quelle der Liebe, der Weisheit und des Wissens. Alles, was ich brauche, ist in mir gespeichert.*«

Egal, ob du das schon glauben kannst oder schon absolut überzeugt bist, dieser Gedanke ist ein Anfang, und er steht im Gegensatz zu allem, was du in Kindheit und Jugend über dich gehört und zu denken gelernt hast. Sprich diese Sätze einmal langsam und laut aus, schließe danach deine Augen und spüre, wie dein Körper auf diese Gedanken reagiert. Du wirst feststellen, dass sich Entspannung, Ausdehnung und ein Wohlgefühl bemerkbar machen, und das wiederum ist mit einem Gefühl der Freude und des Vertrauens verbunden.

Entscheide dich jetzt dafür, diese Quelle in dir zu entdecken, und dich für sie zu öffnen. Triff eine bewusste Entscheidung und öffne dein Herz für die Liebe zu dir selbst und starte eine andauernde, nie endende Liebesaffäre mit dir. Das kannst du. **Bevor du jemand anderen, zum Beispiel eine Frau, wirklich lieben kannst, musst du dich selbst erst einmal annehmen und lieben lernen.** Werde dir selbst der beste, engste und zuverlässigste Freund, Coach und Liebhaber deines Lebens. Hier geht es nicht um ein paar positive Gedanken über dich, sondern um eine zutiefste Verpflichtung dir und deinem Herzen gegenüber. Wenn du dir selbst nicht treu bist, gibt es keinen Grund, warum andere dir gegenüber treu und verbindlich sein sollten. Das würde keinen Sinn machen.

Denn so, wie ich mich selbst behandle, behandeln mich die anderen. Wie ich über mich denke, so sehen mich die anderen. Wenn du dich selbst tief in dir ablehnst oder an deinem Wert und deiner Liebenswürdigkeit zweifelst, steht das auf deiner Stirn geschrieben und du strahlst es aus. Andere sehen und spüren und erkennen instinktiv an deiner Haltung, an deinem Gang, deiner Stimme, deiner Gestik, deinem Blick: Hier steht jemand, der sich nicht liebt, der sich selbst das Etikett »nicht liebenswert, nicht gut genug« an die Stirn geheftet hat. Und bei nicht wenigen steht auf diesem Etikett: »Hau mir eine rein, denn ich tue es selbst täglich mit meinen Gedanken!«

Noch einmal: Du bist von Natur aus vollkommen und völlig in Ordnung. Aber du hast in den ersten Jahren deines Lebens gelernt, daran zu zweifeln und dich zu verurteilen. Damit hast du dich von der Liebe getrennt, der Liebe zu dir selbst und zum Leben. Denn wie soll man so etwas scheinbar Ungerechtes, Hartes, Liebloses wie dieses Leben lieben können als Kind? Aufgrund aller unwahren Gedanken über dich und das Leben hast du dir eine anstrengende Existenz erschaffen, inklusive zeitweiser Enttäuschung, etlicher Sackgassen, Gefühle wie innere Leere, Sinnlosigkeit, Wut, Angst, Schuld, Minderwertigkeit, und mit Problemen in deinem Körper, mit Frauen, mit deiner Sexualität, am Arbeitsplatz und mit deinem Geld. Und falls es nicht ganz so schwarz aussehen sollte, wie ich es hier zeichne, dann freu dich. Aber etwas muss auf dich zutreffen, sonst würdest du jetzt nicht dieses Buch lesen.

Dieses Buch ist das Buch der Liebe des Mannes zu sich selbst. Und ich begleite dich in diese Liebe zu dir, wenn du es willst. Dazu brauchst du weder ein Studium noch hundert Sitzungen bei einem Therapeuten. Das Einzige, was du brauchst, ist deine Bereitschaft, den Weg der Liebe zu gehen. Du wirst dich wundern, wie schnell und wie leicht das geht, in deinem Leben und deinem Lebensgefühl eine entscheidende Wende herbeizuführen. Männer sind sehr schnell im Umsetzen von etwas, was sie verstanden haben. Wenn du ein wirklicher Mann sein willst, dann gelingt das nur über einen Weg: über dein Herz und über die Liebe in dir und zu dir selbst.

Der Weg der Liebe ist der Weg des Herzens. Das aber hast du als kleiner Junge bereits verschlossen, als der »Ernst des Lebens« drohte und begann. Der normale Junge verschließt schon in den ersten Jahren vor Schulbeginn sein Herz, weil er von allen Seiten hört, dass vieles an ihm nicht in Ordnung sei. Um den unterschiedlichen Anforderungen von Vater, Mutter, Kindergärtnerinnen und Grundschullehrerinnen gerecht zu werden, muss er in den Kopf gehen, muss strategisch denkend vorgehen.

Die Lebendigkeit des kleinen Jungen, so wie seine Ängste, Trauer, Wut, Scham und Schuldgefühle, stehen im Gegensatz zu allem, was er über einen »richtigen Jungen« hört und lernt. Fortan macht der Junge seinen Verstand zum Chef seines inneren Hauses, und das Herz samt den abgelehnten Gefühlen bleiben auf der Strecke. Auch wenn er in der Schule und später im Beruf seinen Weg macht, in ihm bleibt der kleine, traurige oder wütende Junge zurück, den du vielleicht schon in der genannten Meditation auf der beiliegenden CD kennengelernt hast.

Sich selbst zu lieben, klingt für den Normalmann ziemlich unmännlich, denn lieben klingt nach einem Gefühl. Liebe ist aber weit mehr als ein Gefühl und auch nicht etwas, was wir tun können. Liebe ist mehr ein Seinszustand als eine Aktivität. Denn von Natur aus sind Mann wie Frau pure Liebe. Sie ist unsere Essenz. Der Mensch stammt aus einer

Quelle, die wir die All-Liebe, die alles umfassende, alles durchdringende und allgegenwärtige Liebe nennen können. Du kannst sie auch Gott nennen. Aus ihm bist du geboren und darum gehört das Göttliche zu deiner ersten Natur.

Das haben die meisten natürlich lange vergessen, weil es Menschen und Organisationen gibt (Kirchen und weltliche Obrigkeit), die daran interessiert sind, dass andere Menschen so schlecht und klein über sich denken wie nur möglich, um sie besser beherrschen, manipulieren und kontrollieren zu können. Was wäre das hier für eine Welt, wenn jeder Mensch sich und seinen Nächsten als ein göttliches und liebendes Wesen betrachten würde? Aber genau dorthin führt der Weg in dieser Zeit jetzt die Menschheit. Denn in unserem Herzen ist alles gespeichert über uns, unsere Herkunft und alles, was wir jemals erfahren haben.

In diesen Jahren erinnert sich der Mensch wieder an seine Herkunft, an seine göttliche Licht-Liebe-Natur. Er wacht auf, nachdem er viele Tausend Jahre geschlafen hat, also im Zustand größter Unbewusstheit, Blindheit und Ignoranz gelebt hat. Die Geistige Welt sagt: »Die Liebe schießt jetzt wie ein Meteor durch die Herzen der Menschen, die jetzt wieder ein großes ›Ja‹ zu ihrem Menschsein hier auf Mutter Erde sagen.« Die Liebe, die immer in uns war, erhält eine eigene Dynamik, macht mobil und bewegt Männer wie Frauen auf eine neue Bewusstseinsebene. Das Bewusstsein der Menschen vollzieht einen großen Sprung, einen Quantensprung. Freu dich, dass du dich entschieden hast, jetzt zu leben, in einer der aufregendsten Zeiten der Menschheitsgeschichte.

Wer sich in dieser Zeit bewusst dafür entscheidet, die Liebe zu leben und sich zu erinnern, welch großartiges und wunderbares Wesen er ist, der erhält massive Unterstützung durch das Leben selbst. Er erhält Impulse durch seine innere

Führung, durch Begegnungen mit Menschen und durch Hinweise auf Bücher, CDs, Musik und Veranstaltungen, die ihn inspirieren auf seinem Weg der Liebe, auf dem Weg zu seiner wahren Natur.

Darum lade ich dich ein: Mann, entscheide dich jetzt, den Weg der Liebe bewusst und immer bewusster zu gehen, der Liebe zu dir selbst, der Liebe zum Leben und zu deinen Mitmenschen. Aber fang bei dir selbst an, denn du bist in deinem Leben die zentrale Person, um die es geht. Wenn dein Licht wieder leuchtet, weil dein Herz vor Freude singt, dann strahlst du diese Liebe auch in deinem Umfeld aus. Du wirst dich wundern, welche Macht diese Liebe darstellt, und wie sie dein Leben verändern wird. Dein Kopf mag daran noch zweifeln, weil er so etwas noch nicht erlebt hat. Aber du bist ein weit, weit größeres, kraft- und machtvolleres Schöpferwesen, als du dir heute vorstellen kannst. Lass dich von dir selbst und vom Leben überraschen. Aber das Wählen nimmt dir keiner ab. Triff deine bewusste Wahl, während du dieses Buch liest.

⊞ Das verschlossene Männerherz und seine Gefühle

Viele Frauen werfen Männern vor, sie seien gefühlskalt, hart, verschlossen und könnten mit Gefühlen (besonders den Gefühlen der Frau) nicht umgehen. Das trifft sicher auf viele, vermutlich die meisten zu. Aber uns das vorzuwerfen, ist so, als ob du einem Analphabeten vorwirfst, dass er nicht lesen und schreiben kann. Wir Männer müssen und können verstehen, warum Männer so geworden sind, denn in unseren ersten Lebensjahren waren wir sehr lebendige, neugierige, offenherzige Wesen, die das Herz mancher Mutter berührten. Deshalb verlieben sich nicht wenige Mütter in ihren »süßen Kleinen«, und benutzen ihn dann oft zur Befriedigung ihrer eigenen emotionalen Bedürftigkeit.

Ich habe beschrieben, weshalb ein Junge darauf kommt, sein Herz zu verschließen und sich zu entscheiden, keine Gefühle mehr zu zeigen. Gefühle im weitesten Sinn, insbesondere aber Ängste, Trauer, Schuld, Scham, Ohnmacht und Einsamkeit, können sich Jungs nicht leisten, weil ihnen sonst droht, kein »richtiger Junge« mehr zu sein. Das aber wollen sie sein. Ist ein Junge verträumt, verspielt, empfindsam, scheu, verschmust oder in sich gekehrt, erkennt er an den Reaktionen von Mutter und Vater, von Gleichaltrigen, im Kindergarten und in der Grundschule, dass er nicht den gängigen Vorstellungen eines ganz »normalen« Jungen entspricht.

Ist er dagegen wild, laut oder rebellisch, zerlegt er sein Spielzeug und andere Dinge forschend in tausend Einzelteile, kommt er regelmäßig mit Löchern oder Rissen in Hose und Pullover nach Hause, misst er sich gern mit anderen Jungs im Kampf und spielt gern mit Pistolen, Gewehren und Schwertern – dann ist er auch nicht in Ordnung und muss domestiziert und diszipliniert werden. Solche Reaktionen und Korrekturversuche müssen den Jungen zutiefst verstören und verunsichern.

In den ersten zehn Lebensjahren haben es die meisten Jungen fast ausschließlich mit Frauen zu tun, nicht nur die Söhne alleinstehender Mütter. Im Kindergarten und in der Grundschule dominieren Erzieherinnen und Lehrerinnen. Untersuchungen weisen darauf hin, dass die Jungen im Vergleich zu den Mädchen in diesen Bildungseinrichtungen seit Längerem benachteiligt werden. Die Väter sind sehr oft physisch abwesend, und sind sie da, können sie mit dem kleinen Sohn wenig anfangen. Viele Männer berichten, dass ihr Vater sich erst für sie zu interessieren begann, als sie aus dem »Spielalter« raus waren, und auch dann beschränkte sich sein Interesse auf die Leistungen in der Schule.

Die Väter verpassen bis heute die Chance, ihren Söhnen ein männlicher Begleiter zu sein, und ihnen Orientierung, Unterstützung und Einführung ins Mann-Sein zu bieten. Die wenigen jungen Väter, die sich hierfür Zeit nehmen, berichten, wie wertvoll dies nicht nur für den Sohn sei, sondern auch für sie selbst und ihren inneren kleinen Jungen. Einer formulierte es so: »Es ist, als würde ich einen Teil meiner Kindheit jetzt nachholen, wenn ich mit meinem Kleinen spiele.« Denn wenn der Vater mit seinem Sohn spielt, dann spielt sein eigener kleiner Junge mit, der sich selbst oft früh das Spielen verboten und sich einen spielerisch leichten Gang durch dieses Leben versagt hat.

Unter solchen Bedingungen ist es kein Wunder, dass der spätere Mann von Frauen als »Gefühlskrüppel« oder »Schweiger« wahrgenommen und verurteilt wird. Männer haben früh ihr Herz verschlossen für das ganze Spektrum ihrer Gefühle, sind ins Denken gegangen und haben dem rationalen Verstand die Alleinherrschaft in ihrem Innern übertragen. Sie versuchen, »Probleme« rein vernünftig oder durch Handeln zu lösen, und müssen dadurch in vielen partnerschaftlichen und beruflichen Situationen scheitern, wo es darum geht, zu verstehen, was den anderen bewegt sowie seinen Wunsch, angenommen und in seiner spezifischen Gefühlslage gewürdigt zu werden. Das trifft auf die Partnerin ebenso zu wie auf den Kollegen oder Mitarbeiter.

Der Mensch, Mann wie Frau, ist von Natur aus ein gefühlsintensives, ein emotionales und ein liebendes Wesen, ein Herzwesen, das fähig ist, ein buntes Spektrum von Emotionen zu fühlen, und dessen Herz den Wunsch hat zu lieben.

Die Welt der Gefühle ist unsere erste Natur, die Welt der Gedanken unsere zweite. Wir haben jedoch die Ratio, die Vernunft, den vermeintlich »gesunden Menschenverstand« über das Herz, über das Gefühl und über die Liebe gestellt. Und dies hat uns in eine der größten Sackgassen geführt, die die Menschheit je erlebt hat. Dies ist das Kernproblem des Menschen heute, nicht nur des Mannes.

Der Mann, der mit seinen Gefühlen konfrontiert wird, die Ereignisse oder andere Menschen in ihm auslösen, darf begreifen, dass diese Energien, die wir auch Emotionen nennen, absolut nichts Unmännliches sind. Wenn wir sie fühlen und zeigen, brechen wir uns keinen Zacken aus der Krone, die eh kaum einer mit Stolz trägt. **Im Gegenteil: Der Mann wird dadurch zum wahren Mann. Er lernt, kompetent mit Gefühlen wie Angst, Wut, Trauer & Co. umzugehen, sie anzunehmen, sie bejahend zu fühlen und dadurch aus seinen Zellen zu entlassen.**

Dieser Schritt wird ihn wieder zu einem äußerst lebendigen Mann machen. Dann braucht er nicht mehr vor diesen Energien wegzulaufen, indem er sich noch mehr in die Arbeit stürzt oder in die Joggingschuhe, sich volllaufen lässt oder mit Pillen seine Schlafstörungen, Depressionen oder Ängste bekämpft. Um dies zu lernen, benötigt der Mann keine jahrelangen Therapien, sondern den mutigen Entschluss, dieses unbekannte Terrain zu betreten und sich durch das Beispiel anderer Männer motivieren zu lassen, die ihre Lebendigkeit bereits wiedergewonnen haben.

Wenn ich sehe, wie ausgesprochene Kopftypen, ob dreißig oder sechzig Jahre alt, schon bei einem Tagesseminar mit bis zu zweihundert Männern ihr Herz öffnen können für sich selbst und für den kleinen Jungen in ihnen mit seiner ganzen Gefühlspalette, und abends ausgelassen und singend gemeinsam im Auto nach Hause fahren, dann macht mich das sehr optimistisch, was die Wandlung der Männer in den kommenden Jahren angeht.

Auch wenn du es vielleicht von dir noch nicht glaubst: Männer sind wunderbare Wesen, die unter ihrer vermeintlich harten Schutzschicht sehr lebendig, verletzlich und gefühlsintensiv sind. **Der Weg zu einem starken Mann-Sein neuer Prägung führt durch die Wahrnehmung, Annahme und das Durchfühlen des Gegenteils, nämlich seiner vermeintlich schwachen Seiten, besonders seiner Gefühle, die er gelernt hat, als Schwäche zu betrachten.** Durch das bewusste Erleben von Trauer, Wut, Angst, Scham, Schuld und anderen Energiequalitäten führt der Weg zur Stärke des Mannes, die keine aufgesetzte, sondern eine zutiefst empfundene und echte ist.

Mann, fang an, dich um deine Gefühle zu kümmern wie um deinen Keller, dein Werkzeug oder deine Geschäftstermine! Du fängst das nicht in erster Linie deshalb an, damit du mit Frauen oder deiner Partnerin besser klarkommst. Es geht hier ums »Eingemachte«, um das Wichtigste in deinem Leben: um dein Lebensglück. Sich deinen Gefühlen zu öffnen und sie liebend anzunehmen, wird all deine Lebensbereiche wie Partnerschaft, Beruf, körperliche Gesundheit, Männerfreundschaften, Herkunftsfamilie sowie dein Selbstbewusstsein und die Beziehung zu dir verwandeln.
Die Firma der Zukunft braucht keine Männer mehr, die mit verschlossenem Herzen und einer Hose voller Ängste an ihrem Platz kleben und seelenlos die Order von oben ausführen. Die Frauen der Zukunft (und zum Teil schon der Gegenwart) wollen und brauchen weder den kuschenden Mülleimer-Träger, noch den Pflichterfüller und Ernährer, der nur Geld verdient und zu Hause gelangweilt herumhängt oder sich so oft wie möglich aus dem Staube macht. Diese

Erde erwartet jetzt den Mann, der entdeckt, dass er etwas weit Größeres in sich trägt als seinen Penis, nämlich ein gefühlvolles Herz, das nichts als lieben und sich freuen will.

⊞ Wie der Mann wieder fühlen lernt

Wenn du dein Männerherz zum Singen bringen willst, lieber Mann, dann beginnt das mit dem bewussten und bejahenden Fühlen all deiner Gefühle und Empfindungen, die du bisher oft verdrängt oder bekämpft hast. Ganz gleich, wie dein Kontakt zu deinen Gefühlen und deine Gefühlsfähigkeit bis heute aussehen, in Zukunft darfst du dir Zeit nehmen und immer wieder für fünf, zehn oder zwanzig Minuten nach innen gehen. Gewöhne dir das an und zieh dich an einen Ort zurück, wo du ganz für dich bist und nicht gestört wirst. Dann schließe die Augen und gehe in einen sanften, tiefen Atemrhythmus. Lenke deine Aufmerksamkeit von deinen Gedanken hin zu deinem Körper und spüre bewusst, wie er sich gerade anfühlt.

Wo fühlst du Unruhe oder Ruhe, Schwere oder Leichtigkeit, Enge oder Weite, Verspannungen oder Entspanntheit, Kälte oder Wärme? Nimm dir Zeit, diese Empfindungen deines physischen Körpers deutlich wahrzunehmen und versuche nicht, sie wegzumachen oder darüber nachzudenken. Die Schwere auf deinen Schultern, die Enge in deiner Brust oder die Unruhe oder die Verspannungen in Bauch oder Rücken warten darauf, endlich von dir bewusst gefühlt und angenommen zu werden. Sage in diesen Minuten: »Die Enge (oder Schwere, Unruhe etc.) in meinem Körper darf jetzt da sein. Ich bin bereit, dich, die Enge (oder anderes), zu fühlen.«

Dein Körper wünscht sich als Erstes deine ganze Aufmerksamkeit und dein bejahendes Fühlen, und es fällt uns daher am leichtesten, bei ihm anzufangen und seine Zustände zu spüren. Ich unterscheide diese Empfindungen des Körpers deutlich von psychischen Gefühlen wie Angst, Wut, Trauer, und ich bitte dich, das auch zu tun. Das hilft dir, dich in deinem inneren Haus besser zu orientieren und leichter Ordnung darin zu schaffen. Bleibe also am Anfang vier, fünf Minuten oder länger nur bei deinem Körper und horche hinein, was er dir mitteilen will.

Unser physischer Körper kann nicht lügen. Er ist ein verlässlicher Signalgeber dafür, was in unserem Innern nicht rund läuft, was nicht stimmt. Körpersignale sind Botschaften deiner Seele, die sich wünscht, dass du aufmerksam wirst. Wenn du jetzt zum Beispiel Enge in der Brust oder im Hals spürst und sie da sein lässt, geh einen Schritt weiter und sage dir: »*Die Enge in meiner Brust fühlt sich an, als ob* ...« Und jetzt schau, welches Bild vor deinem inneren Auge auftaucht, während du die Enge fühlst. Du denkst bitte nicht nach, sondern das Bild taucht automatisch auf, und du siehst möglicherweise einen schweren Stein auf deiner Brust liegen und du sagst: »*Die Enge fühlt sich so an, als ob ein großer Stein auf meiner Brust läge.*« Oder: »*... als ob mein Hals mit einer Schnur umwickelt und zugeschnürt wäre.*« Oder: »*... als ob zwei Sandsäcke auf meinen Schultern lägen.*« Verlass dich darauf, dass sich solch ein Bild einstellt, wenn du diese Empfindung bejahend fühlst.

Dieses jetzt wahrgenommene Bild ist wieder eine wichtige Information für dich. Schau das Bild genau an und du kannst erkennen, wie groß und schwer der Stein auf deiner Brust ist, oder aus welchem Material die Schnur um deinen Hals ist, oder ob Sandsäcke oder andere Lasten, zum Beispiel ein Joch, auf deinen Schultern liegen. Und ob du es glaubst oder nicht: Das hier sind keine Fantasiegebilde deines Gehirns, sondern diese Dinge existieren tatsächlich in dir, in einem für unsere äußeren Augen unsichtbaren Bereich. Dein inneres Auge kann sie aber sehen und mit deinem Gefühl spürst du genau ihre Wirkung, ob beschwerend, einengend, verkrampfend, lähmend oder sonst wie.

Du hast jetzt also mit deiner Aufmerksamkeit eine Empfindung fixiert, die du spürst, und hast einen passenden Gegenstand in deinem Inneren gefunden, der mit dieser Empfindung ursächlich zusammenhängt. Und beides hast du selbst erschaffen, meist schon vor langer Zeit. Du musst in diesem Moment nicht wissen, wann und warum du das gemacht hast, das würde dich nur wieder ins Denken führen. Und diese beiden Schöpfungen wollen jetzt nur eins: Dein Ja zum Fühlen und deine Bereitschaft, es da sein zu lassen. Der Verstand will so etwas Unangenehmes gleich wegmachen, dein Herz jedoch weiß, dass sich nur das dauerhaft verändern kann, was erst einmal da sein darf. Das anzunehmen, was jetzt in dir zu spüren und zu sehen ist, ist der erste Schritt zur Verwandlung.

Jetzt schlage ich dir noch etwas (für deinen Verstand) Verrücktes vor. Sprich diese Empfindung und diesen Gegenstand im Bild jetzt direkt und persönlich an, so als ob das ein Mensch wäre, und sage zum Beispiel: »*Du, die Enge in meiner Brust, und du, der Stein darauf – ihr dürft jetzt da sein, ich bin bereit euch zu fühlen. Ich öffne mich dem Gedanken, dass ich selbst euch einmal erschaffen habe und dass ihr mir gedient habt. Und dafür danke ich euch jetzt.*« Und atme tief und sanft weiter und nimm neugierig war, was sich in deinem Innern tut.
Sei gewiss, dass diese Energien in dir genau verstehen, was du sagst und ob du das auch wirklich meinst, was du da

aussprichst. Mach das Ganze also mit so viel Liebe und Mitgefühl wie nur möglich. Ja, du kannst die Enge, den Druck, die Schwere, die Spannung oder was auch immer dich im Alltag im Körperlichen oft plagt, annehmen und lieben lernen. Und diese deine aufmerksame Zuwendung und dein Lieben sind es, die diese Energien in den Fluss bringen werden, nichts anderes.

Am Anfang solcher Übungen (nenne sie »Meditation« oder »Fühlübung«) kannst du es hierbei belassen. So simpel sich das bisher für dich anhören mag, so entscheidend wichtig ist dieser erste Schritt, dass du geduldig, neugierig, ja sogar spielerisch forschend wieder das Fühlen von körperlichen Empfindungen erlernst, verbunden mit oft interessanten, dazu passenden Bildern.

In der Folgezeit, zum Beispiel nach einem Monat, kannst du diese Übung erweitern um den nächsten Schritt. Während du jene Empfindung von Enge, Druck, Schwere oder anderem fühlend annimmst, einschließlich dem dazugehörigen Bild, spürst du, welche Emotion, das heißt welches psychische Gefühl damit verbunden ist. Das kannst du nicht denkend herausfinden, sondern nur, indem du fühlst, was dahinter auftaucht. So wird die Enge in Brust oder Hals oft verbunden sein mit einer Angst, die in dir hochkommt, ähnlich wie die Empfindung von Starre oder Kälte mit Angst oder auch mit Ohnmacht verbunden ist. Die Schwere auf deinen Schultern oder auch in deiner Brust geht meist mit Trauer einher. Hinter der Spannung, beispielsweise in Kopf, Nacken, Rücken oder Kiefer, steckt oft Wut.

Diese Emotionen sind es, die du als kleiner Junge in dir erschaffen hast, die aber keiner an dir akzeptieren wollte. Und so hast du damals gelernt, sie systematisch zu verstecken und zu verdrängen. Denn du wolltest ja ein richtiger Junge sein und kein Angsthase und kein »Mädchen«. Emotionen sind also Energien, die wir alle seit der Kindheit in uns speichern und die unseren Körper nicht verlassen können. Genau genommen befinden sie sich in einem unsichtbaren, sogenannten feinstofflichen Körper, dem Emotionalkörper, der ebenso existiert wie dein sichtbarer und spürbarer physischer Körper.

Wir lenken uns von diesen Emotionen so lange ab, bis sie sich – oft erst nach dreißig, vierzig Jahren – unmittelbar oder indirekt über Körpersymptome bemerkbar machen. Gelingt uns dies nicht mehr, bekämpfen wir sie in einer zweiten Phase mit Pillen oder anderen Wegmach-Techniken. Und in der dritten Phase zwingen die Emotionen uns, sie endlich zur Kenntnis zu nehmen, weil sie uns im Alltag blockieren oder nachts wach werden lassen. Es gibt Männer, die verdrängen und bekämpfen sie, bis ihr physischer Körper nicht mehr kann und in die Waagerechte gezwungen wird, sei es durch Herzinfarkt, Bandscheibenvorfall, Gallenkolik, Magengeschwür oder eine andere Krankheit. Soweit braucht es kein Mann kommen zu lassen, wenn er begreift, wie das alles durch die jahrzehntelange Ablehnung seiner Empfindungen und Gefühle entstand.

Nachdem du also ein paar Minuten die körperliche Empfindung gefühlt hast, lenkst du deine Aufmerksamkeit auf die Emotion und sprichst auch sie direkt an, indem du sagst: *»Du, die Angst (oder Trauer, Wut, Ohnmacht) in mir, du darfst jetzt da sein. Ich bin bereit, dich zu fühlen.«* Und wenn du genau hinspürst, kann es gut sein, dass diese Emotion an einem anderen Ort in deinem Körper ihr Zentrum hat als die körperliche Empfindung, die du zuvor wahrgenommen hast. Jetzt gibt es nichts anderes zu tun, als genau diese Emotion, verbunden mit der Empfindung des Körpers bejahend zu fühlen und dort sein zu lassen, also zum Beispiel Angst/Enge, Trauer/Schwere, Wut/Spannung. Du läufst jetzt nicht mehr davor weg und kannst dich ermutigen, indem du weiter sagst: »*Du bist meine Angst. Ich habe dich irgendwann einmal erschaffen und du hast mir gedient. Und ich bin wirklich bereit, dich jetzt fühlend anzunehmen.*« Ich ermutige dich sogar (im Gegensatz zu den meisten Therapeuten) die Angst oder Trauer oder Wut sogar noch zu verstärken. Entweder sagst du einfach: »*Du, meine Angst, darfst jetzt noch stärker werden*«, oder in deiner Vorstellung drehst du an einem Einstellrad deine Angst von Stufe eins auf zwei, von zwei auf drei und so weiter. Wundere dich nicht darüber, dass das funktioniert. Es klappt hervorragend.

Keine Sorge, dein Gefühl, so unangenehm es sich anfühlt, bringt dich nicht um. Aber durch dein Fühlen spürt es: »Ich darf jetzt wirklich da sein. Mein Schöpfer will mich tatsächlich fühlen. Der nimmt mich zur Kenntnis und öffnet sich für mich.« Das ist genau die Aufmerksamkeit, die du dir als kleiner Junge von Mutter, Vater oder beiden gewünscht, in der Regel aber nicht erhalten hast. Und es ist genau diese Annahme im praktischen Fühlen, was diese Emotion, die dich blockiert hat, wieder in Fluss bringt. Ein Kind will geliebt werden, und ein Gefühl will gefühlt werden. Darum heißt das Gefühl »Gefühl«. Es will nicht analysiert, verdrängt oder bekämpft werden, sondern liebevoll und wertschätzend gefühlt. Sonst nichts.
Darum fließt bei dieser Übung oft manche Träne oder die Augen werden feucht, weil die Gefühle ins Fließen kommen. Vielleicht musst du hierbei auch stark gähnen. Dann mach deinen Mund weit auf und gähne, was das Zeug hält. Das hat nichts mit Müdigkeit zu tun, sondern es sind blockierte Energien, die jetzt deinen Körper verlassen wollen. Lustvoll zu gähnen ist sehr befreiend, und auch da werden

die Augen feucht, ein gutes Zeichen. Früher haben wir gelernt, beim Gähnen die Hand vor den Mund zu halten: aber, was raus will, wieder nach innen zu drängen, ist nicht sehr sinnvoll.

Wenn du dieses Gefühl ein paar Minuten so annehmend gefühlt hast, kannst du eine Art Beschleuniger einbauen, indem du dir zwei Farben hintereinander vorstellst. Zuerst stellst du dir lebhaft vor, wie du unter einer Dusche aus silbrig glänzendem Licht stehst, und die silbern glitzernden Funken deinen Körper baden, besonders die Region, in der sich Angst und Enge, Wut und Spannung, Trauer und Schwere oder anderes gezeigt hat. Nach einer Minute ist dein ganzer Körper von silbernem Licht gefüllt und durchflutet. Dieses silberne Licht ist eines der besten »Putzmittel« für deinen Körper, denn es löst, reinigt und befreit ihn von alten Lasten. Das ist jetzt kein »Wegmachen« mehr, weil du das Gefühl vorher wirklich bejahend gefühlt hast. Jetzt ist das Gefühl bereit, sich durch das silberne Licht schnell lösen zu lassen.

Und wenn das geschehen ist, rufst du das violettfarbene Licht und stellst dir vor, wie eine violette Lichtwolke dich umhüllt und deinen ganzen Körper durchströmt, von Kopf bis Fuß. Violett ist die Farbe der Verwandlung beziehungsweise der Transformation. Du kannst es vergleichen mit dem Aufnehmer beim Wischen des Bodens. Wasser und Reinigungsmittel lösen den Schmutz und das Wischtuch nimmt ihn auf.

Vielleicht denkt dein Kopf, das hier sei ja ganz schön abgefahrenes Zeug, was ich schreibe. Das darf er ruhig denken. Aber wenn du ein lebendiger, fröhlicher Mann sein oder werden willst, dann bist du vielleicht neugierig genug, um es auszuprobieren. Unser Kopf hat von der Wirkung der

Farben oft nicht die geringste Ahnung. Das stört die Farben nicht. Wenn du einen Weg finden willst, aus deiner Angst, deiner Wut, deiner Trauer oder deiner Ohnmacht hinaus, dann empfehle ich dir sehr, das hier auszuprobieren.

Und abschließend – nach der Anwendung violetten Lichts – sagst du laut: »*Und jetzt bitte ich meine innere Führung, mir die Farbe zu schicken, die mir am allerbesten dient, um wieder in meine Leichtigkeit, meine Freude und meine Freiheit zu gelangen.*« Und die erste Farbe, die vor deinem inneren Auge auftaucht, nimmst du und badest abschließend deinen ganzen Körper darin. Sie fühlt sich meist erfrischend oder sehr energetisierend an, und das ist auch ihre Absicht. Genieße dieses Vollbad in der dritten Farbe noch eine Minute und beende dann die Übung.

Eine geführte Anleitung zu dieser Übung findest du auf der beiliegenden CD (Track 3 und 4)

Tausende Menschen haben gelernt, diese Art der Meditation anzuwenden, um fühlend unangenehme Gefühle liebend und bejahend verwandeln zu können. Das entlastet uns nicht nur emotional, sondern befreit auch den physischen Körper von diesen blockierenden Energien und macht Beschwerden und Krankheiten mehr und mehr überflüssig. Wenn du dich beim Lesen dieses Kapitels bisher etwas gelangweilt hast, weil dein Kopf mehr »unterhaltenden Stoff« sucht, wird dich vielleicht folgende Geschichte eines Mannes interessieren, der seine Panikattacken, die ihn bis zur Berufsunfähigkeit führten, auf diesem hier geschilderten Weg eigenständig befreite.

Der Mann heißt Günter und wohnt in der Nähe des Bodensees. Von Beruf Ingenieur war er gewohnt, die Aufgaben und Probleme seines Lebens immer rational anzupacken und schnell zu lösen, wie wir Männer (und erst recht Ingenieure) das meist tun und so gelernt haben. Als er um die Fünfzig herum nachts immer wieder aufwachte, mit Enge in der Brust, schweißnass gebadet, spürte er große Angst in sich. Er konnte sich nicht erklären, warum sie ihn plötzlich überfiel. Er ging zu Ärzten und Therapeuten und nahm etliche Einzelsitzungen. Aber keiner konnte ihm sagen, woher die Angst kam, noch was der gelernte Ingenieur tun sollte, um sein Problem zu lösen. Schließlich bat er seinen behandelnden Arzt: »Geben Sie mir ein Rezept, das mir sagt, was ich tun kann, was mir hilft, aus meinen Ängsten herauszukommen.« Die hilflose Antwort war: »Noch mehr Einzelsitzungen!« Selbst eine Kur in einer psychosomatischen Klinik brachte keinerlei Veränderung.

In dieser Zeit wohnte ich in Lindau am Bodensee und hielt in dieser Gegend zahlreiche Vorträge. In einem dieser Vorträge erklärte ich genau, wie Ängste entstehen und was wir tun können, um sie zu überwinden. Da Günter inzwischen schon alles ausprobiert hatte, konnte eine solche Übung auch nicht mehr schaden. Beim nächsten nächtlichen Aufschrecken (die Angst kam immer zur selben Zeit zu Besuch) entschloss er sich, dieser Angst jetzt mutig zu begegnen und nicht mehr vor ihr wegzulaufen. Er blieb im Bett liegen, fing an, tiefer zu atmen, und sagte nach innen gerichtet: »*Du, meine Angst, darfst jetzt da sein. Ich will dich jetzt fühlen.*« Und die Angst ging natürlich nicht weg, sondern wurde stärker.
Günter wechselte manchmal die Seitenlage und merkte schnell, dass er mehr Angst spürte, wenn er auf der linken Seite lag. Also entschloss er sich mutig, sich nur noch auf diese Seite zu legen, um die Angst stärker zu spüren. Circa zwanzig bis dreißig Minuten atmete er so tief wie möglich und fühlte, wo die Angst steckte und wie sie sich anfühlte. Aber er gab nicht klein bei, sondern legte seinen ganzen Mut und seine

Energie in das bewusste Fühlen und Atmen. »*Du bist meine Angst. Ich hab dich erschaffen und jetzt darfst du da sein*«, wiederholte er öfters. Von der Arbeit mit den Farben hatte er damals noch nichts gehört, er beließ es bei diesem Vorgehen. Am Ende der Übung war er zwar stets ziemlich erschöpft, aber die Angst hatte deutlich nachgelassen, und er konnte wieder einschlafen.

Das Ganze machte er ungefähr vierzehn Tage hintereinander so. Ja, er machte es auch dann, wenn die Angst nicht von selbst kam, sondern rief sie herbei und spürte sie dann auch gleich. Eines frühen Morgens wachte er auf und wollte sich erneut seiner Angst widmen und rief: »*Hallo, Angst in mir, du darfst wieder da sein. Ich will dich fühlen!*« Aber nichts regte sich. Günter setzte nach: »*Angst, komm, komm, ich will dich wieder fühlen!*« Aber nur Stille im Walde. Seit diesem Morgen, der jetzt schon einige Jahre zurückliegt, ist Günter ohne Angst oder Panik und freut sich seines Lebens.

Dies ist kein Einzelfall. Sehr viele Menschen haben mir per E-Mail oder mündlich (wie Günter) in meinen Seminaren, Vorträgen und Einzelsitzungen bestätigt, dass wir keine Hunderte von Therapiestunden benötigen, um unsere emotionalen Probleme zu lösen, die fast immer hinter körperlichen Beschwerden und Erkrankungen stecken. Dieser verwandelnde Umgang mit bedrückenden Emotionen ist ein Kernstück der von mir entwickelten Transformations-Therapie, die ich in meinen Seminaren mehreren Tausend Menschen pro Jahr näherbringe, und in der ich jährlich Therapeuten ausbilde.

4

Der Mann und die Frauen

⊞ Die Beziehung des Mannes zu den Frauen

Das Thema »Frauen« ist für viele Männer das zentrale Thema in ihrem Leben. Wie wir gesehen haben, kümmert sich der Mann in erster Linie nicht um die Beziehung zu sich selbst, sondern es ist die Frau, die er hat oder die er sich wünscht, um die sein Denken, sein Sehnen und sein Sorgen kreisen. Von der Beziehung zu einer Frau erhofft sich der Mann das Glück seines Lebens inklusive Freude, Anerkennung, emotionale Sicherheit und erfüllende Sexualität.

Umso enttäuschter und frustrierter ist er, wenn er feststellen muss, dass er entweder keine Frau oder nicht »die Richtige« findet, oder seine Beziehung oder Ehe früher oder später in Sackgassen, Konflikte und Zustände von Erstarrung, Routine und Langeweile führt. Ist er da erst einmal hineingeraten, fühlt sich der normale Mann zudem hilflos.

In meinem Buch »Wahre Liebe lässt frei!« schildere ich die wichtigsten Ursachen dafür, warum Männer und Frauen so selten zu sich selbst und zueinander finden, und dort, wo sie auf Freude, Lust, harmonische Gemeinschaft, Sicherheit und Erfüllung hoffen, so oft Frust und Enttäuschung erleben. In dem vorliegenden Buch möchte ich vor allem dem Mann aufzeigen, weshalb er in seiner Beziehung zu einer Frau meist unglücklich ist, und weshalb er immer wieder die gleichen Erfahrungen macht.

Während wir in der Schule und auch auf der Universität alles Mögliche lernen, um einen Beruf erfolgreich auszuüben (und was wir im Leben oft nicht mehr benötigen), lernen wir so gut wie nichts darüber, wie wir unsere Lebenswirklichkeit erschaffen. Und auch über Liebe, Sexualität und die Unterschiedlichkeit von Frauen und Männern, über den Umgang mit Gefühlen, Erwartungen und Konflikten in einer Partnerschaft wird nichts gelehrt. Und so stolpert Generation um Generation zunächst euphorisch in eine Beziehung, hoffend, den Richtigen oder die Richtige gefunden zu haben, um über kurz oder lang im emotionalen Chaos zu versinken oder sich in routinierter Langeweile einzurichten.

Ich wünsche dir, dem männlichen Leser, dass du in diesem wie in anderen Kapiteln des Buches sehr genau erkennst, warum du dein bisheriges Leben und deine Beziehungen so erschaffen hast, wie du sie erlebt hast, und hierfür deine Schöpferverantwortung übernimmst. Schieb es nicht auf die Frauen, auch wenn du unter ihnen gelitten hast oder unter einer leidest. Hör jetzt damit auf, sie anzuklagen, dir selbst leidzutun oder dich mit deinen Selbstvorwürfen und Schuldgefühlen fertigzumachen.

Der erste Grund, warum du bisher vielleicht nicht glücklich geworden bist, heißt Unbewusstheit und Nichtwissen. Männer wie Frauen schlittern regelrecht in eine Beziehung, sobald ein Partner auftaucht, von dem sie sich auf irgendeine Weise, meist erotisch, angezogen fühlen. Die Kraft des Eros ist die treibende Kraft, die Männer zu Frauen treibt und umgekehrt, aber hiermit allein lässt sich noch lange keine stabile, lebendige Beziehung gestalten, allenfalls ein paar schöne Nächte. Sich bewusst auf einen anderen Menschen einzulassen, um herauszufinden, was ich mit ihm leben kann, gehört zu den aufregendsten und reichhaltigsten Vorgängen in unserem Leben. Wer sich nach einigen gescheiterten Beziehungen als gebranntes Kind fühlt, und meint, in Zukunft lieber ohne einen Partner durchs Leben gehen zu wollen, der mag den einen oder anderen Schmerz vermeiden, aber er wird höchstwahrscheinlich das größte Abenteuer des Menschseins, die Liebe und das Lieben, verpassen. Hierzu kam der Mensch aber auf die Erde.

Sich bewusst auf eine Frau einlassen zu können, setzt voraus, dass ich zumindest begonnen habe, mich bewusst auf mich selbst einzulassen und Wesentliches über mich herauszufinden. Der Mann, der keine Ahnung davon hat, wer er selbst ist und wie er so geworden ist, der keine lebendige, liebevolle Beziehung zu sich pflegt, sondern sich eher selbst ein Rätsel ist, der muss sich im engen Kontakt zu einer Frau so unsicher fühlen wie ein Büroangestellter, der plötzlich mit Anzug und Krawatte im Dschungel steht. Seine emotionalen Überlebenschancen sind äußerst gering. **Aber nicht die Frau stellt die Gefahr dar, in der er sich befindet. Was den Mann so verletzlich und hilflos macht und in schmerzvolle Situationen führt, ist seine Unbewusstheit und sein Nichtwissen darüber, wie er selbst tickt und wie Frauen ticken. Vor allem die grundlegenden psychischen und seelischen Unterschiede zwischen ihnen beiden sind für ihn unbekanntes Terrain.** Solange der Mann sich nicht seinen eigenen Wunden und seiner Verletzlichkeit, seinem verschlossenen Herzen und dem ängstlichen kleinen Jungen in sich selbst zuwendet, wird er bei dem Versuch, die Nähe zu einer Frau zu erreichen, keinen guten Stand haben.

Wenn der Mann den Weg zu einer liebenden, würdigenden und erfüllenden Beziehung zu einer Frau finden will, braucht er zunächst einen gesunden Abstand zu ihr, um zu sich selbst zu finden. Keine Frau der Welt ist in der Lage, einen Mann glücklich zu machen, und umgekehrt genauso. Es ist die Aufgabe jedes Mannes, mit sich selbst ins Reine, in die Klarheit, in den inneren Frieden, in die Freude am Leben, Arbeiten und Lieben zu kommen, wenn er einer Frau, die ihn achtet und liebt, ein gleichwertiger und liebender Partner sein will. Diese Aufgabe freudig anzugehen, fordere ich dich, den Mann, in diesem Buch mit Nachdruck auf. Auch wenn du verheiratet bist, wird es dir guttun, dich innerlich ein Stück von deiner Frau zu lösen, um dich dir selbst zuzuwenden, damit du ihr wirklich nahe sein kannst. Du selbst und dein Weg müssen zum spannendsten Thema deines Lebens werden.

Wenn Mann und Frau zusammenkommen und zusammen leben wollen, dann begehen sie oft einen fatalen Denkfehler. Sie sagen unbewusst: »Jetzt gehen wir unseren Weg gemeinsam.« Was daran falsch ist? Sie glauben, jetzt keinen eigenen Weg mehr gehen zu dürfen. Aber das ist ein großer Irrtum. **Wenn er und sie zusammenziehen oder heiraten, dann dürfen sie ab hier drei Wege gehen: Er geht seinen Weg, sie geht ihren und gemeinsam gehen sie einen dritten Weg. Darum gib deinen Weg, den du mit dir durch dein Leben gehst, nie auf. Noch besser wäre es, wenn du ihn ab jetzt noch viel bewusster gehen und gestalten würdest.** Das ist in keiner Weise gegen die Frau gerichtet, im Gegenteil. Deine Identität besteht nicht darin, dass du der Partner einer Frau bist, sondern dass du erst einmal dein eigener Partner bist und mit dir einen Weg gehst. Wenn du das nicht tust oder lernst, wirst du dich schnell im emotionalen Gestrüpp einer Beziehung verfangen und dich schlecht fühlen.

Was heißt das, deinen Weg mit dir selbst gehen? Es bedeutet zunächst, aufs Allerbeste für dich zu sorgen und alles daran zu setzen, damit es dir gut geht. Kümmere dich um deine Gedanken, deine Gefühle, deine Herzenswünsche und deinen Körper. Mach dir immer wieder klar, was du willst und was für dich stimmig ist. Verbringe Zeit mit dir, nicht nur bei der Arbeit, sondern auch in der Freizeit, und finde heraus, mit welchen Menschen du wirklich gern zusammen bist, unabhängig von Frau und Kindern. Das ist nicht egoistisch, sondern die größte Liebestat, die du deiner Frau schenken kannst. Ein Mann, der gut für sich sorgen kann, ist ein Segen für jede Beziehung und für die Frau. Selbst dann, wenn die Frau das nicht würdigt, sondern kritisiert, weil das kleine Mädchen in ihr ihn gern ganz für sich allein hätte.

Die kleinen hungrigen Kinder in Mann und Frau, die sich so sehr nach Liebe und Aufmerksamkeit sehnen, weil sie damals nicht satt geworden sind, glauben, sie müssten möglichst viel mit dem Partner machen, so oft wie möglich zusammen und sich nahe sein. Das ist ein Irrglaube, und mit ihm stirbt die Liebe in den ersten Jahren mangels Sauerstoff. Keiner von beiden bekommt genug Luft zum Atmen, wenn er in seinen Gedanken und Gefühlen ständig wie ein Sputnik um den Partner kreist oder sich gezwungen fühlt, ständig auf dessen Redeschwall, Erwartungen, Vorwürfe, Sehnsüchte und Wünsche reagieren und eingehen zu müssen. Besonders Frauen haben das Talent, den Mann auf diese Weise an die Wand zu drücken, und der reagiert entsprechend mit Rückzug beziehungsweise Flucht, entweder ins Schweigen oder in den Keller oder die Garage. Das ist natürlich keine Lösung, und wenn du zu diesen »Flüchtlingen« gehörst, dann finde jetzt heraus, wie du deine Flucht beenden kannst.

⊞ Die Kritik der Frauen an den Männern

Das Selbstbewusstsein und die Lebensqualität des Mannes hängen heute wesentlich davon ab, wie er sich von Frauen wahrgenommen und anerkannt fühlt. Er hat verlernt, vielmehr nie gelernt, sich selbst das zu schenken, was er sich von Frauen wünscht: Liebe, Wertschätzung und Unterstützung auf seinem Weg. Unsere Mann-Frau-Beziehungen kranken vor allem daran, dass da nicht zwei Menschen sind, die in sich selbst gut stehen und eine liebevolle, ermutigende und unterstützende Beziehung zu sich selbst haben und pflegen, sondern zwei, die sich gegenseitig brauchen und missbrauchen. Das geht der Frau nicht anders, die sich vom Mann die Bestätigung wünscht, dass sie attraktiv, schön und begehrenswert ist.

Für viele Frauen ist es ein Sport geworden, Männer zu kritisieren, herabzusetzen und ihnen die Schuld an ihrer Unzufriedenheit, ihrem Unglück oder ihrer Unerfülltheit zuzuschieben. Das haben schon Generationen von Müttern gemacht, und obwohl viele Frauen es doch ganz anders machen wollten als ihre Mutter, tun sie es ihr gleich. Dieser Kritik steht der Mann meist hilflos, kleinmütig und oft schuldbewusst gegenüber.
Die häufigsten Vorwürfe von Frauen an Männer lauten:

- Ihr wisst nicht, was Frauen brauchen!
- Ihr versteht uns nicht!
- Ihr unterdrückt und missbraucht Frauen und Kinder!
- Ihr zeigt keine Gefühle!
- Ihr tut nichts für die Beziehung!
- Ihr habt nur eure Arbeit im Kopf!
- Ihr entwickelt euch nicht weiter; ihr arbeitet nicht an euch!
- Ihr kennt unsere Körper nicht!
- Ihr seid grob bis brutal!
- Ihr benutzt uns!
- Ihr bringt es nicht!
- Ihr habt keine Zeit für uns und die Kinder!
- Ihr bringt das Geld nach Haus und den Rest dürfen wir machen!
- Ihr spielt den Pascha!
- Ihr macht uns Angst mit eurer geladenen Aggression!

- Ihr trinkt zu viel!
- Ihr seid Waschlappen; wenn's ernst wird, habt ihr Schiss!
- Ihr könnt kein Blut sehen und keinen Schmerz ertragen!
- Wenn ihr pensioniert seid, seid ihr nur noch Ballast!
- Ihr schaut jedem Rock hinterher und denkt nur immer an das eine!
- Ihr seid Schweine!
- Ihr seid Versager!
- Ihr zerstört die Erde und macht alles kaputt!
- Ohne euch sähe die Welt besser und friedlicher aus!

Das sind zum Teil grobe Geschütze, die sicher nicht jede Frau gegen ihren Mann auffährt. Aber den einen oder anderen Satz hast du vermutlich selbst schon von einer oder deiner Frau gehört. Männer im Allgemeinen haben offenbar bei vielen Frauen keinen guten Ruf, sie werden von ihnen als Täter angeklagt. Das kennen wir schon bald vierzig Jahre, seit der Frauenbewegung in den Siebzigern, die grundsätzlich notwendig und segensreich war, und viele Frauen ermutigt hat, neue Wege zu gehen. Dass sie sich jedoch durch ihre Anklagen selbst zu Opfern der Männer erklären, und damit den Graben zwischen den Geschlechtern immer aufs Neue ausheben und Krieg führen, scheinen die wenigsten zu bemerken. Aus ihrer eigenen Ratlosigkeit heraus pflegen sie ihr Opferbewusstsein, anstatt sich selbst an ihre Schöpfernasen zu fassen und sich klarzumachen, dass sie selbst für den Zustand ihrer Seelen, Körper und Beziehungen verantwortlich sind.

Männer sitzen heute aus weiblicher Sicht auf der Anklagebank, während die Frauen drei Rollen zugleich spielen, die des Opfers, des Anklägers und des Richters. Sich gegen dieses kollektive Männer-Abwatschen zu verteidigen oder gar mit Gegenangriff zu reagieren, wäre unsinnig und würde

den Graben nur vertiefen. Wichtiger erscheint mir, zu verstehen, was wir Männer tatsächlich dazu beigetragen haben, dass Frauen über Männer heute so denken, und was wir tun können, damit es in unseren Beziehungen wieder zu einer sich gegenseitig verstehenden, würdigenden und liebevollen Begegnung und schließlich zum Tanz zweier Liebenden kommen kann.

Wenn wir uns von Frauen eine andere Einstellung uns Männern gegenüber wünschen, die von Achtung, Würdigung und Wertschätzung geprägt ist, müssen wir erst einmal lernen, uns selbst zu achten und zu lieben. Der Mann, der versucht, es den Frauen oder seiner Frau recht zu machen und sich ihren Wünschen und Erwartungen anzupassen, wird immer wieder scheitern. Wenn du dich bisher von deinen Partnerinnen kritisiert, abgewertet und kleingemacht fühlst, dann ist das kein Fehler oder Unglück. Es geschieht und geschah deshalb, weil du an ihrem Verhalten dir gegenüber und an deiner Reaktion darauf erkennen kannst, wie du selbst innerlich mit dir umgehst und zu dir stehst.

Wer von anderen nicht respektiert wird, der empfindet auch wenig Respekt sich selbst gegenüber. Wer von seiner Frau beschimpft wird und darunter leidet, der ist aufgefordert, sich seine eigenen Selbstanklagen und Vorwürfe bewusst zu machen. Männer, die vor lauter Schuldgefühlen, Frust und Minderwertigkeit mit dem Kopf unterm Arm daherkommen, dürfen sich nicht wundern, wenn sie noch einen Tritt in den Hintern erhalten und verachtet werden. Das hat zwar nichts mit Liebe zu tun, aber deine Partnerin kann nicht anders, da sie sich selbst noch nicht lieben gelernt hat. Ihr Verhalten dir gegenüber ist ein wunderbarer Spiegel deiner Beziehung zu dir selbst. So geraten wir immer an die richtige Partnerin, eine, die wir jetzt benötigen, um vor allem etwas über uns selbst zu erfahren.

Darum sind unsere Frauen zum einen Engel, mit denen wir köstliche Stunden verbringen, und zum anderen sind sie die besten »Arsch-Engel« für uns, die unsere Knöpfe drücken und uns an den empfindlichsten Stellen treffen und Angst, Wut, Ohnmacht, Schuld-, Scham- und Versagergefühle in uns hochholen und uns nicht selten zur Verzweiflung treiben. Dieser »Dienst« der Frauen an den Männern mag manchmal leicht sadistische Züge aufweisen, aber er ist dennoch segensreich, egal wie unbewusst sie dabei sind. Warum? Weil wir sonst ewig so weitermachen würden wie bisher und den Hintern nicht hochbekämen, um uns aufzumachen zu einem anderen Männerleben, das mit Aufrichtigkeit, Wahrhaftigkeit, Klarheit und großer Freude einhergeht.

Wenn du dir jedoch eine Frau wünschst, die brav, nett und angepasst ist und dir deine Wünsche von den Augen abliest, vielleicht so ein zahmes Hascherl vom Land oder eine süße kleine Asiatin – allzeit zu allem bereit –, dann schenk das Buch hier lieber einem Freund, der wirklich wissen will, wie er als Mann aufrecht gehen lernt.

Was auch immer deine Frau an dir auszusetzen und zu kritisieren hat, die Frage ist erst einmal nicht, ob sie recht hat, sondern wie du darauf reagierst, innerlich und äußerlich. Wenn dich ihre Kritik trifft, dann betrifft sie dich auch, das heißt, sie trifft einen wunden Punkt in dir, der von dir angeschaut, geklärt und geheilt werden will. Würde es dich nicht betreffen, könntest du innerlich ruhig und gelassen bleiben und ihr innerlich wünschen, dass sie mit sich selbst in den Frieden kommt.

Ich empfehle dir, einmal in Ruhe eine Liste zu machen mit alledem, was dir deine Frau oder Expartnerinnen vorgeworfen haben. Nimm dir dazu einen Abend Zeit und beschäftige dich in den folgenden Tagen mit dieser Liste. Frage dich:

»Was ist an dieser Kritik wahr? Was werfe ich mir selbst innerlich vor? Wofür fühle ich mich schuldig? Wofür schäme ich mich tief innen?« Und schau dir besonders die Punkte an, die dir sehr unangenehm sind, zum Beispiel Sätze wie:

* Du bist für mich kein wirklicher Mann!
* Du gehst nicht auf mich ein.
* Du lässt dich gehen!
* Du schaust mich nie an.
* Du hörst mir nicht wirklich zu.
* Du machst nichts aus dir.
* Du verschließt dich mir.
* Du weißt nicht, was du willst.
* Du liebst mich nicht.
* Du bringst es einfach nicht.
* Du bist nicht beziehungsfähig.

In vielen Punkten wirst du vermutlich erkennen, dass sie recht hat oder dass zumindest etwas Wahres an ihrer Kritik ist. Und wenn dich einer der Vorwürfe schmerzt oder Wut in dir auslöst, dann hat sie ihre Finger in die richtige Wunde gelegt. Auf solche Sätze mit Gegenkritik oder mit schmollendem Rückzug zu reagieren, wie das der »Normalmann« oft tut, ist zwar menschlich verständlich, bringt aber rein gar nichts.

Stattdessen empfehle ich dir, deine eigene Liste anzufertigen, mit alldem darauf, was du dir selbst innerlich oft oder hin und wieder um die Ohren haust, damit dir klar wird, wie viele Urteile du über dich gefällt hast und aufrechterhältst, wie hart du mit dir ins Gericht gehst und damit deinem inneren Kritiker die Macht gibst, dich fertigzumachen. Es ist ein Zeichen von Mut, sich radikal ehrlich seine Selbstverurteilungen bewusst zu machen. Das ist der erste Schritt zum Frieden in dir. Der nächste ist, dir die Unliebe zu vergeben, die in deinen verurteilenden Gedanken über dich steckt, und diese Urteile zurückzunehmen, das heißt, dir zu vergeben, was du dir innerlich über viele Jahre angetan hast. Wer mit sich selbst im Krieg liegt, der fordert andere dazu auf, ihm den Krieg zu erklären und ihn niederzumachen. Wer sich inneren und (daraus folgend) äußeren Frieden wünscht, der darf mutig, aufrichtig, geduldig und liebevoll durch seinen eigenen Unfrieden gehen und ihn verwandeln.

Ein klassisches Beispiel, das diesen Zusammenhang verstehen hilft, ist das sogenannte Mobbing-Opfer in einer Firma. Der Mensch, der von anderen gemobbt, geschnitten, verachtet und ausgegrenzt wird, ist kein »armes Opfer«, so brutal die Sitten in manchen Betrieben auch sein mögen. Mobber und Gemobbte spielen ein unbewusstes Spiel miteinander. Der Gemobbte steckt voller Kleinheit, Minderwertigkeit und Wut über sich und seine Mitmenschen, und er verurteilt diese und die »Ungerechtigkeit der Welt« innerlich meist heftig. Beides spüren die Mobber untrüglich. Es erinnert sie unbewusst an ihr eigenes unfriedliches Verhältnis zu sich selbst, aber das ist ihnen noch nicht bewusst. Darum wehren sie diese Gefühle ab, indem sie ihren inneren Krieg nach außen verlagern und den anderen stellvertretend für sich selbst fertigmachen. Beide sind letztlich immer Täter und Opfer zugleich.

Ähnlich funktioniert das in Beziehungen zwischen Frauen und Männern. Frauen hacken auf ihren Männern herum, klagen, fordern oder verurteilen subtil oder offen, weil sie noch nicht verstanden haben, dass sich ihr Leben nicht dadurch ändern wird, dass der Mann sich ändert, sondern dass sie selbst es in der Hand haben, ihre innere wie äußere Lebenswirklichkeit zu ändern. Aber beginnen müssen Männer wie Frauen damit auf der inneren Ebene, bei ihren Gedanken und Einstellungen, bei ihren Gefühlen und ihrem Umgang damit, und bei ihrem Herzen und ihrer Liebe zu sich selbst und zum Leben. Wem das zu schwierig erscheint, der darf weiter versuchen, am Lack zu polieren, während das Getriebe längst im Eimer ist.

Um es noch einmal klar zu sagen: Das Entscheidende zwischen Frau und Mann ist nicht, wie sie miteinander umgehen, reden oder schlafen oder wie viel Zeit sie miteinander verbringen. Das aus meiner Sicht Wichtigste und Vorrangige für glückliche Beziehungen ist, dass Männer und Frauen zu sich selbst finden, in sich Klarheit, Bewusstheit und Frieden herstellen und mit sich selbst ein Dauerliebesverhältnis eingehen und gestalten. Und das geht nur, wenn wir einen guten (inneren wie äußeren) Abstand zum Partner halten, Zeit und Raum für uns selbst haben und genießen und uns selbst zum allerersten Partner in unserem Leben erklären. Frage dich: Bist du dazu bereit? Wenn ja, dann entscheide dich jetzt für diesen Weg. Er führt dich in dein Mann-Sein.

Hoffe und warte also nicht darauf, dass deine Partnerin oder die Frauen sich ändern. Fang damit bei dir selbst an. Hör auf zu erwarten, dass deine Partnerin sich ändert. Das ist weder deine Angelegenheit, noch liegt es in deiner Hand. Wenn dich deine Partnerin allerdings ständig angreift oder auf lieblose Weise behandelt, kannst du dich fragen, ob du das auf Dauer haben musst. Ohne sie anzugreifen, kannst du ihr sagen: »*Ich wünsche mir von dir einen liebevolleren Umgang.*« Allerdings hat solch ein Satz kaum Wirkung, solange du ihr und dir selbst nicht liebevoll begegnest.

Viele Frauen haben in den letzten Jahren mutige Schritte mit sich selbst gemacht. Sie haben in Büchern und Seminaren nach Wegen gesucht, ein glückliches Leben zu führen. Mehr und mehr von ihnen finden sich nicht mehr damit ab, auszuhalten, sich für andere aufzuopfern und frustriert und krank auf der Strecke zu bleiben. Damit haben die Frauen entscheidende Schritte getan und bei vielen Männern das Gefühl ausgelöst, mit dem Rücken zur Wand zu stehen. Aber die meisten von ihnen sehnen sich danach, dass wir Männer uns jetzt auch bewegen und unser Lebensglück in die eigenen Hände nehmen.

Immer wieder erlebe ich Frauen, die ihren Partner mit in meine Vorträge und Tagesseminare bringen oder ihm einen Gutschein für ein Seminar schenken. Schon am Gesicht des Mannes kann ich sehen, wie unwohl er sich zu Anfang noch fühlt. Aber das ändert sich immer schnell, sobald er merkt, dass es hier wirklich um ihn geht und um das, was er jeden Tag mit sich selbst anstellt. Frauen haben ein hohes Interesse daran, dass Männer sich ändern, bei sich selbst ankommen und sich selbst lieben.

⊞ Mutterbeziehung und Wahl der Partnerin

Manche von uns wissen oder ahnen inzwischen, dass die Erfahrungen, die wir mit unserer Mutter in der Kindheit gemacht haben, in enger Verbindung mit unseren heutigen Problemen in der Partnerschaft stehen. Aber weder ist den meisten Männern das Ausmaß dieses Zusammenhangs bewusst, noch haben sie einen wirkungsvollen Weg gefunden, diese Erkenntnis zu nutzen, um die Beziehung zu ihrer Frau oder Partnerin entscheidend zu verändern. Darum möchte ich hier einmal ganz besonders darauf eingehen.

Ob du es glaubst oder nicht: Etwa achtzig Prozent aller Probleme, die Männer mit ihren Frauen erleben (Enttäuschun-

gen, Auseinandersetzungen, Streitereien, Trennungen), sind **auf das innere Verhältnis zu ihrer Mutter der Kindheit zurückzuführen.** Das wird manchem übertrieben erscheinen, aber meine Erfahrungen in Seminaren und Therapien bestätigen mir das seit vielen Jahren immer wieder. Das ist unabhängig davon, was für eine Mutter du hattest, ob eine warmherzige oder kühle, eine verständnisvolle oder verurteilende, eine anwesende oder abwesende. Auch wenn du sagst, dass du eine gute Mutter und eine schöne Kindheit gehabt hast, wirst du dir die Augen reiben, wenn du entdeckst, welchen Einfluss deine Mutter auf deine Frauenbeziehungen hatte und hat. Denn das, was in den ersten Jahren, ja bereits im Bauch deiner Mutter, mit dir geschah, entzieht sich weitgehend deinem Bewusstsein und sitzt dennoch in dir. Jede Sekunde seit deiner Zeugung ist in dir gespeichert mit allem, was du gefühlt und gedacht, erlitten und genossen hast.

Ich habe bereits deutlich gemacht, wie groß die Abhängigkeit des Sohnes von der Mutter ist, und wie der kleine Sohn über all die Jahre versucht, ihre Aufmerksamkeit und Liebe durch unterschiedliche Strategien zu erreichen. Unser Kopf glaubt, diese Abhängigkeit würde mit unserem Auszug von zu Hause enden, aber hier täuscht er sich gewaltig. Nach außen hin scheint der junge Mann frei, zu tun und zu lassen, was er will. Aber im Innern ist er an die Mutter gekettet und mit ihr in hohem Maße verstrickt. Weil er sich dieser Verstrickungen aber nicht bewusst ist, und sie daher nicht lösen kann, gerät er mit seinen Partnerinnen immer wieder in ähnliche, unangenehme Situationen, in denen er sich oft hilflos und handlungsunfähig fühlt und die er nicht versteht. Das liegt nicht an seiner Partnerin, wie er glaubt, sondern an seiner inneren Beziehung zur Mutter seiner Kindheit. Es ist auch völlig egal, ob seine Mutter noch lebt oder nicht. Die vielleicht noch lebende Mutter hat mit der Mutter der Kindheit nichts zu tun; die beiden befinden sich im Bewusstsein des Mannes auf zwei verschiedenen »Filmrollen«.

Hast du dir schon einmal überlegt, welche Ähnlichkeiten es gibt zwischen den Eigenschaften und dem Verhalten deiner Partnerinnen und deiner Mutter von damals? Denk darüber nach. Es lohnt sich. Was wollte deine Mutter immer von dir, und was hat sie versucht, dir auszutreiben, was hat sie abgelehnt? Und wie hast du dich als Kind deiner Mutter gegenüber angepasst und wie machst du es heute in deiner Beziehung? Worauf reagierst du heute verärgert, wütend oder enttäuscht bei deiner Partnerin, und wie hast du einst auf deine Mutter reagiert? Mach am besten auch hierüber eine Liste, in der du die Parallelen notierst, und wundere dich nicht, was da zusammenkommt.

Vielleicht wirst du auch sagen, dass deine Partnerin das genaue Gegenteil von deiner Mutter ist, und du glaubst, damit träfe dieser Zusammenhang nicht auf dich zu. Aber auch hier kannst du die Verstrickungen mit deiner Mutter erahnen. Denn die unbewusste Wahl hieß hier: Ich will alles andere, nur nicht so etwas wie meine Mutter als Partnerin haben. Aber all das, was du an deiner Mutter von damals abgelehnt hast, lehnst du nach wie vor ab. Hierauf deutet die Wahl deiner Partnerin als Gegenpart zu deiner Mutter hin.

Durch die jahrelange Abhängigkeit und das oft enge Verhältnis zur Mutter haben wir in unserem Kopf Tausende von Bildern gespeichert, auf denen unsere Mutter eine Rolle spielt, und diese können wir nicht einfach löschen wie bei einer Kamera. Und wenn wir heute Frauen begegnen, dann spielen diese inneren Bilder eine große Rolle, denn unser Unterbewusstsein zwingt uns, durch sie hindurch unsere Außenwelt und besonders die Frauen wahrzunehmen. Diese

Bilder und die mit ihnen verbundenen Empfindungen und Gefühle stehen zwischen unserem inneren Auge (unserem Projektor) und unserer Partnerin, das heißt wir schauen immer durch unsere Mutterbilder und -erinnerungen auf unsere heutige Partnerin, solange wir uns nicht aus unseren Mutterverstrickungen befreit haben. Es klingt verrückt, aber wir können eine Frau, die uns nahe steht, nicht als die erkennen, die sie wirklich ist, sondern unser Bild von ihr ist immer verzerrt durch die Projektion unserer inneren Mutterbilder auf sie. Denn unsere Mutter war die erste Frau in unserem Leben, und unser Frauenbild und unser Verhalten Frauen gegenüber ist durch sie geprägt.

Darum »arbeiten« wir so oft an der falschen Baustelle, wenn wir versuchen, etwas mit unserer Partnerin zu klären, womit sie ursächlich gar nichts zu tun hat. Und darum greifen auch die meisten Paartherapien nicht, die sich auf den Umgang der beiden miteinander konzentrieren oder auf die Frage, wie man miteinander »richtig« streitet oder »richtig« miteinander redet. Bevor wir nicht an die Ursachen gehen, an das, was im Innern von Mann und Frau in völliger Unfreiheit ohnmächtig, traurig, wütend, schuldbewusst oder beschämt existiert, werden sich Männer und Frauen immer wieder in Sackgassen wiederfinden und sich gegenseitig so wie sich selbst Vorwürfe machen und verurteilen.

Deine »innere Mutter« ist die größte Tür in deine Freiheit, und jeder Mann, der sich in seiner Partnerbeziehung Freiheit, Frieden, Verständnis und ein würdigendes Lieben wünscht, wird durch diese Tür gehen und seine Verstrickungen mit seiner Mutter lösen dürfen. Wie schon erwähnt, gibt dir hierzu meine Meditation »Die Mutter meiner Kindheit« das beste Werkzeug an die Hand. Aber bevor du sie machst, darfst du dir ein paar Zusammenhänge klarmachen.

Welche Gefühle auch immer deine Frau in dir auslöst, sei es Wut oder Hass, Hilflosigkeit oder Ohnmacht, Schuld oder Scham, Trauer oder Eifersucht, es ist immer der kleine Junge in dir, der sich so fühlt, und nicht der erwachsene Mann. Diese Gefühle hast du vor allem im Zusammenleben mit deiner Mutter erschaffen und gut in dir versteckt. Deine Frau sowie auch deine Kinder wecken diese Gefühle wieder in dir auf, und – ich wiederhole es nochmals – das ist ein sehr sinnvoller Vorgang. Natürlich will kaum ein Mann ein kleiner Junge sein, aber dennoch benehmen sich viele von uns ihrer Frau gegenüber wie einer. Und entsprechend werden sie natürlich von ihren Frauen behandelt.

War deine Mutter eine Glucke, die jeden deiner Schritte kontrollierte, oder eine, die dich mit ihrer »Liebe« schier erstickte? Dann ist es nicht verwunderlich, wenn du auf Fragen, Vorwürfe, Kritik und Forderungen deiner Frau allergisch reagierst, mitunter glatt ausrastest und nicht in aller Ruhe fragen kannst: »Ist dies jetzt meine Angelegenheit oder deine?« Du kannst nicht gelassen, authentisch und konstruktiv reagieren, wenn der kleine Junge in dir noch tobt und versucht, sich aus dem »liebenden« oder kontrollierenden Würgegriff der Mama zu befreien, oder sich noch sehnsüchtig an ihre Brust zurückwünscht. Das hat mit deiner Frau nichts zu tun. Sie ist nicht die Ursache deiner Gefühle, sondern sie löst sie in dir aus. Und das ist ihr »Job«, darum hast du sie unter anderem angezogen.

Wir Männer werden nicht dadurch erwachsen und zum Mann, indem wir uns zusammenreißen oder nett sind und den Mülleimer hinuntertragen. Das mag dir Pluspunkte bei deiner Frau einbringen, aber innerlich wird sie dich als Mann deshalb kein Stück mehr respektieren. Und auch für deine Coolness oder deine Macker-Show wird dich keine reife, erwachsene Frau ehren und achten. Das wirst du nur erreichen, wenn du den inneren Weg gehst und dafür sorgst, dass der kleine Junge in dir langsam erwachsen wird beziehungsweise in dir seinen väterlichen Partner und Mentor findet.

Dieser innere Junge glaubt nach wie vor, von seiner Mutter Anerkennung und Liebe zu brauchen, und projiziert diese Sehnsucht auf die Partnerin. Diese will aber kein zusätzliches Kind, sondern einen richtigen Mann, der für sich selbst steht und für sich selbst gut sorgt. Die Frau ist nicht die emotionale Tankstelle des Mannes, bei der er ab und zu stoppt, um sich aufzuladen und sich dann wieder in seinen Job zu stürzen.

Wenn du eine kühle oder oft abwesende Mutter hattest, dann hast du als kleiner Junge höchstwahrscheinlich darunter gelitten. Was glaubst du, wonach er sich bis heute noch in dir sehnt? Nach Wärme, Herzlichkeit und Anwesenheit. Also erwartest du als erwachsener Mann – meist unbewusst – genau dies von deiner Frau. Es ist aber nicht der Job deiner Frau, deine in der Kindheit unbefriedigten Bedürfnisse zu befriedigen, auch wenn der Kleine in dir noch so gierig oder sehnsüchtig danach ist.

Genauso wenig ist es deine Aufgabe, die Bedürfnisse deiner Frau zu befriedigen. Wenn wir etwas für den anderen tun, sollte das nie geschehen, weil der andere das erwartet oder weil man glaubt, dafür eine Gegenleistung zu erhalten. Das einzige Motiv, das freie und liebende Männer und Frauen hegen, dem anderen etwas zu geben, ist die eigene Freude am Geben und an der Gabe. Diese Freude nährt dich selbst als Gebenden und du brauchst nicht einmal den Dank des anderen für dein Schenken. Solange du noch denkst: »Aber ›Danke‹ hätte sie schon sagen können«, hast du unbewusst an dein Geschenk Erwartungen geknüpft. Und das ist kein Schenken mehr, das ist ein Deal, ein Handel nach dem Motto »Ich gebe dir jetzt etwas und hoffe darauf, dass du mir etwas zurückgibst. Zumindest darfst du mir sagen, dass ich ein ›netter‹ (oder ›guter, großzügiger, lieber‹) Mann bin.«

Wie ich schon beschrieben habe, kommt den wenigsten Müttern in den Sinn, ihren Sohn beizeiten in die Selbstständigkeit und Freiheit zu entlassen. Sie betrachten ihn unbewusst als ihren Besitz. Je unglücklicher sie in ihrer Partnerschaft sind, desto mehr missbrauchen sie ihren Jungen für ihre emotionalen Bedürfnisse. Und unzählig sind die Geschichten, in denen Mütter ihre erwachsenen Söhne nicht von ihrer Nabelschnur entbinden. Da wird gelockt mit dem Zimmer, das immer für ihn da sei, mit dem guten Essen am Sonntag und dem Wäscheservice, aber auch ein bisschen erpresst mit Vorwürfen, die im Sohn Schuldgefühle auslösen: »Du kannst mich/uns ruhig öfter besuchen, nach allem, was wir für dich getan haben.« Und nicht selten locken sie mit dem Grundstück neben dem Elternhaus, das doch ideal und preiswert sei, um darauf das neue Haus für den Sohn zu bauen. Deshalb ist die Beziehung der Frau zu ihrer Schwiegermutter oft ein leidvolles Spannungsfeld, weil die Mutter sich nicht vom Sohn und er sich nicht von ihr gelöst hat.

Wir können jedoch nicht erwarten, dass unsere Mütter uns freiwillig in die Freiheit entlassen. Das würden die meisten nicht einmal auf dem Sterbebett tun. Den Schritt in die Freiheit von der Mutter muss jeder Mann selbst tun, indem er sich selbst liebevoll mit diesem so entscheidenden Teil seines Innenlebens beschäftigt. Wenn du dich einmal für zwei, drei Monate mit deiner Beziehung und inneren Verstrickung zur Mutter deiner Kindheit beschäftigst, wirst du ein anderer

Mann sein und dich wundern, wie anders und neu deine Partnerin auf dich reagieren wird. Viele Teilnehmer meiner Männer-Seminare, besonders an der »Transformationswoche für Männer« bestätigen mir dies. Dies könnte auch für dich einer der wichtigsten Schritte in ein wirkliches Mann-Sein bedeuten.

Selbstbefriedigung, Potenzprobleme und Schlampigkeit

Die Sexualität gehört zu den schönsten, aufregendsten und erfüllendsten Dingen unseres Männerlebens, aber sehr viele von uns erleben sie nur selten in dieser Weise. Die meisten beklagen (im Übrigen auch die Frauen), dass sie weder genug noch wirklich erfüllenden Sex genießen. Wir haben den sexuellen Umgang mit uns selbst und mit Frauen sehr kompliziert gemacht.

Unser merkwürdiges, begrenztes, verklemmtes Verhältnis zur Sexualität zeigt sich schon in unserer Sprache. Was sagen wir, wenn wir Sexualität erleben wollen mit jemandem? Wir sagen nicht: »Wie wär's mit einem Koitus?« Oder: »Hast du Lust, geschlechtlich zu verkehren?« oder »Gehen wir jetzt kopulieren?« Als Kürzel und Hilfskonstruktion fragen wir: »Hast du Lust ...?«, aber wir sagen auch: »Hast du Lust auf Pommes frites oder Bratkartoffeln?« Oder wir sagen: »Ich möchte mit dir schlafen.« Für so etwas Aufregendes, Erregendes und Lebendiges in unserem Leben sagen wir »schlafen«. Ist es da ein Wunder, dass aus dem Ganzen oft eine recht müde Angelegenheit wird? Der Sex der meisten Menschen ist schlichtweg zum Einschlafen, das lässt sich aus vielen Befragungen schließen.

Offensichtlich haben wir noch keine angemessenen Worte gefunden, die dieser herrlichen Sache gerecht werden. Woran liegt das? Es liegt daran, dass wir nicht miteinander darüber reden. Wenn ein Thema über Jahrhunderte oder Jahrtausende totgeschwiegen und mit Geboten und Verboten belegt wird, dann müssen die Worte fehlen.

Und Worte wie »ficken«, »bumsen« oder »vögeln« taugen auch nichts, weil sie in den Ohren der meisten Menschen ordinär klingen. Dennoch werden sie allmählich durch Film und Literatur salonfähig, besser »bettfähig« gemacht. Und auch für unsere Geschlechtsorgane haben wir keine angemessenen Worte, schon gar keine, die die Wonnen und Freuden widerspiegeln, die sie uns bereiten können.

Sex gehört zu den größten Geschenken unserer menschlichen Natur. Unsere Körper wünschen sich Berührung, Zärtlichkeit, Erregung, Orgasmen und das Fließen unserer Körpersäfte. Wir Männer wünschen uns häufigen, aufregenden und feurigen Sex mit Frauen, die uns anmachen und die sich anmachen lassen, die sich fallen lassen und ihrer eigenen Lust hingeben. Wir wünschen uns Frauen, die Sex nicht über sich ergehen lassen ohne wirklichen Spaß an der Sache, die sich selbst schön und begehrenswert finden und uns dadurch magnetisch anziehen. Denn nur solche Frauen, die sich selbst in ihrem Frau-Sein und in ihrer Schönheit bewundern, werden auch von Männern bewundert. Und wir wünschen uns Frauen, die selbst aktiv werden, unseren Schwanz gern anfassen und damit umgehen können, die Freude daran haben, ihn auch mal in den Mund zu nehmen und ihn bis zur Explosion zu lutschen oder zu reiben. Schön, wenn du das bereits oft genießt.

Leider unterscheidet sich der Alltag in unseren Betten drastisch von unseren Wünschen und Fantasien. Wenn das auch bei dir der Fall ist, dann finde heraus, was es genau ist, womit du ein schönes und befriedigendes Ausleben deiner sexuellen Wünsche und Sehnsüchte bisher verhindert hast. Natürlich gibt es spezielle Bücher zu diesem Thema (wenn auch die meisten eher Gymnastikanleitungen enthalten), aber ein Buch für und über Männer wie das vorliegende wäre ohne klare Worte zur Sexualität wie eine Suppe ohne Einlage.

Solange du darüber klagst, dass deine Frau oder die Frauen Ursache für dein mageres oder frustrierendes Sexleben seien, pflegst du das Bewusstsein eines Opfers. Natürlich haben unzählige Frauen Probleme mit ihrem Körper, ihrer Lust und ihren Gedanken und Gefühlen dazu. Aber das ist ihre Angelegenheit, um die sie sich erst einmal selbst kümmern dürfen. Als Männer müssen wir zunächst auf uns selbst schauen und uns ehrlich fragen, was wir zum Frust und Leid rund um den Sex beitragen.

Bevor wir genauer über den Sex mit einer Frau sprechen, betrachten wir zuerst den Sex mit uns selbst. Hast du schönen Sex mit dir? Nimmst du dir Zeit und Muße, um dir mit deinen Händen Berührung, Zärtlichkeit, Liebe und Lust zu schenken? Oder holst du dir klammheimlich und lieblos nur einen runter? Ist deine Selbstbefriedigung eine Sache zwischen Tür und Angel oder genießt du diese Zeit mit dir? Liebst du dich dabei auch mit deinem Herzen?

Fast alle Männer befriedigen sich mehrmals pro Woche selbst, nicht wenige täglich. Aber es ist für die meisten kein zärtlicher Liebesakt mit sich, sondern ähnelt oft eher einer Art sexueller Notdurft, bei der man seine sexuelle Spannung abbaut und nach wenigen Minuten abspritzt, um dann das Corpus Delicti, den hierfür benutzten Slip, heimlich im Wäschekorb zu verstauen. Noch prekärer ist es für Männer, die mit einer Frau zusammenwohnen, denn sie schämen sich ihrer Wichserei und müssen achtgeben, dass ihre Frau sie dabei nicht erwischt. Denn viele Frauen finden es noch immer unnatürlich bis ekelig, wenn ein Mann sich selbst befriedigt, und ziehen als Reaktion hierauf ihre eigene weibliche Attraktivität noch mehr in Zweifel.

Schon die Mama hat Sohnemann meist eindeutig gezeigt, dass sie es für eine Schweinerei hält, wenn er seinen süßen Pimmel mit der Hand verwöhnt. Ihre oft heftigen, Scham erzeugenden Reaktionen auf die ersten Flecken im Laken oder auf das Rubbeln unter der Decke sitzen besonders dem Mann über vierzig noch in den Knochen. Und der kleine Junge hatte keine andere Chance, als daraus zu schließen, dass dieser Drang nach Lustbefriedigung über seinen Penis etwas Unanständiges, Schmutziges und zu Verurteilendes ist. Schon der Junge lernt auf diesem Weg, sich seiner Geilheit zu schämen. Diese Scham sitzt den meisten Männern tief in den Knochen und ist eine der größten Verhinderer einer schönen, verspielten, lustvollen Sexualität zwischen Männern und Frauen.
Scham erzeugen wir durch Gedanken, die nicht wahr sind, durch Gedanken wie: »Was ich da will oder mache, ist schlecht, böse, schmutzig oder ungesund. Das ist nicht in Ordnung. Ich sollte das nicht tun. Wenn ich oft Lust dazu verspüre, dann stimmt mit mir etwas nicht.« Als Reaktion auf das Verhalten unserer Mütter und oft auch der Väter haben wir diese Gedanken früh zu denken und zu glauben begonnen. Sie sind jedoch unsere eigenen Schöpfungen, und es bringt uns nicht weiter, unsere Eltern anzuklagen. Wir müssen hierfür unsere Schöpferverantwortung übernehmen und uns heute fragen: Will ich die Verurteilungen meiner Lust, meiner Geilheit, meiner Selbstbefriedigung und der mich erregenden Fantasien zurücknehmen und zu neuen Gedanken darüber kommen?

Unsere Erregbarkeit, die aufsteigende Hitze in unserem Körper, der zum Phallus anschwellende und hochsteigende und schließlich explodierende Penis gehören zum Schönsten an und in einem Männerkörper. Es ist ein Geschenk der Natur, ein Geschenk Gottes, das wir lernen dürfen, wieder in unschuldiger Freude zu lieben und zu genießen. Und das erst einmal mit uns allein. Sexualität beginnt zunächst immer bei jedem Einzelnen von uns. Wer sich selbst nicht in kindlich verspielter Form Lust, Freude und Erfüllung schenken kann, der kommt mit seiner Verklemmtheit, seinen Scham- und Schuldgefühlen beim Sex mit einer Frau schnell in Teufels Küche.

Der erigierte Penis, unser Phallus, ist nicht nur Zeichen eines gesunden männlichen Organismus, er ist zugleich Symbol für unsere spezifisch männliche Kraft, die für weit mehr steht als für unsere Bereitschaft und Fähigkeit zur Sexualität. Unser Ständer steht zugleich dafür, dass wir in unserem Leben unseren Mann stehen wollen, dass wir aufrecht und aufrichtig mit dieser Kraft etwas Sinnvolles aufbauen wollen, was dann auch gut im Leben steht, und dass wir mehr zeugen und erzeugen wollen als Kinder. Er ist das Symbol für die Schaffenslust und Schöpferkraft des Mannes, der seinen Platz in dieser Welt einnimmt und seine Energien sinnvoll und konstruktiv einbringt in die Gemeinschaft, und aus seiner Potenz, aus seinem Potenzial, etwas Sinnvolles macht.

Männer haben sich aufgrund ihrer Erziehung und des Blödsinns, den Priester, Lehrer und Wissenschaftler seit Jahrhunderten zu diesem Thema gepredigt haben, von der natürlich gelebten Liebe zu ihrem Körper und besonders ihrem Penis, ihren Hoden und auch ihrem Anus entfernt. Frag dich mal: »Liebe ich meinen Schwanz, liebe ich meine Eier, liebe ich meinen Hintern?« Diese Frage erscheint vielen Männern komisch bis absurd. »Ich soll meine Eier, meine Hoden, meinen Anus lieben?« Ja, sage ich, die warten schon lange darauf. Denn das, was du nicht wirklich liebst, zu dem du nicht mit Freude stehst, das erhält die entscheidende Nahrung nicht. Deine Liebe zu deinem gesamten Körper, von Kopf bis Fuß, ist das erste und wichtigste Nahrungsmittel für deinen Körper, wichtiger als Steak, Jogging oder Muckibude.

Die fehlende Liebe zum Mann-Sein, zum Körper und vor allem zu den Geschlechtsteilen ist (neben der tiefen Verstrickung mit der Mutter) die wichtigste Ursache für das Erschlaffen des Phallus, für die schwindende Potenz. Unzählige Männer fühlen sich heute deshalb als Versager. Laut Zeitungsberichten versuchen bereits über sechzehn Millionen Männer in Europa dem mit Viagra entgegenzusteuern. Wenn du auch dazu gehörst oder mit dem Gedanken daran spielst, sage ich dir: Ich kann dich verstehen, aber das ist keine wirkliche Lösung des Problems. Die Ursache für deine mangelnde Potenz mag vordergründig in einem niedrigen Testosteronspiegel liegen, aber wo liegt die Ursache hierfür?

Wer seinen kleinen Mann mit Viagra aufpäppeln will, der kann das natürlich tun, aber es wird an der eigentlichen Ursache seiner Impotenz oder Potenzschwäche nichts ändern. In aller Regel wird er das möglichst für sich behalten, weil er sich innerlich weiter schämt dafür, dass er das nötig hat. Die entscheidende Schaltstelle zu einer anhaltenden Veränderung liegt im Hirn und im Herz des Mannes und seinem Kontakt zu letzterem. Dein ganzes Denken und Fühlen über dich als Mann, über deinen Körper, über dein bisher gelebtes Leben und den Sinn deines Daseins auf Mutter Erde haben damit zu tun. Und niemand anderes als du entscheidest darüber, ob du nur einen steifen Penis haben willst oder als Mann mit aufrechtem Gang durchs Leben gehen willst, mit Lust und Freude am Mann-Sein, am Arbeiten, Lieben und Leben.

Eine weitere wesentliche Ursache dafür, dass der Penis nicht so kann, wie der Kopf will, ist die innere Verstrickung mit der Mutter der Kindheit, die den Sohn in Besitz genommen und bis heute nicht freigelassen hat. Es war oft eine zu sehr behütende, kontrollierende und meist manipulierende Mutter, deren Partner zudem schwach oder abwesend war. Söhne solcher Mütter sind weit mehr mit ihr verstrickt als andere, und die Mutter sitzt dem erwachsenen Sohn innerlich immer noch auf der Pelle, oder hält unbewusst seinen Penis fest. Manche Männer können sich noch daran erinnern, dass sie Mamas kleiner Prinz oder Ersatzmann waren. Und kleine Prinzen sind mit ihrer Mama im Geiste verheiratet, genauso wie die erwachsene Prinzessin noch mit dem Papa verbandelt ist, wenn diese Verstrickungen nicht bewusst gelöst werden.

Und auch der während der Kindheit abwesende, schwache und/oder aggressive Vater ist ein Faktor für die Potenzschwäche des Sohnes. Er steht im Geiste später nicht hinter seinem erwachsenen Sohn, wie ich im zweiten Kapitel dieses Buches erläutert habe. Dadurch fehlt dem Sohn die männliche Kraft, die ihm vom Vater zufließt, sobald das innere Verhältnis geklärt ist; das Fehlen wirkt sich fast immer im Büro und im Bett in Form von Misserfolgen und Versagen aus.

Ich empfehle dir, dir regelmäßig Zeit zu nehmen für die Lust in und an deinem Körper, nicht nur wenn deine Frau keine Lust hat oder wenn du gerade keine Partnerin hast, die mit dir ins Bett geht. Natürlich ist die Selbstbefriedigung auf Dauer kein gleichwertiger Ersatz für den Sex mit einer Frau, aber sie ist auch nicht weniger wichtig oder wertvoll. Sie darf und sollte einen festen Platz in deinem Leben haben und gefeiert werden, voller Liebe zu dir, voller Dankbarkeit und Würdigung dieser herrlichen Kraft. Mach daraus ein kleines Fest, leg eine schöne Musik auf, nimm ein gutes Öl und erkunde streichelnd nicht nur deinen Penis, sondern den ganzen Körper, besonders deine Brust, deinen Bauch, deinen Po und auch deine Füße.

Und wenn du bei deinem Penis angekommen bist, dann nimm dir viel Zeit für ihn und die zwei süßen Eier darunter. Spüre die Energien, die fließen, während du die ganze Region da unten liebevoll mit Öl massierst. Bei vielen Männern hat dieser ganze Bereich zum letzten Mal eine ölige Streicheleinheit bekommen, als sie bei Mama auf dem Wickeltisch lagen. Und nur wenige Frauen fühlen sich frei, diese schönen Dinge in ihre Hände zu nehmen oder diese Körperzone zu liebkosen. Wenn du das selbst mit deinen Händen in Liebe und Muße machst, kannst du spüren, wie die Zellen da unten, inklusive deinem Po und der Ritze, lebendig werden und sagen: Endlich denkt er mal an uns und schenkt uns, was wir uns wünschen – Beachtung und Liebe.

Die Füße haben eine besondere Bedeutung für den Mann, trotzdem erhalten sie von vielen Männern nur wenig Aufmerksamkeit und werden oft schlecht gepflegt. Nimm dir schon morgens Zeit, deinen Körper liebevoll mit einem Öl oder einer guten Lotion zu massieren – deine Füße ganz besonders, denn sie tragen dich durch den Tag und sind deine Verbindung zu Mutter Erde. Hierauf reagiert nicht nur deine Haut, sondern alle Zellen aller Organe und Körperteile spüren: Der Mann, zu dem wir gehören, liebt uns. Hier bereits fängt die sexuelle Beziehung zu deinem Körper an.

Auch die Art und Bewusstheit, mit der du dich kleidest, zeigt, ob du deinen Männerkörper ehrst und liebst. Du fühlst dich anders in einem Körper, dem du bewusst etwas Schönes und Passendes kaufst und anziehst, und das beginnt bei deiner Unterwäsche und deinen Socken. Suche diese Sachen bewusst aus, und zieh nur an, was dir wirklich gefällt. Wenn du eine Frau hast, dann lass dir die Sachen nicht von ihr kaufen, denn das lassen nur kleine Jungs mit sich machen. Natürlich kann sie dir mal ein schönes Hemd schenken, aber wer es akzeptiert oder gut findet, dass seine Frau ihn regelmäßig einkleidet, der sagt damit: »Ich will keine Partnerin, ich will eine Mama. Ich bin zu blöd dafür. Ich brauch dich dafür, dass ich nicht wie ein Schlamper durchs Leben laufe.« Das Schmücken und Ehren deines Körpers mit Kleidung, die du liebst, ist deine Angelegenheit.

Viele Frauen beklagen, dass Männer extrem schlampig mit ihrem Körper umgehen, ob es die Kleidung betrifft, die Körperhygiene oder das Essen. Untersuchungen haben gezeigt, dass viele nicht einmal ihre Unterwäsche täglich wechseln, geschweige die anderen Sachen, dass viele nicht täglich duschen oder sich richtig waschen, gründlich die Zähne putzen oder die Nägel schneiden und reinigen. Das alles hat nichts Männliches an sich, sondern zeigt ein hohes Maß an Lieblosigkeit und Unachtsamkeit für sich selbst. Wenn du ein solches Verhalten änderst, dann tu das nicht, weil es eine Frau wertschätzt, wenn ein Mann auf sich achtet und nicht stinkt wie ein Schwein. Tu es, weil du es dir selbst wert bist. Das hat nichts mit einer Verweiblichung des Mannes zu tun, sondern ist Ausdruck der Selbstliebe, des Respekts vor dem eigenen Selbst.
Wer sich selbst nicht würdigt, ehrt und liebt, der kann nicht erwarten, dass er von anderen wertgeschätzt und geliebt wird. Der zeigt seiner ganzen Umwelt: »Schaut her, wie ich mit mir umgehe. Im Grunde halte ich nicht viel von mir, ich

bin mir so viel Aufwand und Liebe nicht wert. Und so habe ich auch deine Liebe und Aufmerksamkeit nicht wirklich verdient. Behandle mich so, wie ich es auch tue.«

⊞ Das Doppelbett und andere Lustkiller

Zwar wünschen sich die meisten Männer und Frauen eine lust- und liebevolle und erfüllende Sexualität, aber nur die wenigsten erleben sie über längere Zeit. Wir haben es kompliziert gemacht mit dem Sex, und Tausende von Büchern und Filmen haben am Frust an der Lust bis heute wenig geändert. Verheiratete Paare schaffen es selten, die erregende Spannung aufrechtzuerhalten und eine lebendige Sexualität auf Dauer zu erleben. Nach wenigen Jahren läuft im Bett immer weniger und es verwundert nicht, dass die mit Abstand meisten Kunden von Prostituierten verheiratete Männer sind. Und die Wahl, sich einen Partner fürs Bett außerhalb der Beziehung zu suchen, ist schon lange keine Domäne der Männer mehr. Frauen haben hier mächtig aufgeholt, scheinen das jedoch weitaus diskreter zu tun und lassen sich weniger von Schuldgefühlen plagen als Männer.

Warum ist es so schwierig, in einer Partnerschaft auf Dauer eine prickelnd aufregende und spannende Sexualität miteinander zu feiern und zu genießen? Ich möchte hier nur die wichtigsten Hintergründe aus der Sicht des Mannes aufführen, damit das Buch nicht ausufert (Männer lesen nicht gern dicke Wälzer).

Als Erstes scheinen mir die Grundvorstellungen beider Partner über die Mann-Frau-Beziehung dafür verantwortlich zu sein und ihre damit verbundenen Erwartungen. Da sie in-

145

nerlich meist hungrige Kinder sind, die sich nach Liebe, Akzeptanz und Versorgtwerden sehnen, glauben sie unbewusst, das wichtigste Ziel sei erreicht, wenn sie einen Partner für sich gewonnen haben und mit ihm unter einem Dach wohnen. Dieses gemeinsame Wohnen wird bald zur Gewohnheit und mit der Zeit sehr gewöhnlich. Beide glauben unbewusst, den anderen für dies und jenes zu brauchen, und damit werden sie zu gegenseitigen »Verbrauchern«.

Anstatt neugierig zu sein und zu bleiben, was der andere im Innern für ein Mensch ist, was er denkt und fühlt, was ihn bewegt und wonach er sich sehnt, bilden sich die meisten schon nach kurzer Zeit ein, den anderen zu kennen. Sie ahnen nicht, dass sie nicht einmal sich selbst kennen – sondern nur ihre Gedanken über sich und ihre vielen Selbstverurteilungen. Um ein waches Interesse an uns selbst und am anderen aufrechtzuhalten, benötigen wir sowohl Abstand voneinander als auch Zeit für uns selbst.

Paare, die sich einmal gefunden haben, begehen unbewusst schon zu Beginn ihrer Beziehung einen Fehler mit Langzeitfolgen. Sie sagen sich innerlich: »Jetzt, wo wir uns gefunden haben, wollen wir eng zusammenbleiben, uns oft nahe sein und möglichst viel miteinander machen. Wir sind nicht mehr zwei unabhängige (freie) Menschen, sondern ein Paar.« Freiheit und Beziehung gehen für die Mehrheit der Männer und Frauen nicht unter einen Hut. Sie denken, ab jetzt müssten sie um der Beziehung willen Kompromisse machen und sich zugunsten des anderen in ihrer Freiheit einschränken. Und das Ganze wird dann noch mit »Liebe« überschrieben. Aber genau daran erstickt die Liebe.

Sie kaufen sich ein Doppelbett und hoffen auf viele lustvolle Jahre darin. Aber aus der anfänglichen Lust entsteht für die meisten mit der Zeit Langeweile und Frust, Enttäuschung oder routinemäßige Gymnastik. Frauen hoffen vergeblich auf romantische Zärtlichkeit, liebevolle Aufmerksamkeit und lustvolle Höhepunkte. Um des lieben Friedens willen öffnen sie ihre Beine, obwohl sie schon wissen, wie es ausgehen wird, und drücken die Tränen der Enttäuschung in ihr Kissen. Männer schämen sich dafür, dass sie »schon wieder« wollen, betteln, drängen oder fordern, um nach kurzem, würdelosem Gerammel abzuspritzen und erschöpft einzuschlafen, während die Frau traurig oder wütend ihren erotischen Träumen und zerronnenen Hoffnungen nachhängt.

Hier helfen keine Anleitungen für Sexgymnastik oder neue, erregende Stellungen, Anmachtricks oder Erotikdessous, denn Sexualität findet im Kern nicht zwischen zwei Körpern statt, sondern zwischen zwei Geist- und Herzwesen. Der Körper folgt immer dem Geist, am besten dem Geist, der mit seinem Herzen in guter Verbindung steht. Das trifft für seine Gesundheit zu und genauso für seine sexuellen Erregungen. Wenn dieser Geist jedoch viele unwahre Gedanken denkt und glaubt, und wenn dieser Mensch seit Jahrzehnten Gefühle wie Angst, Scham, Schuld, Trauer oder Wut erzeugt, genährt und in sich gebunkert hat, dann hat der Sex bald nichts Lustvolles mehr an sich.

Wenn Frau und Mann sich dann noch physisch und psychisch auf die Pelle rücken, wie viele das in den ersten Jahren tun, dann fehlt ihnen und ihrer Liebe schon nach kurzer Zeit der Sauerstoff zum Atmen und zum Wachsen, dann ersticken Lust und Liebe im gegenseitigen Würgegriff ihrer liebeshungrigen und süchtelnden inneren Kinder. Ich halte daher das Doppelbett bzw. das zwangsweise Schlafen in demselben für einen der größten Liebestöter. Es hat mit der Natur der Mann-Frau-Beziehung nichts zu tun, sondern gehört zu den höchst zweifelhaften kulturellen Errungenschaften.

In meinem letzten Buch empfehlen unsere Brüder und Schwestern der Geistigen Welt*: »**Zersägt eure Doppelbetten und macht Rollen darunter!**« **Das soll heißen: Schafft Abstand zwischen euch und bringt dadurch Bewegung in eure Beziehung.** Wer sich sinnlich liebend nahekommen und sich nahe sein will, der muss sich vorher zurückgezogen haben und sich immer wieder zurückziehen können, ganz besonders zu

---

* In meinem letzten Buch »Zersägt eure Doppelbetten!« habe ich der Geistigen Welt über 180 Fragen zu Männern, Frauen, Liebe, Partnerschaft und Sexualität gestellt. Einige Leser, vor allem Kopfmenschen, haben ihre Probleme mit der in diesem Buch verwendeten Bildersprache, weil sie vor allem mit einem Verstand lesen, der noch wenig mit dem Herzen verbunden ist. Unser Herz aber liebt und versteht diese Sprache, mit der unsere Seele auch in den Träumen zu uns spricht. Aus diesem Buch stelle ich an einigen Stellen einige Kernaussagen vor, damit sie uns inspirieren auf dem Weg in ein anderes Mann-Sein. Ich erwarte von niemandem, dass er diese Antworten glaubt oder blind übernimmt, aber ich empfehle dir zu prüfen, ob sie etwas in dir berühren, ob etwas in dir sagt: »Da ist was dran. Das fühlt sich gut an. Das lasse ich mal in mir wirken.«

Die Existenz einer »Geistigen Welt« wird von den meisten Menschen, besonders denen, die nur das für wirklich halten, was sie sehen und anfassen können, bis heute ignoriert oder als »absurd« abgelehnt. Das wird sich in den kommenden Jahren sehr schnell ändern. Der rational orientierte Mensch geht davon aus, dass der Mensch tot ist, wenn der Körper stirbt. Aus meiner Sicht wie aus der Sicht vieler Lehrer stirbt jedoch nur der physische Körper, während das Geist-Wesen (das spirituelle Wesen), das jeder von Natur aus ist, nicht sterben kann, sondern ewig existiert.

Die »Geistige Welt« besteht aus Geistwesen, die zurzeit nicht in einem menschlichen Körper sind, die jedoch oft viele Inkarnationen lang auf der Erde als Mensch gelebt haben. Diese Brüder und Schwestern stehen in enger, liebevoller Verbindung zu uns, ganz gleich, ob wir uns ihrer Existenz schon bewusst sind. Sie halten – wie sie sagen – die »Bibliothek des Wissens« für den Menschen bereit. Ihr Wunsch und Streben ist es, uns auf dem Weg zu unterstützen, uns wieder zu erinnern, wer und was wir, die Menschen, wirklich sind und nach welchen Gesetzmäßigkeiten das Leben verläuft. Dieser Prozess der Wiedererinnerung bzw. des Aufwachens wird in diesen Jahren immens beschleunigt.

Vor der Lektüre des Buchs »Zersägt eure Doppelbetten – Die Geistige Welt über Liebe, Partnerschaft und Sexualität« empfehle ich dem Leser jedoch, zunächst mein Grundlagenbuch über Mann und Frau »Wahre Liebe lässt frei!« zu lesen. Das erleichtert das Verständnis.

sich selbst. Rollt auseinander, damit ihr auch wieder zusammenrollen könnt. Geht eure eigenen Wege, damit sich eure Wege wieder kreuzen können und ihr euch immer wieder neu begegnet.

Wenn der Mensch nicht jeden Abend neu entscheiden kann, ob er im eigenen Bett schlafen will oder neben einem Menschen, dann entzieht er sich selbst eine der wichtigsten Freiheiten, die über seinen psychischen und physischen Zustand entscheidet. Denn jede Nacht im Energiefeld seines Partners zu schlafen, bedeutet, nicht für sich zu sein. Das Doppelbett kann noch so breit sein: Wir sind in der Nacht dem gesamten Energiefeld unseres Partners mit all seinen Schwingungen ausgesetzt, auch wenn er nicht schnarcht oder sich dauernd im Bett wälzt. Wenn wir am Tag so sehr im Tun und Denken waren und unsere Aufmerksamkeit so oft bei anderen Personen und Dingen war, aber nicht bei uns selbst, dann ist es wichtig, dass wir zumindest am Abend und in der Nacht zurückkehren zu uns, um wieder zu Besinnung und Klarheit zu kommen.

Wer mit sich allein schläft, der hat weit mehr Gelegenheit, sich selbst liebevoll zu begegnen, den Verstand zu klären, den Tag innerlich rund zu machen und einen erholsamen, gesunden Schlaf zu genießen. Wenn uns bewusst wäre, was im Schlaf in unserem Geist, unserer Seele und in unserem Körper alles abläuft, wie viel Klärung, Heilung, Inspiration wir in dieser Zeit empfangen, dann wäre uns die Bedeutung eines ungestörten Energiefeldes in dieser Zeit bewusst.

Gewöhnung und Gewöhnlichkeit sowie die nicht aktiv gelebte Liebesbeziehung zu sich selbst sind die großen Verursacher von Lustlosigkeit und unerfüllten sexuellen Bedürfnissen. Eine lebendige Beziehung zwischen Frau und Mann setzt voraus, dass jeder der Partner immer wieder zu sich zurückkehren kann, um Zeit und Ruhe mit sich selbst zu genießen, ohne ein schlechtes Gewissen zu haben, weil der Partner sich mehr oder ständige Nähe wünscht. Partner bleiben nur interessant füreinander, wenn sie wissen, was sie mit sich selbst allein anfangen können. Hierfür schaffen ein eigenes Zimmer für die Frau und eins für den Mann eine gute Bedingung.

Die alte Wohnungsaufteilung in Küche, Wohnzimmer, Schlafzimmer werden wir in der Zukunft einmal schmunzelnd als ein Relikt der alten Zeit betrachten. Sie entspricht heute nicht mehr dem Bewusstsein und den Bedürfnissen von bewusst lebenden Menschen. Darum empfehle ich jedem Paar, wenn möglich jedem Partner einen eigenen Raum zuzugestehen, den er ganz nach seinem persönlichen männlichen bzw. weiblichen Geschmack als Rückzugsort gestaltet, und worin der andere nichts zu suchen hat, außer er wird eingeladen. Jede Frau und jeder Mann hat zeitweise das Bedürfnis, sich zurückzuziehen, gleichgültig, ob es ihm gerade nicht gut geht oder ob etwas in ihm arbeitet, was er erst einmal »ausbrüten« muss oder einfach dafür, in Ruhe mit sich selbst zu sein.

Paare, die gemeinsam zu meinen Tagesseminaren »Liebe & Partnerschaft« kamen, waren froh darüber, dass sie sich hier gemeinsam das Bedürfnis nach einem eigenen Raum zugestehen konnten. Sie sagten, wäre nur einer von ihnen mit diesem Wunsch gekommen, hätte der andere leicht vermuten können, es hätte etwas mit ihm zu tun und er hätte etwas falsch gemacht. Nein, dieser Wunsch ist nicht gegen den anderen gerichtet, sondern ist erst einmal ein Wunsch für dich. Und paradoxerweise kommt die Erfüllung des Wunsches auch deiner Partnerin und eurer Liebesbeziehung zugute.

Für die Qualität der Beziehung und besonders der gelebten Sexualität ist der immer wieder herstellbare räumliche Abstand zwischen Frau und Mann ebenso segensreich wie für die intime Begegnung mit sich selbst und seinem Körper. Nicht nur die Frau hat »ihre Tage«, an denen sie oft keine Lust zum Verkehr hat und innerlich und äußerlich mehr bei sich selbst ist. Auch der Mann hat Tage, an denen es ihm gut tut, ganz bei sich zu bleiben, beispielsweise wenn ein Thema oder seine Arbeit ihn gerade intensiv beschäftigt. Nach solchen Tagen des Mit-sich-Seins und -Schlafens entstehen ganz natürlich wieder die Lust und die Neugier auf den anderen, die Langzeitpaare oft so schmerzlich vermissen.

Noch einmal betone ich: Wer nicht in der Lage ist, mit sich selbst Zeit und Raum zu genießen, der wird für den anderen auf Dauer ungenießbar. Denn der innere Unfrieden mit sich, die eigenen Ängste, Aggressionen, Schuld- und Schamgefühle und manches mehr, fließen in den gemeinsamen Energiekörper der Beziehung hinein. Unbewusst sagen wir so dem anderen: »Hier hast du mich mit meinem ganzen ungeordneten inneren Kram. Schau, was du damit machst.« Und wenn der andere damit völlig überfordert ist, sagt das Kind in uns daraufhin schnell: »Er/sie liebt mich nicht!«

⊞ Wenn die Säfte nicht fließen …

Männer wie Frauen wünschen sich naturgemäß prickelnde und lustvolle Begegnungen ihrer Körper. Doch durch Erziehung und Religion, durch ein über viele Jahrhunderte eingraviertes Denken in Moralvorstelllungen, durch die Trennung in gut und böse, richtig und falsch, moralisch und unmoralisch, haben wir uns den Zugang zu einem verspiel-

151

ten und fröhlichen Erleben und Ausleben unserer Sehnsüchte versperrt. Die größten Verhinderer einer erfüllten Sexualität sind völlig verquere, unwahre Gedanken über unsere Körper, unsere sexuellen Gelüste sowie die seit der Kindheit entwickelten Gefühle von Angst, Scham, Schuld und Sündhaftigkeit.

Wie bereits erläutert, haben wir bestens gelernt, uns selbst für alles Mögliche zu verurteilen und vieles an uns abzulehnen. So haben die meisten Menschen auch ihre Lust an der Lust mit der Zeit immer mehr verdrängt und verleugnet und dadurch selbst ihren Lustverlust verursacht. Ja, man kann auch ohne Sex auskommen, aber das ist ein Leben auf kleiner Flamme, denn unser Körper gehört zu unserem natürlichen biologischen Erbe, und wir haben uns in diesen Körper inkarniert, sind Fleisch geworden, damit wir ihn ehren, genießen und uns an ihm nach Herzenslust erfreuen, allein und zusammen mit Frauen oder – wenn du schwul bist – mit Männern. Wer hier gleich einhaken will und »Aber, aber …!« schreit, der sollte sich seine »Aber«-Sätze genau aufschreiben und sie in den nächsten Wochen einmal gründlich auf ihre Wahrheit hin untersuchen. Dahinter stecken meist eigene unbewusste Ängste und Verurteilungen, die von anderen blind übernommen wurden. Es gibt kaum ein Gebiet, auf dem so viel verurteilt wird wie in der Sexualität. Das ist vor allem ein Erbe menschenverachtender und lustfeindlicher Religionsvertreter.

Was sind – aus Sicht von uns Männern – die größten Blockaden oder Irrtümer in der Sexualität? Ich möchte sie hier einmal skizzieren:

1. Der Mann schämt sich seiner Geilheit

Wenn sich bei dir angesichts einer Frau oder eines erotischen Textes, Bildes oder Films in deiner Hose etwas regt und größer wird oder dein Körper von warmen Schauern oder kleinen elektrischen Schlägen durchzuckt wird; wenn du dir vorstellst, vor einer Frau zu stehen, ihr das Kleid hochzuheben, um festzustellen, dass sie nichts darunter trägt und dass ihre Muschi schon ganz schön nass ist – dann ist das die pure Lust des Lebens in dir. Du kannst dir solche Vorstellungen verbieten oder sie verurteilen, es ändert nichts daran: Von Natur aus bist du ein erregbares, ein geiles Wesen, und das ist wunderbar und göttlich. Daran ist absolut nichts Schlechtes oder Schmutziges, und kein Gott verdammt dich dafür, außer du willst das glauben. Nein, das Göttliche in dir will sich in dir auf allen Ebenen in Freude und Ekstase erfahren. Was glaubst du, wer das Ganze erfunden hat?

Natürlich darfst du dich selbst für deine Gelüste niedermachen, dich zehnmal am Tag eiskalt duschen oder mit einer Rute aus Brennnesseln geißeln, es wird an deiner Lust an der Lust nichts ändern. Du darfst lernen, sie anzuerkennen, zu würdigen und wertzuschätzen, weil sie ein Teil deines Mann-Seins ist, egal, ob du ihn schon gelebt hast oder nicht. Und wenn wir von Scham über solche Vorstellungen geplagt werden und über die Erregungen, die sie auslösen, dann ist es unser Job, uns dieser Scham bejahend fühlend und liebevoll zuzuwenden, deren Geburtsstunde meist in unserer frühen Kindheit lag. Scham ist angelernt und du selbst hast sie in dir erzeugt und genährt. Deine Mutter war nur ihre Geburtshelferin. Wie du Scham und andere Gefühle wie Angst, Wut oder Trauer verwandeln kannst, habe ich an anderer Stelle in diesem Buch beschrieben. Einige meiner

Meditationen auf CD sind hierfür bestens geeignet. Du findest eine Liste mit allen Titeln am Ende des Buches.

2. Der Mann meint, er müsse im Bett Leistung bringen

Viele von uns setzen sich selbst unter Leistungsdruck, weil sie meinen, sie müssten im Bett durch Leistung glänzen und der Frau etwas beweisen. Solche Gedanken sind jedoch Lustkiller. Eine sich selbst liebende Frau hat keinen Bock auf einen Superrammler oder Orgasmuslieferanten, der in seinem Kopf Zahlen addiert, damit er nicht zu früh zum Orgasmus kommt. Leistungssteher gehören zum Sechs-Tage-Rennen aufs Rad, aber nicht ins Bett.

Wenn dein Kopf glaubt, du müsstest deiner oder einer Frau etwas im Sex beweisen, dann heißt das, du willst dir selbst etwas beweisen, woran du in Wirklichkeit gründlich zweifelst, an deinem Wert als Mann. Frag dich in einer stillen Stunde ehrlich, wie viele Selbstzweifel, wie viel Unsicherheit und Minderwertigkeit und wie viele Ängste in dir schlummern, und wie oft dir dein innerer Kritiker versucht, etwas einzureden. Schreib solche dich niederdrückenden Gedanken auf wie: »Du bist doch in Wirklichkeit nicht viel wert. Wer bist du denn schon?« Nimm dir Zeit, diese Gedanken und den durch sie erzeugten Gefühlen im Innern zu begegnen. Es lohnt sich auf dem Weg in die Liebe zu dir selbst und in das Gefühl: »Ich bin absolut in Ordnung. Ich mag mich so, wie ich bin. Und ich steh zu mir.«

Hör auf zu glauben, du müsstest eine Frau im Bett glücklich machen oder »es ihr besorgen«. Unzählige Frauen wissen selbst nicht einmal, wie sie zu ihrem Orgasmus gelangen können, oft haben sie noch nie einen gehabt. Andere

154

kommen nur zum Höhepunkt, wenn sie sich selbst einige Zeit streicheln, mit den passenden Bildern im Kopf oder mit dem Vibrator in der Hand. Solange du im Bett nicht bei dir selbst bist und bleibst, und stattdessen dauernd daran denkst, was sie gern mag und ob du es auch richtig machst, verpasst du das Wesentliche, nämlich alles, was sich in dir abspielt, was in dir an Energie fließt und genossen werden möchte.

Ob im Bett oder in der Beziehung generell: Mann und Frau sind nicht dazu da, den anderen glücklich zu machen, auch wenn das die meisten Menschen glauben. Es ist die Aufgabe jedes Einzelnen, den Weg zum Glücklichsein zu finden, denn er hat ihn sich auch selbst verbaut. Aus unserem Unglück und Leiden, aus unserer Angst und Minderwertigkeit, aus unserem unerfüllten Seinszustand können wir uns nur selbst herausholen. Unser Partner mag uns Vorbild sein oder Auslöser unserer verdrängten Emotionen, aber dein Partner ist weder dein Therapeut oder Retter noch dein Glückslieferant.

Erst wenn du dich von dem Gedanken befreist, du müsstest deine Partnerin befriedigen, um bei ihr Punkte zu machen oder deine Selbstzweifel als Mann zu dämpfen, findest du den Weg zu entspannter Freude und Begegnung mit ihr.

3. Wer nicht lustvoll lebt, kann auch nicht lustvoll lieben

Mit wie viel Lust und Begeisterung lebst du in deinem Alltag? Wie viel Freude empfindest du an den kleinen oder »normalen« Dingen des Lebens und deiner eigenen Gegenwart? Liebst du es, dieses Leben jeden Tag zu leben? Sind das Duschen, das Frühstücken, das Autofahren, der Spaziergang, die Natur, das Atmen, Gehen, Laufen, Tanzen, Schwimmen Genüsse in deinem Leben, die du bewusst und dankbar wahrnimmst und erfährst? Wie sehr hast du dein Leben bisher zum Genussleben gemacht?

Die meisten Männer sind weit davon entfernt, weil sie Leben und Genießen voneinander trennen und sich kaum vorstellen können, dass das freudige Dasein und Genießen zu einem erfolgreichen Männerleben gehören könnte. Und so haben wir auch den Sex abgetrennt und versuchen, im Bett ein wenig Abwechslung und Genugtuung für einen anstrengenden oder frustrierenden Alltag zu erhalten nach dem Motto: »Ein wenig Spaß am Abend muss sein.« Wenn wir Sex als »Zuckerl« oder Belohnung für einen ansonsten erschöpfenden und lustlosen Alltag betrachten, dann kann er nicht sehr erfüllend oder tiefgehend sein. **Wer nicht lustvoll lebt, kann auch nicht lustvoll erfüllend lieben.**

Erotik ist nicht etwas, das nach zweiundzwanzig Uhr zwischen den Laken stattfindet. Die Kraft des Eros ist weit umfassender als der kleine Rahmen, den wir ihr zugestehen. Sie existiert in allem, was lebt, nicht nur in der Rose (die im »E-ros« als Wurzel steckt), sondern in jeder aufbrechenden Knospe, in jeder Blüte, jeder Frucht, jedem Wandel der Natur im Laufe der Jahreszeiten. Wenn die Natur nach kalten Wintermonaten mit der zunehmenden Sonneneinstrahlung zu neuem Leben erwacht, wenn kahle Äste innerhalb von Wochen sich in üppiges Grün verwandeln und die Erde im Frühsommer die Früchte aus ihrem Schoß wirft oder von den Bäumen fallen lässt, dann ist das pure Erotik und ähnlich Ehrfurcht gebietend und schön, wie das Aufsteigen der Säfte in dir und deinem wachsenden Penis.

Diese Erotik des Lebens geht an den meisten Menschen, und in erster Linie an uns Männern, völlig vorbei, weil wir nicht wirklich hinschauen auf das sich ständig Verwandelnde, auf das Ehrfurcht gebietend Nährende und Gebärende von Mutter Erde. Und so entgeht uns auch Entscheidendes in uns selbst, denn wir sind Teil dieser Natur. Wir bemerken zwar unsere steigende Lust, wenn im Frühjahr die Frauen ihre kurzen Röcke anziehen und wir ihre schönen Schenkel genussvoll betrachten können, aber wir registrieren nicht, dass der in uns steigende Saft nicht nur etwas mit den Frauen zu tun hat, sondern mit der Erotik von Mutter Erde.

Denn wie in Pflanzen und Bäumen finden auch in unserem Männerkörper ständige Wandlungsprozesse statt. Wir haben ein erotisches Verhältnis zu Mutter Erde, auch wenn es uns noch nicht bewusst ist. Darum lade ich dich ein, Lust und Erotik nicht auf das Bett zu beschränken, sondern sie in vielen Details deines Alltags zu entdecken und zu genießen, angefangen beim Genuss der Dusche am Morgen über das Genießen der Früchte von Mutter Erde bis zum sinnlichen Spaziergang am Abend. Entdecke die Lust und die Freude in den vielen Momenten deines Lebens, in deinem Atmen, deinem Gehen, deinem Autofahren, ja in allem, was du tust und bewegst. Mach dein Leben zum lustvollen Leben. Liebe und genieße das Leben, dann wird das Lieben in der Sexualität auch wieder zum Genuss.

4. Sex ohne Herz

Unsere Körper haben ein natürliches Bedürfnis, sich zu erregen und erregt zu werden, berührt zu werden und sich berühren zu lassen. Nicht nur in unserem Genitalbereich findet Sexualität statt, sondern jede Zelle unserer Haut, jede Zelle aller Organe von Kopf bis Fuß sehnt sich nach dem Pulsieren zärtlich oder feurig gelebter Sexualität. Aber wir Menschen sind weit mehr als biologisch-körperliche Wesen.

Wir sind geistige Wesen, bestehend aus Licht und Liebe, die in dieser Zeit eine interessante Erfahrungsreise in Körpern machen. Diesen spirituellen Ursprung haben wir jedoch weitgehend vergessen und aus unserem Bewusstsein ausgeblendet.

So haben wir nicht nur uns selbst, sondern in Folge davon auch die wichtigsten Bereiche unseres Lebens – die Arbeit, unsere Beziehungen, unseren Körper und auch die Sexualität – über viele Jahrhunderte abgetrennt von der Liebe. Das Leben auf der Erde war weitgehend ohne Liebe möglich. Viele von uns arbeiten ohne Liebe und Begeisterung, leben in einer Beziehung ohne Liebe und haben zu sich selbst und auch zu ihrem Körper kein Liebesverhältnis. Kein Wunder, dass auch unsere Sexualität für viele zu einer lieblosen Bewegung der Körper verkommen ist, bei der das Herz unerfüllt, traurig und oft verletzt zurückbleibt.

Unendlich vielen Männern geht es so. Sie wissen es nicht besser und empfinden ihre Sexualität als angestrengt, frustrierend oder oberflächlich. Viele haben Schuldgefühle angesichts ihrer Lust, in die Frau einzudringen. Frauen, die schon lange verheiratet sind, haben nicht selten das Gefühl, ihrem Partner als Onaniervorlage zu dienen, und reagieren entsprechend mit stillem Rückzug, mit Vorwürfen oder Resignation auf sein kurzes, liebloses Stoßen. Männer, die zwanghaft häufig onanieren müssen, befriedigen sich in ähnlich herzloser Weise selbst. Auch hier hat der Mann sich von der Liebe zu seinem ganzen Wesen und zum Leben getrennt und benutzt seinen Penis und seine Erregbarkeit, um sich in einem ansonsten lust- und lieblosen Leben eine kleine Insel der Freude zu erhalten. Aber diese »Freude« hat nichts mit der Freude und Liebe am und zum Leben des Mannes zu tun und führt nicht zu wirklicher Erfüllung. Wie bei allen

Süchten (sogar beim suchtartigen Joggen) muss der Mann es wieder und wieder tun, um in den kleinen Genuss dieses kurzzeitigen physischen Wohlgefühls zu gelangen.

Guter Sex beginnt zunächst einmal im Kopf, bei unseren Gedanken und Einstellungen zu uns und zu der Frau, der wir uns nahe fühlen. Und wenn keine Herzensnähe da ist, wenn keine Neugier oder Begeisterung an deinem eigenen Mann-Sein und an dem inneren Wesen der Frau in dir zu spüren ist, dann bleibt der Sex mit dieser Frau auf der Erregungsebene der Körper hängen. Wenn du damit zufrieden bist, kein Problem. Wenn zwei Menschen Sex miteinander haben und jeder dies aus völlig freien Stücken, und nicht aus innerer oder äußerer Abhängigkeit heraus, mitmacht, dann hat das niemand zu verurteilen. Das ist dann die Angelegenheit der beiden.

Wenn du aber spürst oder dir vorstellen kannst, dass hier mehr drin ist als eine Gymnastik der Körper über fünf bis zehn Minuten, dann nimm dir, gemeinsam mit deiner Partnerin, Zeit und Muße, damit Geist und Seele zusammen mit dem Körper in ein Boot steigen können, um gemeinsam eine Reise in tieferen Gewässern zu erleben. Nimm dir vor allem viel Zeit für euer Zusammensein. Nehmt euch Zeit zum Anschauen. Im schweigenden Schauen und Angeschautwerden beginnt die Erotik zwischen Mann und Frau; hier beginnen Energien, beginnt Strom zu fließen. Und spür hinein, ob du diesen Augen-Blick, diese Begegnung in der Stille genießen kannst. Schau deiner Partnerin in die Augen und sei neugierig und offen für die Energieströme in deinem Körper und vor allem in deinem Herzen.

Geh mit deiner Aufmerksamkeit weg von deinen Gedanken tiefer in die Wahrnehmung deines Herzens und spüre, ob du es öffnen kannst für diese gemeinsame Feier. Schau, ob du wirkliche Nähe zulassen und zunächst dich selbst spüren kannst. Du musst im Sex nichts machen, auch wenn viele Männer das noch glauben, sondern erst einmal wirklich anwesend sein mit deinen Sinnen und mit deinem Herzen. Die Bewegung ergibt sich später automatisch aus deinem Fühlen und Präsentsein; du lässt sie zu, wenn du dich auf deine eigene innere Wahrnehmung konzentrierst und deine Partnerin anschaust.

Vielen Paaren scheint es eine merkwürdige Vorstellung zu sein, sich erst einmal eine Zeit lang liebevoll anzuschauen, zu atmen und zu spüren, bevor man den anderen berührt. Die meisten haben sich jahrelang kaum mehr als fünf oder zehn Minuten angeschaut und können sich selbst im Spiegel kaum in die Augen schauen. Aber diese Zeit und Wahrnehmung für uns selbst – in der Gegenwart unserer Partnerin – ist wichtig, damit unser Herz ganz da ist und sich öffnen kann für den Zauber der Begegnung, damit Sexualität in Liebe geschehen und erfüllend werden kann.

⊞ Sex als Tanz von Lust und Liebe

Wenn Mann und Frau sich aufeinander einlassen, dann kann das auf sehr unterschiedlichen Ebenen von Bewusstheit und in sehr verschiedenen Intensitätsgraden geschehen. Der Schwerpunkt dieser Begegnung kann auf der körperlichen Ebene liegen, auf der mentalen Ebene des denkenden Verstandes, auf der emotionalen Ebene der Gefühle oder auf der spirituellen Ebene der Herzen. Wer dem anderen wirklich begegnen will, sollte bereit sein, sich hierbei selbst zu begegnen. In einer tiefen, erfüllenden sexuellen Erfahrung begegnet und erfährt letztlich jeder Mensch erst einmal sich selbst. Und diese Erfahrung ist immer wieder neu.

Wenn du über die Erregung deines Körpers zu einer sexuellen Begegnung mit einer Frau strebst, dann liegt es an dir, dieser Begegnung einen kleinen oder großen Rahmen zu geben. Das ist deine bewusste oder unbewusste Wahl. Du kannst einfach ein »Nümmerchen schieben« – kein Problem. Du kannst eine Erfahrung machen, die dir durch Mark und Herz geht, und nach der du nicht mehr derselbe Mann bist wie vorher. Du kannst den Sex benutzen für ein kurzes Druckablassen oder ihn als eine tief greifende Begegnung mit dir und einer anderen Seele erleben, bei der dein Kopf keine Ahnung davon hat, was hierbei geschieht. Du spürst nur: Es geschieht etwas für den Kopf Unfassbares. Ich nenne es den Tanz zweier Seelen im Körper. Die Choreografie für diesen Tanz schreibt dein Herz und das Herz deiner Partnerin, nicht der Kopf.

Darum entscheide dich, ob du mit deinem Herzen oder nur mit deinem Penis Sex haben willst. Wenn du das erste willst, dann nimm dir viel Zeit dafür, damit du ganz in deinem Herzen ankommen kannst und nicht im Kopf stecken bleibst. Riskiere mehr als die Nähe zum Körper der Frau, wage wirkliche Nähe und Intimität. Beginne mit dem Anschauen ohne jedes Ziel. Halte Blickkontakt und entspanne dich. Es gibt jetzt nichts zu tun. Im Anschauen darfst du einfach da sein. Vergiss deine innere Checkliste und den Kontrolleur und Kritiker in dir, der sagt, du müsstest aufpassen, um es »richtig« zu machen.

Jeder sexuellen Begegnung tut es gut, wenn wir in uns selbst wahrnehmen, was jetzt da ist, vor allem die Empfindungen und Regungen des Körpers und unsere Gefühle, und uns darauf einlassen. Erfüllende Sexualität beginnt mit dem Zulassen und dem Einlassen auf das, was aus uns heraus geschehen will. Wer versucht, das zu kontrollieren, wird hierbei nicht sehr tief kommen. Horche also entspannt auf dein

Herz und mach nur das, was sich für dich schön und stimmig anfühlt. Fang nicht »strategisch« an, den Körper deiner Partnerin zu stimulieren, sondern überlasse dich zärtlich, genießend und hingebungsvoll den Impulsen, die auftauchen. Mach ein Spiel mit offenem Ausgang daraus.

Lass dir und ihr im Anschauen Zeit, ganz ins Fühlen zu kommen. Manchmal ist es die Frau, die zärtlich, neugierig, verspielt die Initiative ergreift, um deinen Körper zu liebkosen, aber meist ist es der Mann, der den Anfang macht. Lasst euch Zeit, um herauszufinden, ob der eine annimmt, was der andere zu geben hat. Idealerweise wird es zu einem Spiel des Schenkens und Empfangens, bei dem sich die Rollen abwechseln und sich der Beschenkte genussvoll hingeben kann. Wenn die Frau sich beschenken und fallen lassen kann, baut sich in ihr eine Energie auf und sie wird zur Energiehalterin für das Liebesspiel. Sie ist dann wie eine stetig brennende Kerze, die der Mann bewundernd wahrnimmt, und an der sich seine feurige Energie entzündet. Sein Feuer ist eher vergleichbar mit einer Wunderkerze, die sich an ihrer Kerze entzündet und sich sprühend und explosiv entlädt.

Die Frau, die bei sich bleiben kann und das in ihr steigende Feuer spürt, signalisiert dir, wenn sie dich innen spüren will. Dring nicht vorher in sie ein. Der Saft der Frau muss schon in ihr fließen, bevor du mit Leichtigkeit in sie gleiten kannst. Darum lieben es die meisten Frauen, wenn du ihren Körper mit deinen Fingern, deiner Zunge, deiner ganzen Haut streichelnd (oder zärtlich kratzend und beißend), küssend oder leckend liebst. Worauf sie besonders anspringt, dürfen wir forschend erkunden.

Wichtig ist, dass du das, was du machst, nicht machst, um etwas zu erreichen, sondern nur, weil es dir größte Freude macht und es mit Leichtigkeit einfach aus dir heraus geschieht. Auch der zärtlich liebkosende Mann befindet sich dabei im weiblichen Prinzip und lässt sich von seiner inneren Erregung tragen und führen, das heißt, er ist in einem Zustand des Seins und nicht im Modus des Machens und Tuns. Er weiß vom Kopf her nicht, was als Nächstes geschieht, weil etwas anderes in ihm Regie führt. Wenn wir uns Zeit lassen, ist unsere Erregung im ganzen Körper zu spüren und nicht nur im Genitalbereich. Mit der Zeit wird der ganze Körper zu einem Sexualorgan.

Offenheit, Neugier und Spontaneität im Bett stehen natürlich im Zusammenhang mit dem Zustand der Beziehung außerhalb des Bettes. Über Sexualität und über die eigenen Wünsche und Ängste zu sprechen, fällt den meisten Menschen auch heute – trotz vieler Bücher über Sexualität – noch immer schwer. Dafür sitzen Ängste, Schuld-, Scham- und Minderwertigkeitsgefühle zu tief. Solche Altlasten kann man nicht einfach aus dem Bett fegen oder mit Alkohol beiseiteschieben. Ich rate jedem, der sich ein erfüllteres sexuelles Erleben wünscht, als er es bisher erlebt hat, herauszufinden, was das mit ihm selbst oder mit der Partnerin zu tun hat. Liebevoll geschriebene Bücher über Sex können die eigene Sexualität sehr bereichern.

Wenn aber Ängste oder andere Emotionen dich davon abhalten, dich im Bett fallen zu lassen oder deiner Partnerin gegenüber deine Wünsche und geheimen Gelüste mitzuteilen, empfehle ich dir, diese seit der Kindheit durch Erziehung oder schmerzhafte Erfahrungen des Missbrauchs entstandenen Hindernisse in ein paar therapeutischen Sitzungen zu verwandeln. Oft reicht schon die Erkenntnis, dass das, wonach du dich im Bett sehnst, nicht »pervers« ist, und viele Männer und auch Frauen es mögen, selbst wenn andere es »unmöglich« oder »schmutzig« finden. Zum Beispiel

163

erregt Männer die Vorstellung, dass die Frau ihren Penis in den Mund nimmt, die Hoden liebevoll liebkost oder mit ihrem Finger seinen Anus erregt oder ihn damit gar regelrecht durchfickt. Und auch manche Frau liebt Letzteres sehr. Andere Männer lieben es, wenn die Frau sich rittlings mit ihrer Muschi auf seinen Mund setzt und gleichzeitig seinen Schwanz massiert.

Gerade das offiziell Verbotene und Unanständige macht Männer wie Frauen oft mächtig an, weil es solange unterdrückt wurde, als unanständig galt und nie gelebt wurde. Und wer einen der beschriebenen Wünsche »widerlich« oder »eklig« findet, der darf sich des Ekels einmal bejahend fühlend annehmen und ihn verwandeln, da er ihn irgendwann selbst in sich erzeugt hat. Oder er behält sein Nullachtfünfzehn-Sexleben brav bei. Ekel hat nichts Natürliches an sich. Wenn du mit einer Partnerin schon ein offenes Gesprächsklima genießt, dann kann auch jeder einmal auf kleinen Zetteln je einen geheimen Wunsch aufschreiben und beide mischen die Zettel in einem Topf. Und beim nächsten intimen Zusammensein zieht einer blind einen dieser Wünsche und schaut, ob er das einmal ausprobieren und seinem Partner dieses Geschenk liebevoll machen möchte und kann. Aber es darf genauso akzeptiert werden, wenn der andere das im Moment (noch) nicht kann.

Ich bin in meinen Vorträgen und Seminaren immer wieder verwundert über die Reaktion mancher Zuhörer, die mir mit strahlenden Augen sagen: »Dass man so offen darüber sprechen kann, hätte ich nicht gedacht.« Das zeigt mir, dass Bücher allein nicht ausreichen, sondern dass wir lernen dürfen, ein Gesprächsklima zu erschaffen, in dem man ohne Tabu über alle Aspekte von Sexualität spricht. Das ist ganz besonders unter uns Männern notwendig.

Wenn Männer ihre Scham, ihre Ängste und ihr Konkurrenzdenken überwinden, das darum kreist, wer wohl den Größeren hat oder im Bett besser sei, dann wird das sehr viele frische Impulse und Entspannung in unsere Sexualität bringen. Besonders sehr junge Männer lügen sich selbst und ihren Altersgenossen auf diesem Gebiet viel in die Tasche. Hier kann der andere Mann im vertrauensvollen offenen Gespräch weit mehr helfen als die eigene Partnerin. Das ist dann nicht die zotige Unterhaltung des Männerstammtisches, sondern ein mutiges sich Öffnen und mitfühlendes Unterstützen unter Brüdern, von denen viele die gleichen inneren und äußeren Nöte teilen.

Nicht unsere geheimen Wünsche nach lustvoller Erregung sind pervers. Was wirklich pervers ist, ist die tägliche Darstellung brutaler Gewalt in unseren privaten und öffentlichen Fernsehsendern. Das gilt bei uns als normal. Aber wenn sich Mann und Frau vor vierundzwanzig Uhr liebevoll nackt auf dem Bildschirm ineinander bewegen, dann empören sich die selbst ernannten Moralapostel in den Zeitungen. Aber kein Kind wird von der Darstellung liebevoll gelebter Sexualität verdorben, sondern eher von den hoch im Kurs stehenden Computerspielen, in denen es darum geht, in möglichst kurzer Zeit möglichst viele Gegner zu killen.

Noch grotesker ist die Reaktion vieler jüngerer Menschen, wenn sie hören, dass ein Mann und eine Frau (vielleicht ihr alter Vater oder ihre Mutter, vielleicht sogar im Altersheim) es mit über siebzig noch lustvoll miteinander treiben. Herzlichen Glückwunsch, sage ich da. Als Gesellschaft sind wir noch meilenweit von einem natürlichen Umgang der Geschlechter entfernt. Aber ich bin sicher, in den nächsten Jahren wird auch in diesen Bereich ein frischer Wind hineinwehen.

⊞ Wenn Partner fremdgehen

Fremdgehen, Eifersucht und Treue sind Themen, an denen sich die Geister scheiden und die Gemüter erhitzen. Wenn jemand mit einem anderen Menschen als dem eigenen Partner ins Bett geht, und das herauskommt, dann ist das meist für beide eine große Herausforderung. Geht jemand fremd, ist das weder gut noch schlecht, ob die Partner verheiratet sind oder nicht. Wer hierin eine Katastrophe sieht und das Verhalten verurteilt, der will oder kann noch nicht erkennen, was dieser Vorgang mit ihm persönlich zu tun hat.

Uns Männern wird von Frauen nachgesagt, wir würden mehr fremdgehen als sie. Das mag zahlenmäßig noch stimmen, aber Frauen haben auf diesem Gebiet in den letzten Jahren mächtig aufgeholt. Viele verheiratete Frauen genießen in aller Stille regelmäßig Stunden mit ihrem Liebhaber, zunehmend ohne schlechtes Gewissen. Sie sehen es nicht als einen Akt gegen ihren Ehemann oder Partner an, den sie oft nach wie vor lieben und deshalb nicht verlassen wollen (oder es aufgrund finanzieller Abhängigkeit nicht können). Sie tun es sich selbst zu Liebe, meist wenn mit ihrem Ehemann seit Jahren nichts mehr im Bett läuft, oder sie das lieblose Gerammel von fünf Minuten gründlich satthaben.

Ich habe bereits eine Reihe von Ursachen benannt, warum Partner nach einer Reihe von Jahren in einer sexuellen Sackgasse landen und keinerlei Lust mehr auf gemeinsamen Sex verspüren. Paare, die auch nach Jahrzehnten noch von erfüllendem Sex miteinander berichten – allzu viele sind es nicht –, haben meist einen guten inneren und auch äußeren Abstand voneinander. Sie sehen sich, oft beruflich bedingt, tagelang oder gar wochenlang nicht und können sich wieder aufeinander freuen und neu begegnen.

Je selbstständiger beide ihre eigenen Wege im Alltag gehen, innerlich bei sich bleiben und viel mit sich selbst und anderen Menschen anfangen können, desto mehr nährt es die erotische Anziehung zwischen ihnen. Wenn zwei Magnete ständig zusammenkleben, verlieren sie mit der Zeit auch ihre Kraft. Der alte Glaube, zwei Liebende müssten so viel und so nahe wie möglich zusammen sein und über so viel wie möglich miteinander reden, ist aus meiner Sicht der erste Grund, warum sich früher oder später einer von beiden mit einem anderen Menschen im Bett wiederfindet. Selbst wenn der Sex mit dem eigenen Partner als schön empfunden wird, kann niemand garantieren, dass nicht plötzlich ein anderer Mensch auftaucht, der eine große Erregung und Anziehung in uns auslöst.

Wenn einer von beiden Sex mit einem Dritten hat und der Partner es erfährt, fühlt er sich meist zutiefst verletzt, enttäuscht und verraten, während der Fremdgeher sich schuldig fühlt. Dieses Ereignis ist jedoch nie ein »Unfall« oder Zufall, sondern geschieht, weil es geschehen muss. Alles, was geschieht, hat einen tiefen Sinn für beide, auch wenn die Reaktion hierauf noch so schmerzlich ist. Der Sinn kann jedoch nicht erkannt werden, solange der eine verurteilt wird; denn der Verurteilende macht sich selbst zum Opfer des anderen und erzeugt in sich ein Gefühl der Machtlosigkeit. Jede Verurteilung verstellt den Blick zum Verstehen eines Ereignisses oder einer Erfahrung.
Erst wenn wir uns dem Gedanken öffnen, dass jedes Fremdgehen für beide einen Sinn beinhaltet, kann dieser erkannt und für das Wachstum der Partner genutzt werden. In viele Beziehungen, die seit langer Zeit in Gewohnheit oder Langeweile erstarrt waren, kommt Bewegung hinein, wenn diese vermeintliche »Katastrophe« geschieht. Entweder nähern sich die Partner wieder an, beginnen sich zu öffnen, reden

über ihre Gefühle und Probleme oder sie stellen fest, dass die Liebe schon lange nicht mehr da ist, und können neue Wege gehen.

Viele Frauen glauben, Männer müssten sich nur etwas mehr zusammenreißen und nicht jedem Frauenpo hinterherschauen, um das Unheil zu vermeiden. Schafft er es doch nicht, ist er in ihren Augen eben »charakterschwach« oder ein »schlechter Partner«. Wer das tatsächlich glaubt, interessiert sich (noch) nicht für die wirklichen Hintergründe. So wie Frauen auf den Hintern, den Schritt und den Mund von Männern schauen (und danach auf seine Schuhe und Fingernägel), ziehen die Hüften, Beine und Brüste der Frau den Blick von uns Männern an und lösen etwas sehr Schönes in uns aus. Da fragen unsere Hormone nicht, ob wir verheiratet oder gebunden sind.

Die meisten von uns sind überzeugt, wir könnten einem anderen Menschen versprechen oder gar schwören, ihm ein Leben lang treu zu sein und ihm unseren Körper exklusiv zur Verfügung zu stellen. Dafür dürfen wir dann vom anderen das Gleiche erwarten und noch einiges mehr. Dieses Denken hat mit Liebe nichts zu tun, sondern mit einer Handelsgemeinschaft zweier verletzter Kinder, die nicht genug Liebe bekommen haben und sich selbst nicht lieben. Das, was man selbst nicht kann – sich selbst zu lieben und seinem Herzen treu zu sein –, soll einem dann bitte schön der Partner liefern. Das ist ein Denken und Verhalten auf der Ebene von Kleinkindern und muss immer wieder zur vermeintlichen Katastrophe in Beziehungen führen. Und zwar so lange, bis die Kinder in uns bereit sind, erwachsen zu werden.
Die Sehnsucht nach Nähe und Bindung an einen Partner, nach dem Wachsen einer Partnerschaft und Liebesbeziehung, hat

damit nichts zu tun. Ich kann keinem Menschen treu sein, wenn ich mir selbst, meinem eigenen Herzen gegenüber treulos bin. Treu sein können wir letztlich nur uns selbst, das heißt unserem Herzen, und wenn wir das sind, ist es das größte Geschenk, das wir unserem Partner machen können, auch wenn er das Geschenk darin (noch) nicht erkennen kann. Der Verrat am eigenen Herzen ist der größte Verrat, mit dem sich Mann und Frau selbst verletzen.

Die Partnerschaft von Mann und Frau wird unbewusst oft als eine Allianz zweier Menschen betrachtet, die die Liebe und Nähe zu anderen Menschen ausschließt. Sie soll den beiden Sicherheit bieten und der Treueschwur soll einen unsichtbaren Zaun gegen Eindringlinge errichten. Dieser Vorgang hat viel mit Angst, aber nichts mit Liebe zu tun.

Wer von seinem Partner verlassen wird oder sich durch dessen Verhalten verlassen fühlt, der wird hierdurch vom Leben aufgefordert, sich seine alten Wunden und Ängste anzuschauen, sie heilen zu lassen oder zu verwandeln. Solche Menschen haben oft bereits in der Kindheit Erfahrungen der Verlassenheit gemacht und sich gewünscht, so etwas nie wieder erleben zu müssen. Hinzu kommt meist, dass sie sich selbst nicht nur einmal, sondern viele Male innerlich verlassen und sich von der Liebe zu sich selbst getrennt haben. Sie sind oft nicht ihrem Herzen gefolgt. Dieser Hintergrund ist eine der entscheidenden Ursachen für das Fremdgehen eines Partners und er ruft nach Klärung in uns.

Wer Angst davor hat, (wieder einmal) allein gelassen zu werden, der kann das über Jahre oder Jahrzehnte verdrängen, aber unsere Seele wird uns diese Angst und die dahinterliegende Wunde zu gegebener Zeit präsentieren, damit wir uns damit auseinandersetzen und unsere Verantwortung zur Selbstheilung übernehmen. Ob wir diese Gelegenheit wahrnehmen oder uns erneut in die Opferrolle zurückziehen und den anderen anklagen, hängt von unserem psychischen und spirituellen Reifegrad ab.

Wenn du selbst zu den Männern gehörst, die mit einer anderen Frau ins Bett gehen als mit der Partnerin, und du damit ein Problem hast, empfehle ich dir zunächst, deine Gedanken darüber anzuschauen. Bist du mit dir selbst im Reinen, was dein Verhalten angeht? Kannst du dir im Spiegel in die Augen schauen und dir sagen: »Ja, ich finde das wunderbar, dass ich auch mit einer anderen Frau liebevollen, zärtlichen und heißen Sex genießen kann.« Oder plagen dich Schuldgefühle und ein schlechtes Gewissen? Belastet es dich, dass deine Partnerin davon nichts erfahren darf? Oder kannst du ihr sagen, dass du sie zwar liebst, deine Liebe aber nicht ausschließt, auch mit einer anderen Frau ins Bett zu gehen und die Liebe zu genießen? Oder kannst du in Liebe schweigen? Egal, wie deine Frau oder Partnerin dein Verhalten beurteilt, wichtig ist, dass du selbst etwas Wesentliches über dich als Mann herausfindest, etwas, was dein Herz hier in diesem Leben erfahren will. Und dass du aufrichtig dir selbst gegenüber bist und authentisch lebst.
Wenn du in der Partnerschaft mit dir selbst faule Kompromisse machst und etwas lebst, was du eigentlich nicht leben willst und was dein Herz nicht singen lässt vor Freude, dann ist dies ein Betrug an dir selbst. Und hierin – im Nicht-Leben unserer eigenen innersten Wahrheit – liegt der eigentliche Betrug am Partner. Darum leben so viele Paare innerlich unglücklich und unbefriedigt zusammen und machen sich auf Dauer das Leben schwer oder langweilen sich gemeinsam zu Tode. Die meisten Menschen sterben letztlich an einem gebrochenen Herzen, weil sie ihrem Verstand und den unwahren Gedanken des Massenbewusstseins folgen, die uns vorschreiben wollen, was »man« tut und was »man« nicht

tut. Tu das, was dein Herz tun will, und folge dem, was dir als deine innerste Wahrheit erscheint.

Die Krise in immer mehr Partnerschaften und Ehen zeigt an, dass jetzt ein altes Kapitel der Menschheitsgeschichte zu Ende geht, in dem der Einzelne seine Macht über sein Leben und sein Verhalten an andere abgab und sein Wohlbefinden von ihrer Anerkennung und Erlaubnis abhängig machte. Wir haben die Ehe – unter dem Einfluss von Theologen und Moralisten – zu einem Gefängnis gemacht und gelernt zu glauben, dass Liebe und Freiheit nicht miteinander lebbar sind. Aber es ist genau die Liebe in uns, die jetzt mobil macht und uns auffordert, die Lieblosigkeit solchen Denkens und Verhaltens aufzudecken und einen neuen Weg zu finden.

Wenn ich Verständnis für den Menschen zeige, der auch außerehelichen oder außerpartnerschaftlichen Sex hat, dann stimme ich nicht den Abgesang auf die Ehe oder die innige Verbindung zweier Menschen an, die gemeinsam ihren Weg durch das Leben gehen, im Gegenteil. Nur wenn wir aufmerksam sind für das, was in uns und um uns herum geschieht, und anerkennen, dass hier Menschen, die bisher ihr Lebensglück und ein von Freude erfülltes Herz nicht gefunden haben, versuchen, dies zu verwirklichen – nur dann können wir eine neue, auf Ehrlichkeit und Liebe beruhende Partnerschaft begründen.

Vielleicht gehörst du zu den Männern, deren Frau schon einmal während der Beziehung mit einem anderen Mann geschlafen hat. Das zu entdecken oder zu erfahren war vermutlich eine schmerzhafte Angelegenheit und hat einige unangenehme Gefühle in dir hochgeholt, meist sind es Wut, Ohnmacht, Eifersucht und das Gefühl der eigenen Minderwertigkeit. Ähnlich wie Frauen sich fragen: »Was hat die, was ich nicht habe?«, vergleicht sich auch der betroffene Mann mit dem anderen, der mit seiner Frau im Bett war. Diese Fragen führen uns aber nicht aus dem inneren Schmerz hinaus, hinter dem meist ein mieses Selbstwertgefühl, Angst vor Abwertung und vorm Verlassenwerden sowie Kleinheits-, Scham- und Schuldgefühle stecken und heftige Verstrickungen mit Mutter und Vater der Kindheit.

Viele Männer finden es in Ordnung, wenn sie selbst mit einer anderen Frau schlafen und ab und zu einmal in einen Puff gehen (wie gesagt, die Verheirateten sind die Hauptkunden). Aber bei dem Gedanken, ein anderer Mann würde mit seinem Penis in ihre Frau eindringen, flippen sie aus und könnten zum Mörder werden, und manche werden es auch. Männer gestehen Frauen weit weniger Freiheiten zu als sich selbst und glauben tatsächlich, ihre Frau sei beschmutzt, wenn sie mit einem anderen Mann geschlafen hat. Solche Vorstellungen deuten darauf hin, dass diese Männer unbewusst ihren eigenen Penis und ihre Sexwünsche für etwas Schmutziges halten. Und so gilt eine Frau, die sich Sex mit mehreren Männern erlaubt, schnell als »Schlampe«, während ein Mann, der mit vielen Frauen Sex hat, eher als »toller Hecht« gilt. Hier wird mit zweierlei Maß gemessen.

Frauen, die fremdgehen, sind meist klug genug, das äußerst diskret zu machen. Sie erzählen davon – wenn überhaupt – nur ihrer besten Freundin. Vielen Männern fällt es schwer, ihre Abenteuer im Bett für sich zu behalten, weil sie ihr eigenes angeknackstes Selbstwertgefühl damit aufpäppeln wollen. Wenn die eigene Frau ihn schon nicht mehr attraktiv findet oder ihn im Bett verwöhnt, dann ist es Balsam für die verletzte Männerseele, wenn eine andere das tut. Und selbst, wenn man dafür bezahlt, erscheint ihnen das besser als gar nichts. Das ist menschlich und jeder kann nachfühlen, was in einem solchen Mann vor sich geht.

Dazu passt auch, dass es gerade bei jüngeren Männern üblich ist, mit angeblichen sexuellen »Erfolgen« zu protzen. Je mehr das einer tut, desto eher kann man darauf wetten, dass er sich selbst in die Tasche lügt und im Bett das Gegenteil der Fall war. Männer mit Ängsten und Selbstwertproblemen – und die stecken in den meisten Männern zuhauf – finden daher auch nicht zur Ehrlichkeit und herzlichen Verbundenheit mit anderen Männern.

Diese aber ist uns Männern zu wünschen, damit wir begreifen, dass das trennende, konkurrierende Denken und Verhalten unter uns, ob in der Wirtschaft oder bei den Frauen, die innere Einsamkeit und das mangelnde Selbstwertgefühl nur noch verstärken.

Wer bereit ist, die Verurteilungen des anderen wie des eigenen Verhaltens zu hinterfragen, wo es um sexuelle Untreue geht, der kann anfangen, sein Herz für Verstehen und Liebe zu öffnen. Was geschieht, will erst einmal anerkannt und angenommen werden, bevor der Sinn dahinter verstanden wird. In jedem Fremdgehen, dem eigenen wie dem des Partners, steckt – wie in jeder Erfahrung – ein Geschenk, das nur dann in Empfang genommen werden kann, wenn wir unser Herz öffnen für die Gefühle, die das Geschehen in uns auslöst, und für das große »Ja« zu dem, was jetzt ist. Es ist weder gut noch schlecht – es ist, was es ist, sagt die Liebe.

5

Der Mann und die Arbeit

⊞ Liebst du das, was du tust?

Männer verbringen im Allgemeinen die meiste Zeit ihres
Lebens mit Arbeit. Nicht nur ihre Frauen beklagen dies,
sondern sie selbst auch. Würde ihnen diese Arbeit größte
Freude und Erfüllung bringen, wäre das Ganze noch erträg-
lich, aber das ist bei immer weniger Männern der Fall, ob
sie nun selbstständig sind oder angestellt. Zwei Schlüsselfragen an dich: **Liebst du das, was du tust? Und tust du das,
was du zu tun liebst?** Wenn du eine oder beide Fragen ehr-
licherweise mit »Nein« beantworten musst, dann wird es
Zeit zu erforschen, wie du in dieses Dilemma geraten bist
und was dich darin festhält?

Neben der Beziehung zu einer Frau ist die Arbeit in der
Regel das Hauptkapitel im Leben des Mannes. Zunächst
erfährt er dabei oft noch Freude, die jedoch früher oder
später in Frust umschlägt. Daran sind weder die Wirtschaft, die Firmen, noch die oft »beknackten« oder »inkompetenten« Vorgesetzten schuld, auch wenn ihnen gern
der »Schwarze Peter« zugeschoben wird. Diese frustrierende Sackgassensituation, das Gefühl, keine Wahl zu haben
und sich abrackern zu müssen für andere, die weder ein
menschliches Interesse an einem haben noch die Kom-
petenz, die man von Vorgesetzten oder Firmeninhabern
zu erwarten hofft, haben wir Männer selbst erschaffen,
ebenso wie die Sackgassen in unseren Partnerschaften. Dein
Kopf mag sich gegen diese Behauptung kräftig wehren.
Wenn du aber etwas an deiner inneren und äußeren Situation ändern willst, anstatt bis zur Rente oder zum Herzinfarkt so weiterzuwursteln, dann lade ich dich ein, meinen Gedanken zu folgen und herauszufinden, was davon auf
dich zutrifft.

Erinnerst du dich noch an deine Kinder- und Jugendträume, an das, was du mal werden wolltest? Was waren deine ersten Vorstellungen von einem Traumleben? Es gibt heute anscheinend immer weniger Jungen, die früh wissen, was sie begeistert und was sie einmal erfolgreich im Beruf umsetzen wollen. Damals, in deiner Kindheit oder Jugend, als du es vielleicht wusstest, wie oft musstest du hören, dass dein Herzenswunsch zum Broterwerb nicht viel tauge. Viele junge Männer schlugen sich damals ihre »Flausen« aus dem Kopf und entschieden sich für einen vermeintlich »sicheren« Beruf oder übernahmen halbherzig den Betrieb der Eltern, weil diese darauf drängten.

Die ersten Bilder, die wir uns über Arbeit machen, erhalten wir durch unsere Väter, die zur Arbeit gehen und die wir nach der Arbeit erleben. Wie hast du deinen Vater erlebt, wenn einer da war? Schon früh erfahren wir, dass wir unser Männerleben vor allem mit Arbeit verbringen werden und dass dieser »Ernst des Lebens« kein Zuckerschlecken sei. Das Ansehen eines Mannes steht und fällt bei uns mit der Frage, ob er »es« geschafft hat, er mit seiner Arbeit erfolgreich ist und gutes Geld verdient. Kaum einer stellt sich die Frage, ob er glücklich ist mit dem, was er da täglich tut, ob er Spaß daran hat und ob es ihn erfüllt. Dies ernsthaft zu fragen, dazu fehlt vielen der Mut, weil sie die Antwort schon kennen und nicht den Schmerz darüber spüren wollen, dass sie etwas tun, was ihr Herz gar nicht will und was es schon gar nicht zum Singen bringt.

Der Gedanke »Ich muss es schaffen. Ich muss irgendwie erfolgreich sein und gutes Geld verdienen« erzeugt einen enormen Druck. Er wird zu einem Grundgedanken des jungen Mannes, der in der Arbeit seine permanente Bewährungsprobe als Mann sieht. Schafft er »es« nicht, ist er in seiner

Selbsteinschätzung kein richtiger Mann, sondern ein Versager, ein »Looser«. Kein Wunder, dass sich heute immer mehr junge Männer diesem Erfolgsdruck völlig entziehen, weil sie täglich am Vater sehen, wohin dieser Weg führt. Entweder verbringen sie das halbe Leben mit Ausbildungen und beginnen mit dreißig zu arbeiten, wursteln sich mit Jobs durch, oder sie verweigern sich mit einer Null-Bock-Einstellung gänzlich diesem Männervorbild und sagen sich: »Ich bin doch nicht blöd!« Die Zahl derjenigen, die sich dem üblichen Männer-Malocher-Bild verweigern, steigt in den letzten Jahren sprunghaft an, und die Verweigerung beginnt in den Köpfen der Jungen immer früher.

Die meisten Männer haben, wenn sie das Elternhaus verlassen, kein großes Selbstwertgefühl, weil ihnen das weder der Vater noch die Mutter vermitteln konnten, denn die besaßen wenig davon. So gehen sie mit einer tiefen Unsicherheit, einem Hunger nach Anerkennung und Wertschätzung auf ihren Weg und erfahren über kurz oder lang Pleiten auf den zwei Hauptschauplätzen ihres Lebens: Beruf und Partnerschaft. Denn sowohl von ihrer Partnerin als auch vom Chef und der Firma erwarten sie etwas, was sie sich selbst nicht geben können. Sie wollen anerkannt, gelobt und letztlich geliebt werden für das, was sie tun.
Aber sie lieben nicht das, was sie sind: nämlich junge Männer mit einer tiefen Sehnsucht nach etwas Eigenständigem, nach der Erfüllung ihrer Träume einerseits, andererseits die Bestätigung von außen suchend, mit vielen unterdrückten, unangenehmen Gefühlen in sich. Aber weder die Frau noch die Firma wünschen sich kleine, liebeshungrige Jungen im Männerkörper, sondern gestandene und in sich stehende Männer, die wissen, was sie wollen, und das durchziehen, was sie wollen, und für sich und ihr Leben Verantwortung übernehmen. Aber wer nicht weiß, wie der Mensch tickt

und wie unwahre Gedanken und abgelehnte und unterdrückte Gefühle Lebenswirklichkeit erschaffen, der kann für sein Leben noch keine Verantwortung übernehmen. Der sieht und fühlt sich schnell als Opfer anderer anstatt als Schöpfer seines Lebens.

So wird der Chef für die meisten Männer zur Projektionsfigur des eigenen Vaters, der physisch oder emotional abwesend war, einem nicht den Rücken gestärkt hat und dem Sohn nicht zeigen konnte, was zu einem freudvollen Männerleben führt. Ich habe am Anfang des Buches schon erklärt, dass die erste und wichtigste Ursache für Erfolglosigkeit und Konflikte mit Vorgesetzten wie mit anderen Autoritäten (Staat, Behörden, Polizei) darin liegt, dass der Vater der Kindheit im Innern nicht hinter seinem Sohn, dem heutigen Mann steht, ihm nicht die Hand auf die Schulter legt und sagt: »Ich stehe hinter dir. Ich bin stolz auf dich. Und du machst deinen Weg. Meine Liebe begleitet dich!«

Diese Haltung können die wenigsten Väter bis heute ihren Söhnen vermitteln, weil sie selbst nicht stolz auf sich sind und sich selbst nicht lieben. Aber es ist völlig gleichgültig, was für einen Vater du hattest oder ob er überhaupt da war. Du hast es in der Hand, dein inneres Verhältnis zu dem Vater deiner Kindheit zu verändern, damit er sich heute innerlich hinter dich stellt. Das empfehle ich jedem Mann, auch wenn er schon siebzig ist, denn wer auf der inneren Ebene die Liebe und Wertschätzung seines Vaters erhält, steht nicht nur im Beruf besser seinen Mann, sondern verändert sein gesamtes Grundlebensgefühl und insbesondere die Qualität seiner Partnerschaft (siehe hierzu meinen Vortrag »Der Vater deiner Kindheit« sowie die Meditation »Der Vater meiner Kindheit«).

Für den Verstand ist es schwer zu begreifen, dass ein im Leben schwacher, ängstlicher oder erfolgloser Vater im Innern seines Sohnes eine stärkende Rolle spielen kann. Aber wer den Mut hat, seinem Vater auf diesem inneren Weg zu begegnen, mit ihm Frieden zu schließen, seine Verurteilungen zurückzunehmen und die Verstrickungen mit ihm zu lösen, wird die Auswirkungen in Beruf, Partnerschaft und in seinem Körper schon nach wenigen Wochen erleben. Wir haben bis heute in der Breite noch kaum eine Ahnung davon, wie sehr uns der innere Unfrieden mit unserer Vergangenheit in der Gegenwart einschränkt und behindert.

Viele denken, sie seien an den falschen Chef geraten. So einen inkompetenten, ignoranten oder unfähigen Menschen hätten sie nicht verdient. Aber ich kann dir versichern: Es gibt keinen Zufall im Leben. Die Frauen wie die Chefs in deinem Leben waren immer die »Richtigen«, denn das Leben kennt keine Fehler. Du hast sie selbst unbewusst angezogen und genau die Erfahrungen gemacht, die du machen musstest. Wenn du jetzt soweit bist, deine Antwort auf das »Warum?« zu finden, dann öffnet sich für dich der Weg zur Erkenntnis und zum Frieden mit deiner Vergangenheit und zu einem bewussten Erschaffen und Gestalten deiner Lebenswirklichkeit.
Genauso wenig wie dein Vater dich unabhängig von seinem eigenen Selbstwertgefühl loben und fördern konnte, sind die meisten Chefs in der Lage, sich in die emotionale und persönliche Situation ihrer Mitarbeiter hineinzuversetzen und ihnen eine stützende Führung zu bieten. In den meisten von ihnen stecken ähnliche kleine, ängstliche Jungs, die froh sind, es ein Stück nach oben geschafft zu haben.

Kaum eine der größeren Firmen ist heute noch eine Familie, wie das früher in manchen mittelständischen, besitzergeführten Unternehmen noch der Fall war, in denen der

Chef Werte vorlebte, seine Mitarbeiter persönlich kannte und förderte und eine emotionale Beziehung zu ihnen hatte. Dennoch kommen in einer Firma immer die Richtigen zusammen, und so können die Erfahrungen mit Vorgesetzten und mit Kollegen zu einem Feld fruchtbarer Selbsterkenntnis und schöpferischer Lebensveränderung werden. Nicht, indem man schnell kündigt, sondern erst einmal schaut, wie man sich solche Erfahrungen selbst erschaffen hat.

Die meisten, die mit ihrer Arbeit und dem betrieblichen Umfeld nicht zufrieden sind, glauben, dass Kündigung und Stellenwechsel schon die erhoffte Wende bringen würde. Sie meinen, es müsse nur die richtige Firma kommen, dann wäre alles anders. Aber oft sind sie dann enttäuscht, wenn sie feststellen, dass sich die Dinge in der neuen Firma wiederholen, ähnlich wie in der Beziehung zu einer neuen Frau. Das ist kein Wunder, solange der Mann nicht sieht, was er selbst mit seinen Erfahrungen zu tun hat.

Unangenehme bis schmerzhafte Erfahrungen mit dem Chef, dem Kollegen oder Beziehungspartner sind sinnvoll und notwendig, um aus dem alten Bewusstsein eines Opfers aufzuwachen, das glaubt, unter einer ungerechten, lieblosen Umwelt zu leiden. Erst dieser Schritt gibt uns die Möglichkeit, unsere eigenen alten Schöpfungen zu würdigen und tatsächlich neue Wege einzuschlagen und vom unbewussten »Opfer« zum bewussten Schöpfer unseres Lebens zu werden.

⊞ Konkurrenz, Eifersucht, Neid und Mobbing

Jungen und jungen Männern wird immer noch vermittelt, das Leben sei ein Kampf, in dem es Gewinner und Verlierer gibt. Und wenn man sich umschaut in der Welt und auch in der Arbeitswelt, scheint die Wirklichkeit diesem Glaubenssatz recht zu geben. Erst wenige kommen darauf, diesen Grundgedanken der westlichen Welt infrage zu stellen, um zu erkennen, dass wir unser Leben aufgrund dieses Glaubens zu einer harten, mühseligen und kämpferischen Angelegenheit machen, bei der viele als Verlierer auf der Strecke bleiben, mit Verletzungen des Körpers, der Psyche und mit sonstigen Verlusten materieller und nicht-materieller Art.

Wenn auch du glaubst, das Leben sei ein Kampf, dann muss dir das Leben etwas zum Kämpfen schicken, vermeintliche Gegner, harte Bedingungen, ungerechte Behandlung, fiese Kollegen oder idiotische Chefs. Das Leben kann nicht anders, denn so wie du über das Leben denkst, so erfährst du es.

Neben den Verletzungen, Enttäuschungen, Sehnsüchten und unterdrückten Gefühlen des kleinen Jungen, der du einmal warst (und der lebendig in dir sitzt und dich oft steuert), sind es vor allem deine Grundüberzeugungen über das Leben, die anderen Menschen und über dich selbst, mit denen du deine bisherige Lebenswirklichkeit erschaffen hast.

Ich bin überzeugt, dass wir schon in wenigen Jahren kopfschüttelnd auf diese jetzt zu Ende gehende lange Zeitepoche des Menschen zurückschauen und uns fragen werden, wie wir nur so dumm sein konnten, im Leben und in der Arbeitswelt in solch einer Sackgasse zu landen. Diese Dummheit heißt in Wirklichkeit Unbewusstheit. Offenbar gehört das Ganze zum Erfahrungs- und Entwicklungsweg des Menschen, auf dem er sich jetzt anschickt, einen Bewusstseinssprung zu machen zu einem Wesen, das weiß, welche Saat es mit seinen Gedanken, Gefühlen, Worten und Handlungen sät.

Als die Männer früher in den Krieg marschiert sind, haben sie noch zusammengehalten. Da ging es gegen einen Gegner. Heute marschieren sie in die Betriebe und bekämpfen sich gegenseitig, und die meisten denken nur noch an sich. Das gemeinschaftliche Ziel der Arbeit beziehungsweise der Firma wird zur Nebensache und innerlich immer weniger mitgetragen. Bei diesem Denken kann es am Ende nur Verletzte und Verlierer geben. Auf Dauer hält das keine Firma aus. So hat sich der Mann von der Liebe zu sich selbst getrennt und infolgedessen das Bewusstsein von Gemeinschaft und der Verbundenheit mit allen Männern verloren.
Die Verletzten und Leichen auf diesem lautlosen Schlachtfeld sind heute schon unzählbar. Schau nur mal in die Gesichter deiner Kollegen, deiner Vorgesetzten oder in dein eigenes. Wo du hinschaust, wirst du eine Vielzahl todernster, ängstlicher, verkniffener und verbitterter Gesichter erkennen, die von Einsamkeit, Enttäuschung, Wut und Angst erzählen. Wie viele Kollegen kennst du, die mit spielerischer Freude arbeiten, mit Neugier und Freundlichkeit einander begegnen und sich gegenseitig unterstützen?

Neid und Eifersucht im Mann sind zum einen ganz menschliche Emotionen, die wir in der Kindheit erzeugt haben und die seitdem in uns stecken und uns heute noch belasten, weil wir uns weigern, uns ihnen (unseren Schöpfungen) zu stellen und sie zu verwandeln. Zum anderen sind sie das Ergebnis der Trennung des Mannes von der Liebe zu sich selbst. Wer innerlich mit sich selbst im Krieg liegt, wer sich selbst kein Freund ist und nicht für seinen inneren Frieden, für Ausgeglichenheit und für die Heilung alter Wunden sorgt, der muss auch im Krieg mit seinen Mitmännern liegen. Kommt ein geringes Selbstwertgefühl hinzu, das die anderen stets schnell wahrnehmen, kann man erfahren, was Mobbing ist, ein Phänomen, wie bereits erwähnt, über das seit Jahren vermehrt geklagt wird.

Vordergründig handelt es sich um Opfer und Täter; aber im Grunde verbindet diese beiden mehr, als ihnen bewusst ist. Der Gemobbte ruft durch sein mieses Selbstwertgefühl und die ihn selbst niedermachenden Gedanken geradezu den Angriff des Mobbers auf den Plan, zumal wenn er voller Verurteilungen gegenüber der »ungerechten Welt« und seinen Mitmenschen durchs Leben geht. Der sich selbst nicht liebende Mobber findet hier die Gelegenheit, die eigene unterdrückte Wut und den Selbstzweifel auf ein »Opfer« zu projizieren und sein Mütchen an ihm zu kühlen.

Ich empfehle jedem, immer bewusster wahrzunehmen, welche Gefühle Kollegen, Vorgesetzte, Kunden oder andere in ihm auslösen. Diese Gefühle waren schon lange vorher in dir – von dir selbst erschaffen – und wollen endlich angenommen und verwandelt werden. Die dahinter liegenden Gedanken, mit denen wir diese Gefühle ursprünglich erzeugten, und alle Verurteilungen uns selbst, anderen und dem Leben gegenüber, können wir uns ebenso bewusst machen und somit erkennen, wie unwahr sie sind. Unwahre Gedanken, verdrängte und abgelehnte Emotionen sowie ein Leben in Unbewusstheit sind die Hauptverursacher von Leid, Schmerz und Mangelzuständen im Leben eines Menschen.

Wer weiter glaubt, »unabhängig« von anderen als Einzelkämpfer durch sein Leben gehen zu können, wer das Spiel der Verurteilungen, des sich von anderen trennenden Denkens weiter spielt, wer sein Herz weiter verschlossen hält und sich selbst und anderen Verständnis, Mitgefühl, Vergebung, Unterstützung und Liebe vorenthält, der wird spätestens am Ende seines (meist viel zu früh endenden) Lebens erkennen, dass er das Wichtigste darin versäumt hat, selbst wenn er Millionär geworden ist. Unser Herz wünscht sich, dass wir uns wieder daran erinnern, wer wir sind und was die größte Kraft in uns und im Leben ist. Sie heißt Liebe. Wir leben, um die Liebe und das Lieben und ihre zentrale Bedeutung für ein glückliches Leben wieder zu entdecken.

Diese Erde erwartet jetzt Männer und Frauen, die sich daran erinnern, dass sie selbst aus der Quelle »Liebe« entstammen und dass diese Liebe in den Herzen aller Menschen auf dieses Erinnern wartet. Ich weiß, dass sie nicht mehr lange warten muss, denn in diesen Jahren macht die Liebe selbst in uns mobil. Sie hat ihre eigenen Gesetzmäßigkeiten, denen sich der Verstand des unbewussten Menschen beugen muss. Die Macht der Liebe macht jetzt mobil und wacht in immer mehr Menschen auf, die endlich begreifen: Die Sandkastenspiele der Menschheit gehen jetzt zu Ende.

Wenn du deine Beziehungen zu den Menschen an deinem Arbeitsplatz oder in deinem Betrieb gründlich verbessern willst, dann übernimm deine Verantwortung für all die Energien, die du selbst am Morgen in deine Firma hineinbringst. Stell dir vor, all deine Kollegen sehnen sich wie du nach einer liebevollen Gemeinschaft, nach Verständnis und Unterstützung, nach einem aufmunternden Lächeln, einer liebevollen Geste und dem Gefühl »Ich bin hier nicht allein.« Wenn du Ihnen das schon geben kannst (weil du es dir innerlich selbst gibst), dann fang damit an! Es liegt zunächst an dir, das Klima in deiner Firma sowie dein eigenes Innenklima zu verbessern. Willst du Anerkennung von anderen, dann schenke ihnen und dir selbst erst einmal Anerkennung. Nur das, was du selbst geben kannst, erhältst du vom Leben zurück, und zwar um ein Vielfaches vermehrt.

Du kannst heute aus deinem anerzogenen Konkurrenzdenken austreten, wenn du erkennst, wie lebens- und liebesfeindlich es ist und dass es dir selbst den größten Schaden zufügt, denn es beraubt dich deiner Lebensfreude. Jedes dich oder den anderen verurteilende Vergleichen fügt dir Schmerz zu. Kümmere dich liebevoll um die Wunden, die du dir selbst bisher zugefügt hast, sowie um deine lange verdrängten Gefühle von Neid und Eifersucht. Gesteh dir zu, neidisch zu sein, und gehe für dich in der Stille mutig und bejahend fühlend durch dieses Gefühl hindurch. Dies verwandelt bzw. transformiert solche Gefühle.

Neidisch und eifersüchtig zu sein, ist eine normale menschliche Erfahrung. Ärgere dich nicht darüber, sondern gestehe dir ein, dass du so fühlst, und nimm dir Zeit, diese Emotionen sehr bewusst und bejahend in dir zu fühlen und dadurch zu verwandeln. Neid, Eifersucht und die damit eng verbundenen Emotionen wie Scham, Kleinheit, Trauer und Wut haben dir gedient, weil du sie erschaffen hast. Wenn du sie jetzt annehmend würdigst und verwandelst, haben sie ausgedient.

Wenn andere mehr leisten oder haben, gönne es ihnen, vielleicht kannst du etwas von ihnen lernen. Wenn sie mehr Niederlagen erlitten haben als du, dann öffne dein Herz für dein Mitgefühl. Vielleicht hast du diese Erfahrung auch schon gemacht oder wirst sie noch machen dürfen. Öffne dich dem Gedanken, dass wir alle hier – ohne Ausnahme – in einem Boot sitzen, dass wir alle Brüder und Schwestern sind, die aus einer Quelle stammen und die sich alle nach dem Gleichen sehen: nach einem von Freude und Liebe erfüllten Herzen, nach Frieden und innerer Zufriedenheit und nach einer Gemeinschaft, in der jeder gewürdigt und geehrt wird.

⊞ Arbeit ist sichtbar gemachte Liebe

Die Arbeit ist – wie schon gesagt – das Kerngebiet eines
Männerlebens. In ihr entdeckt der Mann sich und seine Talente, setzt sich mit Mutter Erde und der Materie auseinander und macht was daraus. Darum ist der Mann von Haus
aus der Erfinder und Finder, der Macher, der auf dieser Erde
etwas bewegt. Er will etwas erobern und neue Felder auf-
tun. Nicht jeder Mann muss zum Unternehmer werden,
aber er sollte etwas mit sich und seinen Kräften und Talen-
ten unternehmen; nicht jeder wird Selbstständiger, aber es
ist die Aufgabe jeden Mannes, seinen Stand zu finden und
in sich selbst gut zu stehen und in einer guten inneren Beziehung zu sich selbst seinen ganz eigenen Weg zu gehen, unabhängig davon, was andere von ihm erwarten.
Wenn er jedoch keine Freude an seiner Arbeit hat oder sie
gar hasst – dann wird es problematisch für ihn. Liebst du
deine Arbeit oder leidest du unter ihr? Freust du dich am
Morgen schon darauf oder denkst du: »Schon wieder arbeiten«? Wenn du heute unter deiner Arbeit leidest, dann übernimm deine Verantwortung dafür, dass du dir das auf unbewusste Weise erschaffen hast, und verzeihe dir das.

Sehr viele Männer laufen zurzeit durch ihr Leben mit dem
Gefühl, etwas falsch gemacht oder ihr Leben versemmelt
zu haben. Das erzeugt Scham und ein schlechtes Gewissen
in ihnen, es ist ihnen peinlich, und das wiederum macht viele
unterschwellig aggressiv. Besonders im Straßenverkehr können wir das beobachten. Solange wir aber in diesen Schuld
und Scham erzeugenden Gedanken stecken bleiben, ändert
sich nichts. Wir sind jetzt aufgefordert, etwas Grundlegen-
des zu ändern, und das fängt bei uns selbst an, bei unserer
Beziehung zu uns selbst. Auch wenn du über fünfzig bist,
tröste dich nicht damit, dass du vielleicht in zehn Jahren in

Rente gehen kannst. Jetzt ist die Zeit, einen inneren Neuanfang mit dir selbst zu machen, sonst wirfst du diese zehn Jahre weg. Du lebst jetzt, und jetzt entscheidest du darüber, in welchem Zustand du dich in zehn Jahren befinden wirst.

Wir haben in den letzten Jahrzehnten kollektiv die Arbeit und das Arbeiten mehr und mehr abgewertet und die Freizeit aufgewertet. Durch diese Trennung entwickelten viele zu ihrer Arbeit und zur Leistung ein ablehnendes Verhältnis. »Arbeit ist schlecht, Freizeit ist gut«, lautet es in vielen Köpfen heute. Mit dieser Einstellung jedoch ziehen wir Männer uns selbst den Stecker aus der Dose, das heißt, wir berauben uns und die Arbeit, die wir tun, der wichtigsten Energiequelle: unserer Freude an ihr und unserer Liebe zu ihr. Wir verbauen uns damit den Weg zu Erfolg und Erfüllung in unserem Leben.

Wenn wir eine Arbeit tun, dann erwartet sie unser ganzes »Ja« zu ihr, unsere Freude daran, dass wir etwas zustande bringen und unseren Beitrag leisten in einer Gemeinschaft, einer Firma oder in unserer Gesellschaft. Wer glaubt, Arbeit sei nur zum Geldverdienen da, der verpasst als Mann das Wesentliche in seinem Leben und hat am Ende oft Probleme mit der Kohle und auch mit seiner Libido. Das freudige Arbeiten ist ein wesentliches Element, das wiederum zu Freude und Lebensbegeisterung führt. Sie gibt unserem Leben einen Sinn.

Egal, ob du in deiner Firma dafür zuständig bist, dass das Kopierpapier nicht ausgeht, oder ob du zwanzig Mitarbeiter führst, du bist wichtig, damit der Laden läuft, und trägst deinen Teil dazu bei. In jeder Firma ist der Mensch die wichtigste Energie, und er selbst ist es, der bestimmt, welche Energie er in diese Firma hineinträgt. Wenn ein Unternehmen tausend Mitarbeiter hat und dreihundert von ihnen kommen morgens mit einem inneren Nein oder einem zwiespältigen Gefühl zur Arbeit, dann ist das ein Virus, der den Betrieb auf Dauer zusammenbrechen lässt. Wenn du selbst dazugehörst, wird dein Nein aber auch dich selbst kaputt machen. Denn derjenige, der mit Freude, Achtsamkeit und Liebe arbeitet, nährt nicht nur die Firma, er nährt vor allem sich selbst. Wer in seiner Arbeit nichts zu lachen hat, hat auch in seinem sonstigen Leben wenig zu lachen.

Wenn du deine Unlust oder deinen Missmut bei der Arbeit nur auf die schlecht geführte Firma schiebst und auf die Unfähigkeit des Topmanagements, machst du es dir zu einfach. Denn jede Firma spiegelt wie jede Gemeinschaft, sei es eine Familie, eine Hausgemeinschaft, eine Stadt oder ein Verein, die Energien aller wieder, die zu ihr gehören. Wie du also am Morgen zur Arbeit gehst, dafür ist weder dein Vorstand noch dein Vorgesetzter verantwortlich, sondern allein du selbst. Schon wenn du in dein Auto steigst und dich auf den Weg machst, entscheidest du, welche Energien du in deine Arbeit hineingibst und in welchem Zustand du am Abend voraussichtlich nach Hause kommst. Deine Grundeinstellung zu dir selbst, zum Leben und zur Arbeit fließt in diesen Energiemix hinein, den du morgens zu dir nimmst. Entweder schwächt er dich oder er stärkt dich.

Rede dir nicht ein – wie die blinde Masse es tut –, du wärst ein Opfer von »denen da oben«, von deinem Chef oder vom Vorstand. Die da oben agieren so, wie es dem Bewusstsein »derer da unten« entspricht. Wenn du deine Macht, deine Schöpferkraft aus deinen Händen gibst, weil du meinst, du hättest keine, dann darfst du dich nicht wundern, wenn andere sie für dich und über dich ausüben und du unter ihnen leidest. Deine Weigerung, dein eigenes Männerleben schöpferisch und mutig in deine Hände zu nehmen, gibt dir das Gefühl der Handlungsunfähigkeit und fordert andere auf, deinen Freiheitsraum einzuschränken oder dir auf die Füße zu treten. Das macht deine Frau oder deine Schwiegermutter vielleicht ebenso wie dein ehrgeiziger Kollege oder dein Chef.

Wer seine Arbeit nicht liebt und wer das Arbeiten nicht würdigt und wertschätzt, der will sie bewusst oder unbewusst loswerden. Warum soll etwas bei dir bleiben, was du nicht liebst? Das ist mit allem so. Liebst du deinen Körper nicht, warum soll er gesund bleiben? Du wirst ihn beziehungsweise seine Gesundheit schneller los, als dir lieb ist. Wenn du deine Partnerin nicht liebst, verlierst du sie oder ihre Liebe. Und wenn du die Arbeit als hartes Los, als Schicksal betrachtest, an dem du nichts ändern kannst, dann wirst du sie auch los. Man nennt es »arbeitslos«.
Die Liebe ist immer das Verbindende, der Stoff, der alles zusammenhält, es ist das Öl im Getriebe des Lebens und auch in deinem eigenen »Getriebe«. Fehlt dieser wichtigste Stoff, läuft es nicht rund, weder in der Firma, noch in deinem Leben – und im Bett meist auch nicht. Wer keinen Bock auf seine Arbeit hat, dem fehlt auf Dauer auch der Bock im Bett. Was glaubst du, was deinen Penis stehen lässt? Es ist die Begeisterung und Liebe zu dir und zu deinem Leben. Wer seine Arbeit eher erleidet und sie schlaff und ohne Liebe runterreißt, der darf sich nicht wundern, wenn auch sein Pimmel immer öfter schlappmacht. Nicht die Frau schießt das Testosteron in dich ein, sondern es ist deine bejahende, liebevolle und leidenschaftliche Lust am Mann-Sein, an einem schöpferisch gestalteten und sinnvollen Lebensweg, was den Mann in dir und folglich auch deinen kleinen Mann zum Stehen bringt.

»Arbeit ist sichtbar gemachte Liebe.«

Das erklärt Khalil Gibran in »Der Prophet« und fährt fort:

»Und wenn ihr nicht mit Liebe, sondern nur mit Widerwillen arbeiten könnt, lasst besser eure Arbeit und setzt euch ans Tor des Tempels und nehmt Almosen von denen, die mit Freude arbeiten.

Denn wenn ihr mit Gleichgültigkeit Brot backt, backt ihr ein bitteres Brot, das nicht einmal den halben Hunger des Menschen stillt.

Und wenn ihr die Trauben mit Widerwillen keltert, träufelt eure Abneigung ein Gift in den Wein.

*Und auch wenn ihr wie Engel singt und das Singen nicht liebt, macht ihr die Ohren der Menschen taub für die Stimmen des Tages und die Stimmen der Nacht.«** [*]

Gegenwärtig beginnen die ersten Führungskräfte in Unternehmen ernsthaft über den Zusammenhang von Arbeit und Liebe nachzudenken. Aber schon das Wort »Liebe« in einer Firma in den Mund zu nehmen, wagt heute noch kaum jemand. Ich erinnere mich, wie ein Personalentwickler ängstlich bat: »Können wir das nicht lieber ›Empathie‹ nennen?« Nein, können wir nicht. Denn die Liebe ist weit mehr.

Dass die Firma der Zukunft völlig anders als die heutige aussehen muss und wird, steht für mich außer Frage. Aber sie kann nicht allein von oben verändert werden, die Wende muss und wird sich auch unten vollziehen. Wenn jeden Morgen Mitarbeiter in die Firma kommen, die sich selbst

[*]   aus: Khalil Gibran, Der Prophet. Übersetzt aus dem Englischen von Karin Graf. © Patmos-Verlag der Schwabenverlag AG, Ostfildern 2010 (ursprünglich erschienen im Walter Verlag, Zürich 1973), S. 32 f.

nicht lieben, da kann sich das Management auf den Kopf stellen. Selbst Jesus als Vorstandsvorsitzendem wären die Hände gebunden und er würde sagen: »Warten wir ab, irgendwann werden sie aufwachen, ihr Herz für sich öffnen und begreifen, was sie sich täglich selbst antun. Sie wissen nicht, was sie da tun.«

Es geht nicht in erster Linie darum, dass Männer etwas anderes tun, einer anderen Arbeit nachgehen als bisher, sondern dass sie es anders tun und dass sie mit sich während ihrer Arbeit anders umgehen. Männer müssen in der Arbeit und schon auf dem Weg zur Arbeit ihren Weg zurückfinden zu sich selbst und zu einem neuen Selbstverständnis als Mann. Sie müssen und werden sich selbst neu erleben als Männer, die erst einmal sich selbst bewegen. Als bewusste, sich selbst und sich gegenseitig achtende Männer, die ein Gemeinschaftswerk tun, das wieder Freude macht. Ohne diese Reise zu sich selbst wird keine Arbeit einem Mann Freude machen.

Darum lade ich dich ein, jetzt eine Zwischenbilanz deines Lebens zu ziehen und dir dein bisheriges Schöpferwerk anzuschauen. Was hast du aus dir gemacht? Wie fühlen sich dein Körper, dein Grundlebensgefühl, deine Arbeit, deine Partnerschaft oder Ehe und all deine Beziehungen an? Was stimmt nicht mehr? Wo läuft es nicht rund? Wo fließt es nicht?
Übernimm deine Verantwortung für deine Schöpfungen, würdige deine Vergangenheit und entscheide dich für einen neuen Weg: für die Liebe, Wertschätzung und Würdigung dir selbst gegenüber und vor allem deinem Männerherzen gegenüber. Du hast immer die Freiheit, neu zu wählen und bewusst zu entscheiden, wer du sein willst in diesem Leben. Wähle jetzt neu!

6

Der Mann und sein Körper

⊞ Die männliche und weibliche Seite im Mann

Wenn wir uns und unsere Lebensverläufe besser verstehen wollen, müssen wir erkennen, dass es in jedem Mann und in jeder Frau zwei Seiten gibt: eine männliche und eine weibliche. Kein Mann ist hundertprozentig männlich und keine Frau nur weiblich. Diese männliche und weibliche Seite findet sich auch in unserer Art zu leben wieder. Es ist die Grundpolarität des Menschen, deren Gesetzmäßigkeit bis heute kaum Beachtung findet. Diese Nichtbeachtung und das Nichtwissen darüber fordern täglich einen hohen Preis.

Im Körper repräsentiert die rechte Körperhälfte das männliche und die linke Körperhälfte das weibliche Prinzip. Interessant zu beobachten ist, dass die meisten Menschen schwerpunktmäßig immer auf einer Seite ihres Körpers Beschwerden und Verletzungen haben, während die andere Seite hiervon weitgehend unbelastet ist. Denk einmal nach, auf welcher Seite hattest du bisher die meisten Beschwerden, Verletzungen oder Operationen? Hast du eine Ahnung, warum?

Wie in einem früheren Kapitel schon erläutert, wird der Körper vom Geist regiert. Das heißt, je einseitiger du das Männliche oder das Weibliche lebst, desto stärker muss dein Körper mit Symptomen hierauf antworten. Schmerzt zum Beispiel meist deine rechte Seite, vermute ich, dass du die Arbeit in deinem Leben sehr stark betonst, aber der Entspannung oder der Besinnung wenig Raum lässt. Um die beiden Seiten besser zu verstehen, hier einige Kernpunkte, die das männliche und das weibliche Prinzip repräsentieren. Anhand dieser Liste kannst du schon auf den ersten Blick sehen, was in deinem Leben zu kurz kommt und welche Seite du vielleicht übertreibst.

Männliches Prinzip	Weibliches Prinzip
Aktivierendes Prinzip	Zulassendes Prinzip
Rechte Körperhälfte	Linke Körperhälfte
Machen, Tun	Geschehen lassen, Sein
Denken	Fühlen
Reden	Schweigen
Kontrollieren	Vertrauen
Urteilen	Gelten lassen
Verurteilen	Vergeben
Trennen	Verbinden
Verstand/Kopf	Herz/Bauch
Stolz	Demut
Führen	Dienen
Anspannen	Entspannen
Druck machen	Nachgeben
Einatmen	Ausatmen
Festhalten	Loslassen
Sich zusammenreißen	Sich gehen/fallen lassen
Manipulieren, Verändern	Akzeptieren, so sein lassen
Arbeiten	Spielen, Faulenzen, Träumen
Schenken	Empfangen
Verteidigen	Nachgeben, Aufgeben
Bekämpfen	Annehmen, Lieben
hart	weich
digital	analog
Stärke	Schwäche

Männliches Prinzip	Weibliches Prinzip
Aktivierendes Prinzip	Zulassendes Prinzip
Erschaffen	Bewahren
Ziele verfolgen	Sich führen lassen
Plan	Intuition
Senkrechte	Waagerechte
Tag	Nacht
Sonne	Mond
Haben	Sein

Diese Gegenüberstellungen ließen sich beliebig erweitern. Es ist leicht zu erkennen, dass keine der Seiten besser ist als die andere. Beide Pole bedingen sich gegenseitig: Gäbe es das eine nicht, wäre das andere nicht vorstellbar.

Von frühester Kindheit an wird uns jedoch beigebracht, dass die männliche Seite besser und wichtiger sei als die weibliche. Wir werden angehalten, fleißig etwas zu tun, und für unser Faulsein wird bestraft. »Zuerst die Arbeit, dann das Vergnügen« und »Vertrauen ist gut, Kontrolle ist besser« oder »Haste was, biste was« versuchen uns diese, das männliche Prinzip betonenden Glaubenssätze einzureden.
Besonders dem Jungen wird – wie oben beschrieben – früh vermittelt, dass die Werte der weiblichen Seite im weitesten Sinn als »schwach« zu verurteilen sind, insbesondere alle Gefühle. Also wird schon der kleine Mann zum Kopfmenschen und verschließt sein Kinderherz, das eigentlich fühlen, lachen, weinen und spielen will. Paradoxerweise führt genau diese einseitige Betonung des männlichen Prinzips zu-

sammen mit der Abwertung der weiblichen Qualitäten dazu, dass der erwachsene Mann sich in seiner Männlichkeit völlig verunsichert fühlt und im Bereich des Körpers, des Berufes und der Partnerschaft scheitert oder herbe Niederlagen und Enttäuschungen einstecken muss.

Die Ablehnung der weiblichen Seite durch die Frauen (um sich von dem Lebensvorbild der Mutter abzugrenzen) führt auch bei ihnen dazu, dass sie an ihren Körpern leiden und in ihren Partnerschaften scheitern und im Beruf oft zum Halbmann mutieren, je höher sie auf der Karriereleiter klettern. Während sie das vermeintlich schwache Weibliche ablehnen, setzen sie auf männliches Denken und Verhalten, ziehen innerlich und äußerlich die Hosen an und haben dann vor allem im Bett ein großes Problem damit, sich fallen zu lassen und ins Fließen, zum Orgasmus zu kommen. Und solche verhärteten, männlichen Frauen ziehen oft solche Männer an, die (zuweilen unter einer dünnen, harten Schale oder Maske) weich, schwach und weiblich sind. Die Anziehungskräfte sorgen dafür, dass sich immer die Richtigen finden. Diese Frauen dürfen sich dann nicht wundern, wenn nicht nur sie mit ihrer Sexualität Schwierigkeiten haben, sondern auch ihre Partner, die oft unter Potenzproblemen leiden. Erst wenn die Frauen wieder weich werden, und ihre »Rüstungen« ablegen, kann bei den Männern etwas hart werden.

Zurück zum Mann. Da ihm seit seiner Kindheit erklärt worden ist, er solle stark sein, beginnt er alles vermeintlich Schwache, besonders seine Gefühle, abzulehnen, zu verdrängen und zu bekämpfen. Was wir aber ablehnen, das ermächtigen wir. Lehnen wir unsere schwachen Seiten ab, beziehungsweise leben wir die weibliche Seite nicht oder kaum (das Träumen, Spielen, Faulenzen und Entspannen), bekommt die weibliche, linke Seite in uns immer weniger Nahrung, während die rechte vor Überlastung mit der Zeit zu schmerzen beginnt.

Wirklich stark sein kann also nur der Mann, der sich mit seinen vermeintlich schwachen Seiten, dem Weiblichen in ihm, anfreundet und ihm Raum gibt nach dem Motto »Alles in mir darf da sein und leben!« Wie kann der Mann diese Seite nähren und leben? Zunächst dadurch, dass er sich diese Seite ausdrücklich zugesteht und ihr auch Raum gibt im Alltag. Zum Beispiel durch etwas, das in der waagerechten Haltung, im Liegen oder Sitzen stattfindet, wie Massage, Saunieren, im Liegestuhl oder der Badewanne entspannen. Einmal einen halben oder ganzen verregneten Sonntag mit einem Roman im Bett zu verbringen, kann für Körper, Geist und Seele ein kleiner Urlaub sein. Andere, die weibliche Seite unterstützende Elemente finden wir in der Musik, in der Meditation, im Gesang, im Wasser, bei einem besinnlichen Spaziergang oder einer leichten Wanderung, im Spiel, vor allem mit Kindern, beim Lesen guter Bücher, die das Herz berühren, durch Theater, Film, Museum, Konzert, Zirkus oder Zoo, also alles, bei dem eher das Herz, das Gefühl und das Kind in uns angesprochen wird.

Stellt der Mensch keinen Ausgleich her zwischen den Polen des Weiblichen und Männlichen, besteht die hohe Wahrscheinlichkeit, dass dieser Mensch am Ende seines Lebens für ein paar Jahre in den weiblichen Pol, das heißt in die Waagerechte gezwungen und zum »Pflegefall« wird. Auch diese bittere Erfahrung erschafft der Mensch sich selbst, sie fällt nicht zufällig vom Himmel. Es sind fast immer kontrollierende, ständig schaffende, sich für andere aufopfernde und selten an sich selbst denkende Menschen, die sich am Ende hilflos füttern und den Hintern abwischen lassen müssen. Eine bittere, mit Scham, Schuld und Ohnmacht verbundene Erfahrung für den ehemals so stolzen Menschen, der nicht von anderen abhängig sein wollte. Anstelle einer Pflegeversicherung empfehle ich jedem, die hier beschriebenen Zusammenhänge zu verinnerlichen und sein Leben so ausgleichend zu gestalten, dass unsere beiden Seiten genährt werden.

Mann und Frau haben von ihrem Wesen eine völlig unterschiedliche Beziehung zum männlichen und zum weiblichen Prinzip. Er kommt aus dem Männlichen und hat die Aufgabe, seine Männlichkeit in sich zu entwickeln und in seinem Leben zu entfalten. Das fällt ihm nicht automatisch zu. Wir brauchen also keine weiblichen Männer, die sich an Mutter oder Frau orientieren, sondern männliche Männer, die stolz auf ihr Mann-Sein sind, die sich jedoch von ihrem Herzen führen lassen und mit sich selbst, ihren Mitmenschen, mit Mutter Erde und dem Göttlichen in einer lebendigen, liebenden Beziehung stehen. Hierzu benötigen sie die Abnabelung von der Mutter und die innere Verbindung zu ihrem Vater wie zu den männlichen Ahnen.
Stehen Männer gut in ihrem männlichen Prinzip, können sie erfolgreich Werte wie Klarheit, Ordnung, Struktur, Wille, Entscheidungsfreude, Disziplin, Beharrlichkeit, Verlässlichkeit und Kreativität in der Arbeit wie im Privaten leben. Gleichzeitig können sie Werte des weiblichen Prinzips in sich und in ihr Leben integrieren – Hingabe, Dienen, Lieben, Vertrauen, Empfangen, Intuition, Nachgeben, Verbinden oder Versöhnen.

Entsprechend kommt die Frau aus dem Weiblichen und hat die Aufgabe, Frieden zu machen mit der verzerrt gelebten Weiblichkeit der Mütter vieler Generationen und den Kern ihrer Weiblichkeit wieder lieben und feiern zu lernen. Zugleich integriert sie Werte des männlichen Prinzips in sich, ohne zum Halbmann zu mutieren. Die starke Frau ist dann nicht eine männliche Frau, die sich ihre Anerkennung durch Leistung verdienen muss, sondern eine Frau, die in sich selbst ruht und ihre Weiblichkeit mit Freude selbstbewusst ausstrahlt und sich selbst bewundert.

⊞ Mach deinen Körper zu deinem besten Kumpel

Der Körper des Mannes ist – bei der Mehrzahl der Männer – ein wirklich bedauernswertes Geschöpf, um nicht zu sagen, eine »arme Sau«. Denn der Normalmann behandelt seinen Körper saumäßig, dagegen geht's den Schweinen im Stall blendend. Er tut das, weil er keine Ahnung hat von diesem Wunderwerk »Körper«, das ihm vom Leben geschenkt wurde. Er behandelt ihn in der Regel schlechter als sein Auto und fragt sich kaum, woher seine Schmerzen und Blessuren stammen. Er übernimmt also keine Verantwortung für ihn. Und auch die, die häufig joggen, Rennrad fahren, Extremsportarten betreiben oder in die Muckibude gehen, ahnen kaum, was sie sich, ihrem Körper und ihrer Seele damit antun. Beide wünschen sich etwas anderes.

Der Körper hat nichts mit einer Maschine zu tun, die hart rangenommen und gestählt werden muss, sondern ist ein hochintelligentes, empfindsames Wesen, das genau weiß, was der Mann, der zu ihm gehört, denkt, fühlt, spricht und handelt. Er besteht aus über einer Billiarde Zellen, die ständig darauf reagieren, wie der Mann im Innern mit sich und seinem Leben umgeht. Alles, was dein Körper zeigt an Wohlgefühl oder Schmerz, ist eine Reaktion auf das, was du innerlich mit dir anstellst.

Er ist also sowohl ein perfekter Spiegel deines Bewusstsein (oder meist Unbewusstseins) und zugleich dein treuester Diener. Er tut alles für dich und hält solange durch, bis er nicht mehr kann. Er hat keinen eigenen Willen, sondern ist völlig abhängig vom Geist, der ihn regiert. Sobald er Einschränkungen oder Schmerzen zeigt, will er dir etwas sehr Konkretes mitteilen und fordert dich zu einer Kurskorrektur auf. Aber nur wenige Männer kümmern sich um diese Informationen ihres Körpers, sondern wollen das Unangenehme, das er zeigt, so schnell wie möglich wegmachen, oder ignorieren es, solange es geht, nach dem Motto »Geht schon noch« oder »Was uns nicht umbringt, macht uns härter.«

Männer haben schwerpunktmäßig andere Beschwerden und Krankheiten als Frauen. In meinen Seminarumfragen und in den Antworten auf meinen Männerfragebogen (siehe am Ende des Buches) werden auffällig häufig folgende Symptome genannt, unter denen Männer leiden:

- Rückenschmerzen, besonders an Bandscheiben und Lendenwirbeln
- Atembeschwerden (verbunden mit einem Druck auf der Brust)
- Schulter- und Nackenschmerzen
- Gelenkschmerzen, vor allem in den Knien
- Herzprobleme (diffuser Schmerz, Stiche, Rhythmusstörungen)
- Magenprobleme (Übersäuerung, Gastritis, Magengeschwüre)
- Prostatabeschwerden und Hodenkrebs
- Potenzprobleme bis Impotenz
- Nierenprobleme und Brennen beim Urineren
- Tinnitus

Das sind nur einige der vermehrt auftretenden Körpersignale bei Männern. In diesem Buch ist nicht der Platz, auf alle Symptome ausführlich einzugehen. Ich empfehle aber jedem, der einen Funken Interesse an einem gesunden Körper hat, eine Neugier dafür zu entwickeln, was ihm sein Körper sagen will, und etwas im Umgang mit sich selbst zu ändern.

Der physische Körper ist einerseits Materie und diese ist immer vom Geist abhängig, das heißt, die Materie folgt immer dem Geist. Andererseits haben die Zellen deines Körpers ein Zellbewusstsein. Wie du über dich denkst, wie du tagsüber im Innern mit dir umgehst, ob lieblos oder liebevoll, ob bewusst oder unbewusst, kannst du an deinem Körper ablesen. Je mehr dein Körper leidet, desto weiter hast du dich von dir selbst entfernt und dich von deinem Körper getrennt. Er will jetzt wieder mit ins Boot von Körper-Geist-Seele genommen werden. Er will bewusst von dir bewohnt werden: Das heißt, er fragt dich ständig, ob du ihn weiter als eine Art Lastesel betrachten und behandeln willst, der auf Dauer immer schwächer wird und seine Blessuren zeigt, oder ob du jetzt die Verantwortung als Besitzer, Gestalter und Nutznießer deines Körpers übernehmen willst.

Den Zustand, in dem sich dein Männerkörper heute befindet, hast du selbst erschaffen. Diesen Gedanken weisen die meisten Menschen bis heute empört von sich. Denn das wäre ihnen doch peinlich, sich selbst so viel Leiden erzeugt zu haben. Aber genau das tun wir. Jede Narbe, jede Schwäche, jeder Schmerz und jede Krankheit hast du unbewusst erzeugt, vor allem durch deine Gedanken über dich und das Leben und durch die Gefühle, die in dir sind, denen du aber bis heute das verweigerst, was sie sich sehnlichst von dir als ihrem Schöpfer wünschen: dass du sie endlich wahrnimmst, annimmst und bejahend fühlst.

Solange du das nicht tust, sind vor allem sie es, die deinen physischen Körper belasten. Eine Reihe von Autoren, angefangen bei Rüdiger Dahlke, haben mit ihren Büchern Fleißarbeiten abgeliefert, in denen die Zusammenhänge zwischen Psyche, also Bewusstsein, und Körper überzeugend dargestellt werden. Die Schulmedizin weigert sich seit dreißig Jahren, diese Informationen zur Kenntnis zu nehmen und ihren Patienten mitzuteilen. Warum, kann sich jeder denken. Ich bin sicher, dass sich die Medizin und die Psychologie in den nächsten Jahren radikal verändern werden in ihrer Sicht vom Menschen und von seinem Körper. Denn der Unfug, den wir bisher mit vielen Milliarden Euro öffentlicher Mittel für unser »Gesundheitssystem« (stimmiger wäre »Krankheitssystem«) bezahlen, wird in Zukunft nicht mehr finanzierbar sein.

Hier nur stichwortartig ein paar der wichtigsten Zusammenhänge zwischen Geist, Psyche und Körper des Menschen:

Magengeschwüre, saurer Magen

Der ganze Körper und besonders der Magen werden übersäuert, wenn wir Ärger und Wut nicht angemessen ausdrücken, aussprechen und fühlen, sondern ständig hinunterschlucken. Bei jedem Hinunterschlucken produziert der Magen Säure, die aber nichts vorfindet, was sie zersetzen kann. Folglich bleibt ihr nur die Magenschleimhaut übrig, in die sie Löcher hineinfrisst, die wir als »Magengeschwür« bezeichnen. Auf ähnliche Art entstehen Gallensteine und ein chronisch übersäuerter Körper. Aus feinstofflicher Wut entstehen grobstoffliche Kristalle (wie Gallen- und Nierensteine), die sich auch in vielen Gelenken schmerzlich zu Wort melden.

Fragen an dich: Was machst du, wenn du dich über jemanden aufregst oder richtig sauer bist? Wie gehst du mit Ärger, Wut, Zorn und Hass um? Wie viel davon schluckst du ständig runter?

Rückenschmerzen, Bandscheibenprobleme

Wer sich chronisch anstrengt und sich zusammenreißt, wo die innere Stimme sagt: »Das stimmt nicht für dich, das tut dir nicht gut«, wird es körperlich zu spüren bekommen. Jeder Gedanke wie »Reiß dich zusammen, halt durch, mach nicht schlapp!« schädigt den Körper, wenn er oft oder regelmäßig gedacht und wenn danach gelebt wird.

Frage an dich: Wie oft und wie sehr reißt du dich im Leben zusammen und strengst dich chronisch an?

Die Bandscheiben sind kleine, flexible Puffer zwischen den Wirbeln. In deiner Wirbelsäule stellen die weichen Bandscheiben das weibliche Element und die harten Wirbeln das männliche Element dar. Wer einseitig immer nur stark sein will und dem Schwachsein, dem Entspannen, Fallenlassen, Genießen oder Faulenzen keinen Raum gibt, der nimmt seiner Wirbelsäule die Flexibilität. Je starrer der Lebensstil und das Denken, desto mehr werden Rücken, Bandscheibe und die Gelenke leiden.

Frage an dich: Wie genussvoll lebst du? Wie oft erlaubst du dir Entspannung, Stille, Besinnung und gibst dir die Erlaubnis, auch einmal schwach sein zu dürfen?

Knie- und andere Gelenksprobleme, Knochenbrüche

Gelenke sorgen für die Beweglichkeit des Körpers. Ein Körper, der von einem starren, unbeweglichen Geist regiert wird, kann auf Dauer nicht beweglich bleiben. Auch hier folgt der Körper dem Geist und erstarrt an seinen Gelenken. Die Knie beugen wir zum Beispiel beim Treppensteigen oder Wandern. Wer sich im Leben nicht beweglich zeigt, sondern starr, wer harte Urteile in seinem Denken fällt über sich und andere, wer sich auf den einen Standpunkt versteift und den Standpunkt des anderen nicht gelten lässt, der gibt auch seinen Gelenken damit unbewusst den Befehl: Werdet starr, ich tue es auch im Geist. Bricht sich jemand einen Knochen, hat der Betroffene in der Regel zu einem Thema über längere Zeit eine sehr starre Geisteshaltung eingenommen. Reißen Bänder, hat er in seinem Denken und Handeln etwas überspannt.

Fragen an dich: Wie erstarrt ist dein Denken über dich, die anderen und das Leben? Wie oft verurteilst du dich und andere? Wie starr trennst du in »die Guten/die Bösen«, in »gut/schlecht«, »falsch/richtig«? Wie gut kennst du den Gedanken in dir: »Ich darf mich nicht gehen lassen«?

Herzprobleme

Das Herz habe ich im Buch schon oft erwähnt. Es ist das größte Problem des Normalmannes, dass er schon als Junge sein Herz verschlossen und seinen Kopf zum Chef im inneren Haus gemacht hat, der zur Stimme seines Herzens keinen Draht mehr hat. Dieser Mann lehnt das Fühlen seiner Emotionen als unmännlich beziehungsweise weiblich ab. Er verbaut sich dadurch auch den Zugang zum Lieben sowie zu Verständnis, Zärtlichkeit, Mitgefühl, Ehrlichkeit und

Freundschaft. Als Erstes verschließen sich die feinsten Kapillaren, das Herz verkrampft sich, sticht oder springt im Dreieck. Es signalisiert: Ich kann das nicht länger mitmachen; was du da lebst, das ist nicht in meinem Rhythmus, das ist nicht rund, sondern eckig.

Fragen an dich: Wie oft nimmst du dir Zeit, deine innere Stimme, die Stimme deines Herzens, wahrzunehmen? Wie herzlich und liebevoll gehst du mit dir selbst um? Und wie verkopft führst du dein Leben?

Tinnitus

Beim Tinnitus pfeifen deine inneren Spatzen es von den Dächern, dass es in dir einen ungeheuren Lärm geben muss, den du dich weigerst, zur Kenntnis zu nehmen. Es ist der Lärm deiner Gedanken, deiner verdrängten Gefühle, deiner nicht angegangen Probleme und Konflikte. Er zeigt an, dass du innerlich chronisch in Unruhe bist und aus deiner inneren Mitte gefallen bist. Oft gesellen sich Schlafstörungen hinzu, denn nachts hat deine Seele oft die einzige Gelegenheit, deine Aufmerksamkeit zu bekommen, weil du dich tagsüber in deinen Projekten, im ständigen Tun und Machen verfangen hast.

Fragen an dich: Wie oft gönnst du dir Auszeiten, um zur Besinnung zu kommen, raus aus dem Denken? Wie viele Themen und Probleme stecken in dir, die gelöst werden wollen, vor denen du bisher aber weggelaufen bist?

In dieser Zeit, in der sich die Energiefrequenzen auf Mutter Erde und in unserem Sonnensystem dramatisch erhöhen, muss unser physischer Körper sich dann vermehrt schmerzhaft zu Wort melden, je mehr Energieblockaden er aufweist.

Je langsamer er aufgrund der beschriebenen Altlasten (wie innere Blockaden, verdrängte Emotionen, Verstrickungen mit anderen und Unfrieden mit der Vergangenheit) schwingen muss, desto stärker gerät er in Konflikt mit der ihn umgebenden immer höher schwingenden Energie. Darum erkranken heute mehr und mehr Menschen oder erleiden kleine oder größere Unfälle, damit sie eine geistige Umkehr vollziehen und sich bewusster als schöpferische Wesen wahrnehmen, Blockaden wie Unfrieden mit sich und der Vergangenheit, unterdrückte Emotionen und unwahre Gedanken lösen und hierdurch ihre Energiekörper durchlässiger und höher schwingender machen.

Ich empfehle dir, deinen Körper zu deinem besten Freund, zu deinem geliebten und geschätzten Kumpel zu machen und ihm dies jeden Tag mehr und mehr zu beweisen. Wodurch? Indem du anfängst, auf seine vielfältigen Signale zu hören, und lernst, ihn immer besser zu verstehen. Er sagt dir genau, wann es Zeit ist, eine Pause einzulegen und zu entspannen. Er zeigt dir mit seinen Symptomen, wo du dich verrannt hast, wo du die innere Beziehung zu dir selbst verloren hast.
Neben deiner Aufmerksamkeit und deinem Interesse für ihn wünscht sich dein Körper als Zweites von dir deine Liebe. Ja, du hast richtig gelesen: Dein Körper wünscht sich, von dir spürbar geliebt zu werden. Er hört alles, was du über dich und auch über ihn denkst und fühlst. Deine Liebe und Annahme ist die beste Nahrung für deinen Körper. Liebe ihn so, wie er jetzt ist, samt Bauch, Falten oder Schmerzen, die du bisher abgelehnt oder bekämpft hast.
Und ein drittes Geschenk, das du ihm machen kannst, heißt »Dankbarkeit«. Fang an, ihm jeden Tag zu danken für sein ständiges Dienen. Danke ihm als Gesamtorganismus und danke seinen Organen, deinem Herzen wie deiner Haut, deinen

Beinen und Armen, deiner Lunge und deinem Kopf, deiner Prostata, deinen Hoden und deinem Penis. Ja, bedanke dich bei ihm für die Freuden, die du mit ihm erleben kannst.

Der Japaner Masaru Emoto, der in den letzten Jahren in Deutschland bekannt wurde, hat in Tausenden von Experimenten nachgewiesen, dass Wasser auf die Schwingungen von Gedanken, Gebeten, Worten oder Musik unmittelbar reagiert. Seine berühmtesten Experimente zeigen, wie Wasser in einem Glas die Energie eines geschriebenen Wortes »liest« (aufnimmt) und seine Kristallstruktur verändert. So veränderte sich Wasser, das auf dem Wort »Danke« stand, zu einer schönen Kristallstruktur, während das Wasser, das man in einem Glas auf das Wort »Dummkopf« gestellt hatte, anschließend keine kristalline, sondern eine konturlose, amorphe Struktur aufwies. Mit den schönsten Kristallen reagierte Wasser auf die Kombination von »Liebe« und »Dankbarkeit«.
Wenn schon stehendes Wasser in einem Glas dermaßen lebendig auf geschriebene Worte reagiert, wie stark erst muss das Wasser unseres Körpers (aus dem er zu über siebzig Prozent besteht) auf die Gedanken, Gefühle, Worte und Handlungen des Menschen reagieren, dem er angehört? Schenke darum deinem Körper Liebe und Dank. Mach ihn zu deinem besten Freund und lass ihn das täglich wissen, ob unter der Dusche, beim Autofahren oder wenn du dich selbst befriedigst.

Wenn du eine Anleitung haben willst, wie du selbst deinen Körper heilen oder gesund erhalten kannst, dann hör dir die CD »**Meinen Körper durch Liebe heilen**« einmal an. Du findest darauf zwei sehr wirkungsvolle Meditationen, eine für den Gesamtkörper und eine für ein geschwächtes oder erkranktes Organ. Ebenfalls empfehle ich dir, einmal meinen

Vortrag auf CD anzuhören mit dem Titel »**Glücklich in einem gesunden Körper – ein Leben lang**«.

▦ Erschöpfung, Burnout und Depression

Wenn du abends regelmäßig erschöpft nach Hause kommst, dann hast du etwas Wesentliches im Leben nicht verstanden. Chronische Erschöpfung ist so unnatürlich wie eine Katze, die abends todmüde nach Hause kommt, umfällt und für drei Stunden nicht mehr aufsteht, oder wie ein Baum, der morgens aufwacht und denkt: »Scheißtag, schon wieder muss ich heute einen Millimeter wachsen.« Erschöpfung ist Ausdruck dafür, dass du über längere Zeit extrem einseitig gelebt und das Gesetz des Ausgleichs nicht beachtet hast.
Du hast vermutlich einseitig auf den Kopf und das Denken, das Tun und Machen gesetzt, warst vor allem für andere oder für die Arbeit da und wenig für dich selbst. Dein Kopf ist wahrscheinlich voller ungeordneter Gedanken und Sorgen. Du hast dich von dir wegbewegt, weil dir niemand gesagt hat, dass du der wichtigste und erste Mensch bist, um den du dich liebevoll kümmern musst. Wer aber nicht gut für sich selbst sorgt, wird auch für die anderen auf Dauer zur Last, für den Partner, die Kinder und auch für die Firma.

Erschöpfung ist das Gegenteil von bewusstem Schöpfertum. Der Erschöpfte gibt die Verantwortung für sein Glück ab, weil er vielen unwahren Gedanken Glauben schenkt, die meist beginnen mit »Ich muss …«, »Ich sollte …«, »Ich kann nicht …« oder »Ich habe keine Wahl …«. Deine äußeren Verpflichtungen, für deine Familie zu sorgen oder deine Schulden abzahlen zu müssen, sind eine Tatsache, aber wie du damit umgehst, ist deine Wahl, die hast du aber nicht bewusst getroffen. Wenn du nur noch für die Arbeit lebst und ranklotzt, ziehst du den wichtigsten Stecker aus deiner Steckdose und beraubst dich der Energien, die dir zur Verfügung stehen.

Es ist nicht die entscheidende Frage, wie viele Stunden du arbeitest, sondern ob du bei der Arbeit bei dir und in dir anwesend bist, oder ob du alle Sinne abgeschaltet hast. Viele Männer trinken den ganzen Tag kaum ein Glas Wasser oder bemerken um vier Uhr nachmittags, dass sie den ganzen Tag noch nichts gegessen haben außer dem kargen Frühstück, hastig zwischen Tür und Angel oder beim Autofahren reingezogen. Auch wenn wir zehn oder mehr Stunden am Tag arbeiten, können wir in Kontakt mit uns bleiben und den Tag auf unsere Art wieder takten. Die Pausen, selbst die kleinen auf dem Klo, können wir nutzen, um wieder zu uns selbst zu kommen und für drei Minuten bewusst zu entspannen. Wer seinem Tag nicht selbst eine Struktur gibt und ihn auf diese Weise taktet, der kommt leicht aus dem Takt, aus dem Gleichgewicht.

Wenn du als »Workaholic« nach Arbeit süchtig bist, dann hast du dich selbst vergessen und den Kontakt zu deinem Herzen abgebrochen. Bei jedem suchtähnlichen extremen Verhalten, auch beim Sport, beim Saufen, am Computer oder beim Sex, darf der Mann sich fragen: Wovor will ich weglaufen, von was will ich mich wegsaufen oder wegbeamen, was will ich nicht sehen und spüren? Der Computersüchtige flüchtet sich in eine virtuelle Welt, weil ihm die reale zu schwierig erscheint, weil sie ihn überfordert, wie er meint. Immer mehr Männer ziehen selbst das Pornovideo am PC dem wirklichen Sex vor. Hier müssen sie sich nicht mit einem Menschen auseinandersetzen, der mehr ist als ein

Körper. Im Innern spüren diese Männer aber, dass es keine wirkliche Lösung ist, sondern eine Notlösung genauso wie der Gang in den Puff.

Sucht und Erschöpfung bis zum Burnout und der Depression gehören zu den auffälligsten Krisenzeichen des Mannes. Beim Burnout-Syndrom und der Depression ruft die Seele über den Körper ein verzweifeltes »STOP! Jetzt reicht's!« Sie zwingt den Mann in die Waagerechte, er hat das Gefühl, als habe er Blei im Körper, das ihn nie wieder aufstehen lässt. Auf diese Weise zwingt die Seele ihn, völlig aus dem Machen auszusteigen und bei sich anzukommen, ganz besonders bei dem, was ihn psychisch bedrückt und auf ihm lastet. Der Körper zwingt ihn, den ungeliebten Gegenpol vermeintlich männlicher Stärken, allen voran Ohnmacht und Trauer, Hilflosigkeit und Schwäche zu fühlen, die er sich in den Jahrzehnten ständigen Druckmachens und Zusammenreißens nie erlaubt hat. Es sind tonnenschwere Lasten, die Männer im Vorfeld von Burnout oder Depression bereits auf der Brust und auf den Schultern spüren. Besonders die nie gefühlte Trauer, die wir an vielen Männergesichtern ablesen können, wird im Körper als Schwere wahrgenommen, aber nicht als solche erkannt. Chronisch unterdrückte Trauer wird zur Depression. Und die Enge in Brust und Hals spiegelt die über Jahre chronisch verdrängten Ängste wieder, die sich am Ende zu Panikattacken auswachsen.

Fast alle Männer, die ich mit solchen Symptomen in der Therapie oder in Seminaren traf, wussten im Innern genau, dass sie sich das selbst eingebrockt hatten. Aber sie dachten, es gäbe keine Alternative zu ihrem Lebensstil oder sie wussten nicht, wo sie anfangen sollten, etwas zu verändern. Es hat für mich den Anschein, dass das Maß des Leidens unter Männern, das sie solange verstecken, wie es nur geht, mittlerweile solche Ausmaße angenommen hat, dass es jetzt zu einem allgemeinen Aufwachen kommen kann. In meinen Männerseminaren erlebe ich immer wieder, wie schnell Männer zu einer Änderung bereit sind, wenn sie von Beispielen anderer Männer hören und deren konkrete Schritte aus ihrem alten Zustand hinaus verstehen.

⊞ Sport, Bewegung und andere Gesundheitstipps

Die Gesundheit und Beweglichkeit deines Körpers wird zu allererst von der Gesundheit, Klarheit und Beweglichkeit des Geistes in dir bestimmt. Wenn du Schwere, Druck oder Enge in deinem Körper spürst, hast du über lange Zeit schwermachende, druckvolle und einengende Gedanken über dich und das Leben gedacht und dich diesen Gedanken entsprechend durchs Leben bewegt.

»Bewegt euch, aber bewegt euch geistig! Ihr müsst keinen Sport machen und daran hängen bleiben«, heißt es in meinem Doppelbetten-Buch. Was heißt, sich geistig bewegen? Es bedeutet, die ungeklärten Stellen in uns genau zu betrachten und sie zu hinterfragen. So viele Fragen lassen wir offen am Wegrand liegen und kümmern uns nicht um eine klare Antwort. So viele offensichtliche Probleme in der Partnerschaft, mit den Eltern oder im Job drücken immer wieder auf unsere Lebensstimmung, aber wir lassen sie schmoren.
Genauso vollgestopft wie der Keller oder Speicher mit dem ganzen Gerümpel und Kram, den wir nie wieder benutzen, ist auch unser Kopf. Auch hier spiegelt das Äußere das Innere. Zeig mir deinen Keller und ich sage dir, wie viel Un-

ordnung und Unklarheit in dir stecken müssen. Auch all das Aufschieben wichtiger Angelegenheiten wie der Steuererklärung, der schon lange fällige Gang zur Behörde und Ähnliches, deuten darauf hin, dass sich viel im Mann angesammelt hat. Und viele Männer hoffen, die Frau möge es ihnen aus dem Weg schaffen.

Der Mann, der versucht, seine körperliche Gesundheit durch Fitnessgeräte, Joggen, Rennradfahren oder Extremsportarten zu verbessern, arbeitet an der falschen »Baustelle«, er versucht, das Pferd von hinten aufzuzäumen. Natürlich liebt unser Körper Bewegung, aber nicht das lieblose Gehetze, bei dem Männer mit heraushängender Zunge durch den Park rennen. Einem Jogger kannst du schon auf fünfzig Meter Entfernung ansehen, ob er mit seinem Körper Unfug treibt und ihn quält, ob er sich liebt oder schindet.

Viele Jogger und Marathonläufer berichten, dass sich ab einem bestimmten Punkt ein Wohlgefühl in ihnen einstellt, das einem kleinen Rausch nahekommt. Dieses Gefühl wollen sie immer wieder erleben, und so glaubt der Kopf: »Ich brauche das einfach. Das tut mir gut.« Das hat mit Liebe zum Körper und mit einem klugen Umgang mit ihm nichts zu tun. Ich behaupte: Die meisten Jogger, Marathonläufer und Fitness-Center-Gläubigen laufen vor etwas davon, das sich in ihnen befindet, allem voran Gefühle der Leere, der Minderwertigkeit und der Angst. Oft genießen sie sogar den Schmerz und die Erschöpfung des Körpers und meinen dazu: »Dann spüre ich mich erst richtig.«

Wenn du Lust am Laufen hast, dann empfehle ich dir, sehr langsam zu laufen, um im Kontakt mit deinem Körper und mit der Erde zu bleiben. Lauf so langsam, dass du ohne große Anstrengung sprechen kannst und du wirst spüren, wie sich dein ganzer Körper wohlfühlt, und am Ende kein Erschöpfungsgefühl da ist. Mach es sanft und geschmeidig und achte darauf, dass deine Haut nur ein wenig feucht wird. Unterlass alles, wodurch du ins Schnaufen oder ins hechelnde Atmen kommst. Alles, was gleichmäßig und harmonisch abläuft, ist empfehlenswert.

Wir leben dann ungesund, wenn wir uns tagsüber schinden und keinen Kontakt zu unserem Körper haben und am Abend glauben, mit Sport einen Ausgleich herstellen zu können. Das ist nicht schlüssig und ähnlich unsinnig wie das Verhalten der Frau, die abends zum (weiblichen) Yoga geht, während sie sich tagsüber unbewusst und auf männliche Art durch ihre Arbeit quält. Es geht darum, dass wir den ganzen Tag über wach und bewusst bleiben, unseren Körper gut spüren und mit uns sanft und locker umgehen.

Ein Tag bietet tausend Gelegenheiten, Bewusstheit zu üben, tief zu atmen, immer wieder in eine kleine Entspannung zu gehen und zu spüren, wie es uns gerade geht. Alle Dinge, die wir tun, ob telefonieren, Treppen steigen, Auto fahren, am PC arbeiten, essen, atmen oder pinkeln, können wir – wenn wir uns dazu entscheiden – immer achtsamer und bewusster machen, ohne uns dabei zu verlieren. Das Wesentliche ist nicht, was du tust, sondern es kommt auf das Wie an. Und darüber entscheidest du selbst. Beobachte dich zum Beispiel einmal bewusst einen Tag lang dabei, wie du zur Toilette gehst (was wir circa sieben- bis zehnmal am Tag tun). Bist du mit deinen Gedanken woanders oder bei dir im Hier und Jetzt?
Natürlich sagt der Verstand, auf die Toilette zu gehen, sei keine besonders wichtige Sache. Aber das ist ein Irrtum. Alle Dinge, die du tust, haben eine gleich hohe Bedeutung für dein Leben, weil es hierbei immer um dich geht. Es gibt nichts Unwichtiges, außer du hältst dich selbst für unwichtig. Die Kernfrage bei allem ist: Bist du da oder bist du ab-

wesend? Wenn du auf der Toilette gerade an deine Arbeit denkst, dann bist du jetzt nicht bei dir und du verpasst diesen Augenblick. Du lebst hier nicht wirklich, sondern nur dein Verstand. Du kannst diese scheinbar unwichtige Aktivität nutzen, um besser für dich zu sorgen, indem du aus deinen Klopausen kleine bewusste Entspannungspausen und bewusste Augenblicke machst, tief durchatmest und die Empfindungen deines Körper genau wahrnimmst, unten loslässt und von oben neue Energie empfängst. Nenn es die »Klo-Meditation«.

Hier noch einige einfache Hinweise zur wirkungsvollen Unterstützung deines Körpers, für seine Reinigung, Kräftigung und für einen guten Energiefluss.

Wechselbäder für die Füße

Die Füße haben für den Mann eine große Bedeutung für sein Stehen und Gehen auf dieser Erde. Aus Mutter Erde fließt uns über die Füße unendlich viel Energie zu, dafür müssen wir offen sein und sie bewusst empfangen. Wenn unsere feinstofflichen und unser grobstofflicher Körper jedoch energetisch blockiert und verstopft sind, können diese Energien von unten wie die von oben, aus dem Kosmos und der Sonne, nicht in unsere Körper fließen.

Über seine Füße kann der Mann seinen Körper, besonders seine feinstofflichen Körper sehr wirkungsvoll reinigen und alte, blockierende Energien aus seinem Körper ziehen lassen. (Die Frau reinigt sich vor allem durch ihre Blutungen oder durch Sitzbäder über ihr Wurzelchakra.) Sehr empfehlenswert ist es, entweder zweimal pro Woche ein Fußbad mit basischem Salz zu machen (dreißig Minuten), oder mehrmals pro Woche Fuß-Wechselbäder durchzuführen. Letztere stärken nicht nur das Immunsystem, sondern haben eine klärende und stabilisierende Wirkung für den Mann.

Massiere deine Füße am Morgen mit Öl und gönne dir öfters Fußmassagen. Es ist unglaublich, welche Power du bekommst und spüren kannst, wenn deine Fuß-Chakren (Energiezentren) offen sind und die Energien fließen. Mach dir klar, dass deine Füße die entscheidende Kontaktstelle zu Mutter Erde sind, aus der dir unendlich viel Energie zufließen will. Ob du dafür offen bist und sie annimmst, entscheidest du selbst allein.

Täglich leichte Eiweißzufuhr und anschließend kleine Bewegungsübungen

Männern sollten sich ein- bis zweimal täglich eine leichte Eiweißzufuhr durch Fleisch, Huhn, Fisch oder Joghurt gönnen oder auch einmal durch eine Sojakapsel, gepaart mit Aufmerksamkeit und Bewegung für die Muskeln. Anstelle des Laufens oder des Krafttrainings wird empfohlen, bald nach der Eiweißzufuhr deinen Muskeln Aufmerksamkeit zu schenken und durch einige sanfte, aber bewusst durchgeführte Übungen (ein paar Kniebeugen, Armbeugen, Dehnübungen) deinen Muskeln die Informationsaufnahme des Eiweißes zu erleichtern. Deine Aufmerksamkeit bei den Übungen weist dem Eiweiß den Weg zu den Muskeln. Jede extreme körperliche Betätigung beim Sport greift die Eiweißdepots des Körpers zu stark an und führt letztlich zu einem Verlust an Energie und Leistungsfähigkeit. Diese Depots sind weit größer als bei einer Frau und für die Muskeln des Mannes wichtig.

Qualität bei der Nahrung

Männer gehen, was das Essen betrifft, extrem schludrig mit sich um, weil sie sich der Bedeutung und Empfindsamkeit ihres Körpers und seiner Zusammenhänge mit dem Geist nicht bewusst sind. In diesem Punkt kommt ihre Unliebe zu sich selbst besonders stark zum Ausdruck. Dabei gehört das Essen zu den wichtigsten Ritualen des Menschen. Es geht um weit mehr, als nur ein paar Kalorien zu sich zu nehmen. Mach dir beim Essen klar, dass du hierbei ein Stück von Mutter Erde verstoffwechselst. Iss nicht einfach nur, um satt zu werden, sondern tue es bewusst in einem größeren Zusammenhang.

Du lebst durch das Essen eine Verbindung zu Mutter Erde und mit der Art, wie du isst, zeigst du ihr und all deinen Zellen und Organen, wie groß dein Ja zum Mensch- und Mann-Sein hier auf der Erde ist. Es gilt jetzt, deinen Körper wieder bewusst in Besitz zu nehmen und mit Liebe darin zu wohnen. Der Körper von Mutter Erde und dein Körper stehen in einer intensiven Verbindung miteinander, was wir unter anderem daran ablesen können, dass im menschlichen Körper alle chemischen Elemente nachweisbar sind, die auf dieser Erde vorkommen.

Auf Frische achten

Achte auf die Frische der Ware, die du einkaufst und zu dir nimmst, denn sie beeinflusst die Frische deines Körpers. Wenn du einen Bauernmarkt oder Hofladen in der Nähe hast, ziehe sie dem Supermarkt vor. Gönne dir jeden Tag Obst, Salat und Gemüse der jeweiligen Saison: Spargel zur Spargelzeit, Erdbeeren zur Erdbeerzeit, Grünkohl zur Grünkohlzeit.

Es bekommt dir und deinem Körper besser, genau das zu essen, was in deiner Region gerade geerntet wird und nicht, was mit dem Flieger von weither kommt. Denn unser Körper hat Rhythmen wie die Jahreszeiten von Mutter Erde, und er liebt es, wenn er mit ihr im Gleichschritt gehen kann.

Wasser trinken

Wenn du trinkst, bedenke, dass du das Wasser der Erde und nicht das einer Getränkefirma trinkst, dass du dich hiermit in den Fluss des Lebens begibst und für das Fließen der Energien in dir und durch dich sorgst. Trinke kein Wasser aus der Leitung, denn es ist »totes« Wasser. Kauf hochwertiges Quellwasser oder energetisiere das Leitungswasser in einem Glasbehälter mit einem Rosenquarz oder Bergkristall. Das Wasser beginnt sofort, sich hierdurch zu verändern und seine Schwingung zu erhöhen.

»Informiere« das Wasser zusätzlich, entweder mit einem Spritzer Zitronensaft oder ein paar Ingwerscheiben oder ein paar Tropfen Honig. Das macht es für deinen Körper noch wertvoller, denn das Wasser gibt diese Information an deinen Körper weiter, und der reinigt und klärt sich schneller. Du wirst dich spürbar wohler fühlen, wenn du dieses Wasser – bewusst von dir getrunken – deinem Körper schenkst.

Es ist nicht sinnvoll, sich drei Liter Wasser am Tag hineinzuzwingen, das überfordert den Körper sogar. Wichtiger ist das bewusste, freudige Trinken über den Tag verteilt. Ein bis zwei Liter sind hierfür genug. Je bewusster du trinkst, desto besser nimmt dein Körper das Wasser auf und desto weniger ist notwendig. Vor allem denk nicht die ganze Zeit: »Ich muss genug trinken«, denn das fügt dem Wasser die Energie der Angst hinzu.

Sehr hilfreich ist, sich eine große Glaskaraffe Wasser an den Arbeitsplatz zu stellen. Am Abend weißt du, wie viel du den Tag über getrunken hast.

Es ist in Zukunft wichtiger als bisher, die Dinge des Täglichen nicht mehr unbewusst zu machen, sondern jeweils die Verbindung zu verstehen und den Sinn dahinter.

Täglich einen Apfel

Dem Apfel wird schon lange eine besonders förderliche Rolle für unsere Gesundheit zu geschrieben. Gewöhne dich daran, am Morgen oder am Mittag einen Apfel genussvoll zu essen und nimm dir bewusst fünf bis zehn Minuten Zeit hierzu.

Zeit zum schönen Frühstücken

Wenn wir bewusst dreimal am Tag eine Speise zu uns nehmen, dann geben wir damit unserem Tag einen Takt. Das ist nicht nur für die Physis, sondern auch für unser psychisches Wohlbefinden von Bedeutung. Immer mehr Kinder bekommen zu Hause kein ordentliches Frühstück mehr, weil auch die Eltern es sich nicht mehr gönnen. Das hat für Kinder wie für Erwachsene die Folge, dass sie weit unausgeglichener, unruhiger und auch aggressiver durch den Tag gehen und aus ihrem inneren Takt geraten.
Ein mit Liebe gedeckter Frühstückstisch zeigt an, dass sich hier jemand liebt und den Morgen schon zu einer Lebensfeier macht. Das setzt einen entscheidenden Impuls für den weiteren Verlauf des Tages. Wer seinem Druckmacher nachgibt, der uns einreden will, dazu wäre keine Zeit, der irrt. Wir haben alle Zeit der Welt, nur nehmen wir sie uns nicht

bewusst für die wirklich nährenden Dinge und sind selten bewusst in der Zeit und bei dem, was wir tun.

Genussvoll essen, ohne Angst

Wer mit Genuss und Freude das isst, was ihm schmeckt, und sich hierfür bewusst die Zeit nimmt, anstatt sich beim Drive-in-Restaurant etwas reinzuziehen, der bringt Qualität in sein Leben. Wenn das Essen in deiner Kantine lieblos zubereitet wird, dann ist es sinnvoller, du machst dir am Morgen ein belegtes Brot und genießt es zur Pause im nahe gelegenen Park.

Aber lass dich nicht von denen verrückt machen, die gesundes Essen zu einer Religion erheben und dir alles Mögliche madig reden. Das Hauptgewürz, das sie benutzen, heißt Angst. »Das darfst du nicht und dies schon gar nicht«, weil es nicht gesund sei, weil man keine Tiere essen dürfe und so weiter. Ich genieße jedenfalls meine Currywurst und andere angeblich ungesunde Dinge mit großer Freude, und damit werde ich über hundert Jahre alt.

»Angst essen Seele auf«, hieß einmal ein schöner Film mit Brigitte Mira. Und Angstenergien rund ums Essen sind mit Sicherheit auch die schlechteste Basis für unseren Körper. Iss das, worauf du gerade Appetit hast, und iss es mit Genuss, Dankbarkeit und Liebe zu dir und Mutter Erde.

Sorge für gute Energien um dich

Werde zum dich selbst liebenden Energiemanager in deinem Leben und bringe Qualität hinein. Wie du morgens im Auto zur Arbeit fährst, ob mit Angst verstärkenden Nachrichten, Werbespots oder Gewinnspielen oder aber mit der Musik, die dir guttut, oder ganz ohne Geräuschquelle, entscheidest du. Ob du dich mit Menschen umgibst, die dir nicht guttun, weil sie dich vollquatschen mit ihrem verurteilenden Gerede über andere, über die neuesten Katastrophenmeldungen oder über ihre Krankheiten, das entscheidest du. Ob du das machst, was alle machen, weil du nicht auffallen und ausscheren willst aus der blinden Masse, das ist deine Entscheidung.

Die Mehrzahl der Menschen ähnelt, wie ich es in meinem Bestseller »Raus aus den alten Schuhen!« beschrieben habe, einer großen Herde schlafender Schafe, die nicht wissen, dass sie von Natur aus Löwen sind. Wenn man ihnen lange genug etwas einredet, glauben sie es und geben ihre Macht und Entscheidungsfähigkeit ab, ihr Leben und die Qualität ihres Alltags und Umgangs mit sich und mit anderen selbst zu gestalten. Sorge du für Qualität in deinem Denken, Sprechen und Verhalten, für Bewusstheit bei allem, was du tust, für bewusst erlebte Pausen, für genug Zeit für dich und das Wesentliche. Mach dein Leben hierdurch zu einem Leben voller Genuss, Bewusstheit, Freude und Frieden.

7

Auf geht's, Mann!

⊞ Entdecke den Kern deines Mann-Seins

Jetzt ist es an der Zeit, dass wir Männer uns fragen: »Was sollen wir eigentlich hier auf der Erde? Woher kommen wir? Was ist der Kern des Männlichen in uns? Welchen Sinn hat es, ein Mann zu sein?« Diese Fragen stellt sich der (noch schlafende) Normalmann nicht, weil er bei Fragen hängen bleibt wie »Was soll ich tun, um erfolgreich zu sein? Was wird von mir erwartet? Wodurch bekomme ich Anerkennung von anderen und insbesondere von Frauen?« Aber sinnvolles Tun und das Gefühl, ein erfülltes Leben zu leben, ergibt sich aus der Antwort auf die Fragen: »Wer bin ich?« und »Wozu bin ich hier auf der Erde?«

Da wir als Jungen vorwiegend abwesende oder schwache und traurige Väter mit gebrochenen Herzen erleben, die ihre Pflicht erfüllen und Geld verdienen, aber keine Begeisterung an ihrem Mann-Sein ausstrahlen, kommen wir in der Regel nicht auf die Idee, dass ein Mann morgens fröhlich und begeistert über sich selbst und das Leben aufwachen und durch seinen Tag gehen kann, um abends zu sagen: »Mann, war das ein wunderbarer Tag! Was ich getan habe, hat mir Freude gemacht. Ist das geil, ein Mann zu sein auf dieser Erde!«
Viele unserer Väter waren gehorsame Jungs, denen Mutti sagte, wo es langgeht, und die sich auch später vor allem von einer Frau (und von ihrem Chef) Anerkennung und Wertschätzung erhofften, um ihr kleines Selbstwertgefühl ein wenig aufzupäppeln. Die heutigen Männer haben daher die Aufgabe herauszufinden, was den Mann im Kern ausmacht. Sie müssen das Männliche in sich entdecken jenseits davon, was Frauen, Firmen und die Gesellschaft von ihnen erwarten. Die heutigen Männer werden mit uralten,

eingefahrenen Traditionen der Väter und Urväter brechen; da werden sich selbst die Frauen die Augen reiben vor Überraschung.

Spür einmal in dich hinein und frage dich: »Will ich das wirklich wissen, was mich von einer Frau unterscheidet jenseits der körperlichen Unterschiede? Ist da eine Sehnsucht in mir, mit Freude und Begeisterung den Mann in mir zu leben und zu mir selbst zu stehen? Kann ich mir vorstellen, dass ich in mir selbst alles finden kann, was ich mir von außen wünsche, dass ich mit mir selbst glücklich sein kann?«

Die wichtigsten Fragen, zu denen jeder Mann irgendwann einmal vordringen wird, lauten: »Woher komme ich und wozu kam ich her? Woher kommt die Kraft in mir, die meinen Kopf denken, meine Hände handeln und meinen Penis stehen lässt?« Ich bin mir sicher, dass alles Leben auf der Erde oder im Universum eine gemeinsame Quelle hat, die sich in den unterschiedlichsten Formen und Wesen zeigt. Dieses Leben ist die Essenz in allem, in jedem Planeten, in jeder Pflanze, jedem Baum, jedem Stein und jedem Menschen. Denn in allem atmet und schwingt diese Essenz. Nenne es das Göttliche, Gott oder die Quelle.

Das Göttliche drückt sich in allem aus, was existiert, in jedem Sonnenstrahl, jedem Windhauch und jedem Wassertropfen. Was, glaubst du, lässt dich atmen, gehen, fühlen, denken, planen und machen? Was ist die Kraft hinter allem? Solange wir uns diese Frage nicht stellen, macht unser Leben keinen Sinn und wir verlieren uns im Tun. Darum erscheint vielen Menschen ihr Tun mit der Zeit sinnlos, weil es nicht auf etwas gegründet ist, weil uns der Grund unseres Hier-Seins verloren gegangen ist oder sich uns noch nicht offenbart hat.

Erst wenn wir uns geistig und dann auch über unser Herz mit dieser allgegenwärtigen Kraftquelle verbinden und ihrer gewahr werden, kann wirkliche Freude an unserem Sein aufkommen. Wir müssen die eigentliche Frage – die Frage dahinter – wieder stellen und nicht bei der Freude am Auto hängen bleiben. Die Frage heißt hier: Woher kommt die Bewegung? Woher kommt die Schnelligkeit? Was ist dieses Feuer, das in diesem Auto und auch in mir selbst brennt? Die Geistige Welt fordert uns auf: »Männer, begnügt euch nicht mit dem, was da ist. Macht das, was ihr tut, nicht zum Selbstzweck. Hinterfragt alles. Das ist der entscheidende Schritt.«

Wir Menschen haben über viele Zeiträume hinweg immer mehr vergessen, woher wir stammen und wozu wir auf diese Erde kamen. In diesen Jahren der großen Umbrüche und Transformation erinnern wir uns wieder daran. Wir werden angestupst, den tiefsten Kern unseres Wesens in uns wieder zu entdecken, nachdem wir sehr lange herumgeirrt sind und uns das Leben sehr schwer gemacht haben. Warum glaubst du, liest du dieses Buch? Wäre die Frage, was ein »richtiger Mann« ist und was den Kern deines Mann-Seins ausmacht, nicht in dir, hättest du nicht danach gegriffen. Du bist ein Suchender mit einer tiefen Sehnsucht nach dem Wesentlichen. Und wenn du das hier mit offenem Herzen und ohne die be- und verurteilenden Scheuklappen des Verstandes lesen kannst, wirst du finden, wonach du suchst: die Freude am Mann-Sein und die Liebe zu dir selbst, zum Leben und zu allen Mitmenschen, kurzum: den Sinn deines Lebens, den du mit Freude verwirklichst.

Das Göttliche selbst hatte ein Interesse daran, sich auf vielfältige Weise zu erfahren. So hat sich das Licht geteilt in ein

Männliches und ein Weibliches. Beides stammt aus derselben Quelle, in beiden pulsiert eine Kraft, die wir Liebe nennen, die alles Leben erhält. In allem, was existiert, vom größten Sonnensystem bis zum winzigen Molekül in unserem physischen Körper, schwingt dieselbe verbindende Kraft und hält alles in einer Ordnung zusammen. Die Liebe ist in allem das Verbindende und wo sie fehlt, fallen die Dinge auseinander, ob in der Beziehung, in der Arbeit oder in deinem Körper. Um diese Liebe auf die Erde zu bringen, kamen Mann und Frau hierher – als Mitarbeiter Gottes, um hier den Tanz der Liebe miteinander zu tanzen.

Obwohl Mann und Frau derselben Quelle entstammen und von ihr gepulst werden, unterscheiden sie sich jedoch wie der Plus- und der Minuspol des elektrischen Stromes oder wie die Sonne und der Mond. Sie repräsentieren verschiedene Aspekte des Göttlichen, unserer Quelle. Während die Frau mehr für die Liebe steht, die sie verkörpert, steht der Mann mehr für das Licht. Er verkörpert das göttliche Licht, sie die göttliche Liebe. In Mann und Frau streben daher Licht und Liebe zueinander und erzeugen gemeinsam Neues, jedoch weit mehr als Kinder.

Sie haben eine Spannung miteinander und können im anderen sehr viel auslösen und anstoßen. Und doch hat jeder von beiden sein Ureigenes, sein Spezifisches. Dieses spezifisch Männliche im Mann und das spezifisch Weibliche in der Frau haben wir weitgehend vergessen und können es daher nicht unabhängig vom jeweils anderen feiern und leben. Der Mann glaubt, er könne über die Frau sein Männliches finden, und die Frau glaubt erst an ihren Wert, wenn ein Mann sie begehrt.

Aber die Wirklichkeit sieht genau umgekehrt aus. Die Frau, die sich selbst nicht schön findet und bewundert, wird auch einen Mann nicht begeistern. Ein Mann kann nur ankommen bei einer Frau, die bei sich selbst angekommen ist. Nur die Frau, die sich selbst in ihrer Liebesfähigkeit bewundert, wird auch vom Mann bewundert und von seinem Licht angestrahlt. Und der Mann, der seinen Selbstwert vom Verhalten der Frauen abhängig macht, steht nicht in sich und wird wenig Freude am Mann-Sein finden. Darum geht es für Mann und Frau erst einmal darum, dass sie für sich selbst stehen. Die Freude in jedem über das spezifisch Eigene muss zunächst bei ihm selbst dastehen. »Steh für dich als Frau, steh für dich als Mann!« ruft die Geistige Welt uns deshalb zu.

Wenn wir uns die Geschlechtsteile von Mann und Frau anschauen, also das, was sie im Äußeren am meisten unterscheidet, können wir hiervon bereits auf das Innere schließen. Sein Penis steht (wenn er in seiner Kraft ist) und zeigt nach außen, während das Geschlecht der Frau verborgen im Innern, im Geheimen liegt. Das zeigt schon an, dass der Mann der nach außen Gerichtete ist, der mit seiner Energie etwas machen, gestalten, zeugen und erzeugen will. Dafür brennt das Feuer in seinem Phallus. Weiter zeigen die Geschlechtsteile: Sie ist im Kern die Empfangende, die Aufnehmende, die in sich Ruhende, er der Eindringende, der sich auf sie und auf Mutter Erde zu Bewegende, der Erforschende, Erobernde und Beschenkende.
Diese Bilder gehen weit über die Sexualität hinaus. Der Mann ist vor allem der nach außen Orientierte, der mit seiner Kraft etwas in dieser Welt, mit dieser Erde bewegen und gestalten will. Die Frau ist von ihrem Wesen her die nach innen Gerichtete (egal, welches Sternzeichen sie hat), sie ist die Expertin für Innenwelten, für das nicht unmittelbar Sicht- und Greifbare. Sie hat und hält das Wesentliche, das Göttliche in sich. Sie ist im Unterschied zum Mann die Energiehalterin auf dieser Erde, und das nicht nur im Bett. Wenn

Sie mit diesem Zentrum im Kontakt ist, ist sie mit dem göttlichen Wissen in Kontakt, sie weiß von Natur aus um die wesentlichen Dinge. Darum gehören Intuition, Gespür, Feinfühligkeit, Medialität, siebter Sinn, ebenso wie die Liebe und das Lieben und Fühlen zum Kernschatz des weiblichen Prinzips, das jede Frau von Natur aus in sich birgt, auch wenn sich viele Frauen den Zugang hierzu durch ihre Kopflastigkeit und ihre Verurteilung des Weiblichen zurzeit versperrt haben. Natürlich kann auch ein Mann feinfühlig sein oder lieben, aber er hat einen anderen Zugang hierzu und er macht es auf eine andere Art als die Frau.

Seine Gerichtetheit nach Außen macht ihn zum Experten für die Außenwelt. Er ist von Haus aus der Macher, der etwas in dieser Welt bewegen will und darum auch sich selbst bewegen will. Wir haben grundsätzlich »Bock« darauf, etwas zu tun. Das ist kein Zeichen innerer Unrast, sondern spiegelt die Lust, uns selbst in diese Welt einzubringen und mit unserer ganzen Begeisterung etwas mit dieser Erde zu machen. Oder wie die Geistige Welt es formuliert: »Der Mann im Urprinzip brennt für die Welt.«

Aber wenn der Mann seine Verbindung zur Quelle, aus der er kam, seine Verbundenheit mit dem Göttlichen verloren hat und damit die Liebe zu sich selbst und zu Mutter Erde, dann vergeudet er diese Kraft in sinnloser Weise und wirkt zerstörerisch. Der nicht an Gott gebundene Mann, der seine Herkunft vergessen hat, verliert sich in seinem Tun und Machen, irrt umher, wirkt destruktiv sich selbst und Mutter Erde gegenüber und endet oft verzweifelt in einer der vielen Süchte, unter denen Männer heute leiden, und beim gebrochenen Herzen. Sein Tun wird zum Selbstläufer und entspringt nicht seiner tiefen Freude am Gott-Mann-Sein. Er arbeitet und erschöpft sich im Arbeiten und weiß am

Ende nicht mehr, wozu er das alles eigentlich tut. Dies ist auch der eigentliche Hintergrund jeder Impotenz (neben dem Festhalten der Mütter und der daraus entstehenden heftigen Verstrickungen mit ihr, unter der die meisten Männer leiden).

Der Penis steht nicht deshalb, weil eine Frau da ist, die ihn erregt, sondern weil er sich selbst an seiner männlichen Energie erregt und spürt: »Da ist eine herrliche Kraft in mir, ein Feuer, das ich halten und genießen kann.« Für den Mann geht es darum, die Blutsbruderschaft mit dem Göttlichen, dem Männlich-Göttlichen, wiederherzustellen. Blut ist die Glut, es ist die Lava, und aus dieser entstammt der Mann. Es ist ein zwischen Mann und Gott explodierendes Feuerwerk. Der Mann sitzt dauernd mit Gott an einem Tisch und sagt: »Das ist aber geil hier! Diese Freude ist geil. Was können wir noch alles machen?« Und weiter heißt es in meinem Doppelbetten-Buch: »Der Mann muss einmal an den Grund seiner Erektion gehen und herausfinden, was ihn da erregt. Es erregt ihn nicht, dass er da was abgeben will, sondern dass er es hat. Dieses Haben erregt ihn.«

Er will irgendwohin mit seiner Kraft, auch mit seiner geistigen Kraft, will eindringen, besamen und Neues kreieren. Darum ist die Freude am Erfinden, Gestalten und Verwalten, also an der Arbeit, ein Wesenszug des Mannes, der mit seinem Ursprung und mit seinem Herzen eine lebendige Verbindung hat. Der Mann hat von Natur aus Bock auf Arbeit, aber er will wissen, wozu er etwas tut und dass es einen Sinn macht für ihn und für die Gemeinschaft, der er mit seiner Arbeit dient. Diesen Sinn liefert uns kein Arbeitgeber, den müssen wir selbst in uns und im Leben entdecken.

Der Mann hat also eine andere Verbindung und Beziehung zum Göttlichen als die Frau. Sie repräsentiert die Liebe, sie trägt das Göttliche in sich und strahlt es aus. Sie hält diese Energie und verströmt sie, wenn sie sich ihrer göttlichen Weiblichkeit bewusst wird.

Dagegen ist der Mann von seinem Urauftrag her der Lichtbringer. Er hat eine Mitarbeiterschaft mit Gott, von dem er ständig Impulse und Ideen erhält, aus denen er etwas machen will. Aus dem Geist erschafft der Mann Materie und beackert diese Erde. Alles, was wir (und auch die Frauen) nutzen und genießen, das Auto, den CD- oder MP3-Player, das Handy oder den neuesten Bildschirm, das Flugzeug oder das Wellnesscenter, Dinge, die uns das Leben heute so angenehm und genussvoll machen und wovon unsere Großeltern nicht einmal zu träumen wagten bei ihrem sechzehnstündigen Arbeitstag, das gehört zu den Schöpfungsleistungen des Mannes. Zuerst war all das einmal Geist – Gedanke – und weil Männer neugierig und beharrlich danach forschten, genießen wir heute einen Wohlstand ungeheuren Ausmaßes und haben dazu noch Zeit, uns um die wichtigsten Fragen des Menschseins zu kümmern (wenn wir uns diese Zeit nehmen). Der Mann verstoffwechselt also Geist zu Materie. Er bestellt als Gärtner diese Erde.

Auf dieses Schöpferwerk können wir Männer stolz sein, denn das ist ein Gemeinschaftswerk aller Männer, auch unserer Ahnen. Wenn nicht irgendwann einmal jemand ein Rad erfunden hätte und später ein anderer den Motor, würden wir heute noch mit den Händen die Felder bearbeiten oder säßen vierzehn Stunden an sechs Tagen in der Manufaktur und hätten eine Lebenserwartung von fünfzig Jahren. Dahin will niemand zurück. Darum gilt es, auch das, was wir heute tun, die Arbeit und das Arbeiten, zu würdigen und wieder in einen sinnvollen Zusammenhang zu stellen. Darum lade ich auch dich ein, deine Arbeit, deine Leistungen und deinen Beitrag anzuerkennen und zu würdigen, den du bisher in dieser Gesellschaft erbracht hast, egal, an welcher Stelle du arbeitest und was du bisher über dich gedacht hast.

Natürlich hat der Mann auf dieser Erde auch viel Mist gebaut, sich Destruktives geleistet, und viele sind immer noch dabei. Wir holzen die Regenwälder ab, versauen die Meere mit Öl, rüsten für Kriege und bringen uns gegenseitig um. Der Mann hat unbewusst gelebt und gearbeitet. Und auch die Frau hat das gemacht. Aber offenbar war diese Entwicklung bis heute notwendig, damit wir endlich den Zusammenhang »Wie innen – so außen« begreifen. Die zerstörerischen Wirkungen männlicher Kreativität entstammen einem Mann, der tief schläft, sich nicht bewusst ist, woher er kam und was sein Auftrag ist. Das lange Zeitalter dieses Mannes geht jetzt zu Ende, da habe ich keinen Zweifel, auch wenn diese Wende im Außen noch kaum sichtbar ist. Jede Entwicklung verläuft bis zu einem Extrem, bis ein Umschlag-, ein Wendepunkt erreicht ist. Und an diesem befindet sich die gesamte Menschheit jetzt.

Wenn wir Männer uns wieder unseres Urauftrages bewusst werden, die Impulse, den Auftrag des Göttlichen hier auf der Erde zu manifestieren, das heißt Mitarbeiter Gottes zu sein, so wie die Frau es auf andere Art ist, können wir Stolz mit Demut paaren. Demut bedeutet: Ich folge meinem Herzen und tue das, wozu mein Herz mir rät. Mit meinem Herzen prüfe ich, ob eine Idee, ein Projekt der Gemeinschaft dient. In Demut seinen Weg gehen heißt dienen. Demut hat nichts mit Kleinmut zu tun, sondern mit dem Mut, Entscheidungen wieder mit dem Herzen zu fällen und nur das zu tun, wozu das Herz ein großes »Ja, das ist gut!« sagt. Das

Herz dient immer dem Göttlichen und damit der Gemeinschaft. Aber ob wir unserem Herzen folgen, ist unsere Entscheidung.

Wenn der Mann sich hierzu entschließt, dann beginnt er wieder, seinem eigenen Wohl und zugleich dem Wohl aller und natürlich auch dem Wohl der Frauen zu dienen. Da er vergessen hatte, welche Macht in ihm steckt und was für ein großartiges göttliches Wesen er von Haus aus ist, hat er sich verführen und manipulieren lassen, zunächst von Müttern und Vätern und später von den Glaubenssätzen der unbewussten, verurteilenden Masse.

Der Beruf will wieder zur Berufung werden. Das wird nur gelingen, wenn wir den Ruf unseres Herzens wieder aufgreifen und ihm folgen. Dieses Herz ruft in jedem Mann danach, den Weg zu sich selbst zurückzugehen, bevor er den Weg zur Frau geht. Männer gehen viele Wege, Männer sind von ihrem Urberuf her Reisende auf dieser Erde. Der Mann geht über diese Erde, um das Göttliche mit der Erde zu verbinden und diese Erde zu bewirtschaften. Wir sind nicht hier, um irgendwie über die Runden zu kommen, sondern um mit größter Freude auf unserer Reise zu sein und unseren ganz eigenen Pfad zu finden. Wenn du morgens in dein Auto steigst, um zur Arbeit zu fahren, dann bewege dich dabei zu dir selbst hin und nicht von dir weg. Nimm dich mit auf die Reise und bleibe immer im Kontakt mit dir, mit deinem Körper, deinem Herzen und deinen Gefühlen. Das macht dich erst zum lebendigen Mann, das andere ähnelt eher einem seelenlosen Roboter.

Bei allen Projekten, die du unternimmst, mach dich selbst und dein von Freude und Liebe erfülltes Mann-Sein zum wichtigsten Projekt deines Lebens. Wenn du das tust, wirst du einmal erfüllt und mit einem sehr zufriedenen Lächeln

aus diesem Körper gehen und du wirst wissen: Dieses gelebte Leben war ein gutes Leben, unter das du mit frohem
Herzen deine Unterschrift setzen kannst. Und gleichzeitig
wirst du wissen: Nur dein Körper stirbt und wird wieder
zu Humus. Aber das, was du in Wirklichkeit bist, ein großartiges geistiges, göttliches Wesen, das erinnert sich wieder
voll und ganz seiner wahren Natur und weiß: Ich bin ein
Wesen, das ewig lebt und nicht sterben kann. Denn ich ge-
höre untrennbar zum Göttlichen, zur Quelle.

⊞ Männer brauchen Männer

Wie ich im Kapitel über die Arbeit geschrieben habe, hat
sich der Mann innerlich vom Mann getrennt. Durch seine
Liaison mit der Mutter, die Ablehnung des Vaters und die
Vorwürfe der Frauen, die er schuldbewusst und beschämt
zur Kenntnis nimmt, haben die wenigsten Männer es bis
heute geschafft, ein sich selbst liebender und stolzer Mann
zu werden, der seinen ganz eigenen Weg mutig und authentisch geht und ein brüderliches, unterstützendes Verhältnis
zu seinen Mitmännern pflegt. Auf den Weg zu diesem neuen
Mann werden sich in diesen Jahren viele Männer aufma-
chen.

Diesen Weg zum wahren, zum wahrhaftigen Mann kann
er nicht über die Frau gehen, genauso wenig wie ihr Weg
zu einer neuen, weiblichen, sich selbst und ihre Schwestern
liebenden und würdigenden Frau über den Mann gehen
kann. Darum brauchen Männer andere Männer. Und das
sind keine Kunstfiguren wie die Bohlens, Gottschalks oder
Kerners und keine virtuellen Helden wie in den Computerspielen oder auf der Leinwand, sondern reale Männer mit

Herz und dem Mut zu ihrer eigenen Wahrheit, ohne die Sucht nach Applaus der anderen; es sind Männer, die ihren Weg beharrlich gehen.

Darum empfehle ich dir, neben der inneren, klärenden und befreienden Arbeit mit Vater und Großvätern, von denen dir eine bisher nicht gekannte Kraft des Männlichen zuflieißen wird, dein Verhältnis zu den Männern deines Umfelds zu klären. Zu wie vielen Männern pflegst du ein offenes, freundschaftliches Verhältnis? Mit wem kannst du bisher über deine Gefühle und deine Sehnsüchte sprechen? Wenn du bisher keinen dazu hast, dann sage dir innerlich: »Ich öffne mich für eine herzliche Verbindung zu Männern in meiner Nähe.« Damit triffst du eine Entscheidung, die vom Leben beantwortet wird, weil sie dein Energiefeld ändert. Du wirst in den kommenden Wochen und Monaten bewusster Männer wahrnehmen und sie nicht als Konkurrenten abhaken.

Wenn du schon einen Freund hast, dann beobachte, ob ihr vor allem über äußere Dinge und Ereignisse und andere Menschen sprecht oder auch über das, was euch wirklich im Innern bewegt, über eure Herzenswünsche, eure Ängste und über eure persönlichen Erfahrungen mit Frauen, Kollegen, Chefs und anderen. Fang du selbst an, dich zu öffnen, und du wirst dich wundern, dass es dem anderen ähnlich geht wie dir. Mach den Anfang und zeige dich auch von deiner schwachen Seite, und du wirst überrascht sein, wie schnell sich auch dein Gegenüber traut, mehr und mehr von seiner Maske abzulegen.

In früheren Gesellschaften wurden Männer von den Älteren ins Mann-Sein eingeführt. Schon die pubertierenden Jungen verbrachten oft ein Jahr ausschließlich mit ihnen und lernten, sich von ihrer Jugendzeit zu verabschieden und die Ver-

antwortung als Mann zu übernehmen. Dann hieß es irgendwann: »Jetzt stirbt der Junge und der Mann wird geboren.«
Heute haben wir solche Initiationsphasen und -institutio-
nen nicht mehr. Die Pfadfinder und der Christliche Verein
Junger Männer übernehmen hier und da noch wertvolle Aufgaben auf diesem Gebiet.

Die Aufgabe des älteren Mentors im antiken Griechenland
zielte in dieselbe Richtung. Heute wird diese Funktion in
einigen Firmen wiederbelebt. Ein junger Mann weiß für ein
Jahr einen älteren Kollegen an seiner Seite, damit er sich
leichter in das Gefüge der Firma einleben kann und eine
Anlaufstelle für persönliche Fragen hat. Darum appelliere
ich an die älteren, erfahrenen Männer, die mit beiden Beinen gut im Leben stehen und schon manche Krise erfolgreich bestanden haben, auf die Jungen zuzugehen, ob in einer
Firma oder außerhalb. Junge Männer lechzen nach Orientierung, Führung, gutem Rat und nach Rückmeldung darüber, wie sie von außen wahrgenommen werden. Sie sind
dafür sehr dankbar.

Nehmt gerade die Zehn- bis Vierzehnjährigen an die Hand
und zeigt ihnen, vor allem in der Natur, wie man etwas her-
stellt, das von Nutzen ist oder einfach Spaß macht. Wenn
du Vater eines Sohnes bist, egal, ob er noch klein ist oder
über schon über Dreißig, dann lade ihn ein, Zeit mit dir zu
verbringen, und schlage dafür etwas Attraktives vor, sei es
eine Wanderung, einen Segeltörn, eine Städtereise oder –
wenn er schön älter ist – einfach einen Abend in einer Kneipe,
in der man sich gut unterhalten kann. Zeige deinem Sohn
etwas vom Innenleben eines Mannes, der schon durch
Krisen gegangen ist, sprich von Gefühlen und Zeiten der
Schwäche und des Zweifels, die du durchschritten hast. Natürlich geht das nur, solange er noch (oder wieder) ein Inte-

resse hat, dir zuzuhören. Dränge ihm nicht deine Weltsicht auf. Und höre ihm zu, was in ihm vor sich geht, und zeige ihm, dass du ihn liebst und zwar so, wie er ist. Nimm all deine Erwartungen an ihn zurück, wenn du es schon kannst, denn deine Erwartungen sind Lasten auf den Schultern deines Sohnes.

Männer stoßen immer gern etwas an, nicht nur Biergläser oder einen Fußball, sondern sie stoßen auch geistig gern etwas miteinander an. Ein offenes Gespräch unter Männern gibt ihnen wiederum innere Anstöße, Anregungen, Ideen, Einsichten und neue Ausblicke, mit denen sie dann im Leben Neues anstoßen können. »Männer stoßen die Welt an«, sagt die Geistige Welt. Ich habe einige Väter gesprochen, die vor lauter Arbeit die Kindheit und Jugend ihres Sohnes (und auch der Tochter) versäumten und sich später wunderten, dass die erwachsenen Kinder nichts mehr vom Vater wissen wollten. Dahinter stecken oft große Enttäuschung und Wut über ihn, über die nie gesprochen werden konnte.

Auch vom erwachsenen Sohn kann der Kontakt gesucht werden. Nach meinen Seminaren, in denen die Teilnehmer fast immer im Innern ihrem Vater (und ihrer Mutter) begegnen, kommt oft der Wunsch auf, auch im Außen wieder Kontakt zu ihm aufzunehmen.
Allein schon die zwei- oder dreimalige Durchführung der Meditation führt nicht selten dazu, dass sich der Vater von sich aus nach Jahren der Trennung wieder meldet und den Wunsch nach einem neuen Kontakt signalisiert. Denn das Herz jeden Vaters sehnt sich danach, mit seinen Kindern wieder in einen lebendigen, wertschätzenden Kontakt zu kommen, selbst wenn es vor Gram oder Wut noch verschlossen ist.

Falls du dich innerlich und äußerlich von deinem Vater sehr entfremdet hast und du mit ihm im Streit liegst, empfehle ich dir sehr, dich zunächst einmal über zwei Monate allein mit deiner inneren Beziehung zum Vater zu beschäftigen und sie innerlich zu klären. Danach kannst du versuchen, mit ihm Kontakt aufzunehmen, falls du das willst. Zuerst innen, dann außen, das ist die richtige Reihenfolge.

»Die Männer müssen losziehen und Männer fragen. Sie müssen das Männliche wieder anfragen«, heißt es im Doppelbetten-Buch. Die Bedeutung dieser Bewegung hin zum Mann ist dem normalen, unbewusst lebenden Mann nicht klar. So paradox es klingt: Der Weg zur Frau, zu einer reifen, beide erfüllenden Sexualität wie zu einem respektvollen, würdigenden und liebenden Verhältnis zu ihr, geht für den Mann über den Weg zu sich selbst und zu den Männern. Der Mann muss sich selbst erst wertschätzen und lieben lernen, und das kann er nur, wenn er sich und seinen bisherigen Weg versteht und sich verzeiht. Dazu dienen uns andere Männer. Die Geistige Welt dazu: »Und was der Mann mit anderen Männern tun kann: Er steht und schaut im weitesten Sinne: Wie machen es Männer? Es ist dieses leuchtende Stehen, dieser Stolz auf der Erde zu sein …«

Der meist nur oberflächliche Kontakt von Mann zu Mann wird nicht zuletzt dadurch erschwert, dass viele Männer Angst vor zu viel Nähe zu einem anderen Mann haben. Jemand könnte sie am Ende noch für schwul halten. Es ist letztlich die Angst vor den eigenen homoerotischen Zügen, die sich ein »richtiger« Mann nicht eingestehen mag, weil es ihm zutiefst peinlich wäre und er Ausgrenzung und Ablehnung befürchtet. Während es Frauen leicht fällt, sich bei der Begrüßung herzlich zu umarmen oder zu küssen, tun sich die meisten Männer noch extrem schwer damit, den anderen liebevoll in den Arm zu nehmen. Oder sie machen es auf eine so robust-aggressive Art, dass man besser vorher seine Rippen versichern lässt.

In diesem Buch bin ich auf homosexuelle Männer aus Platzgründen nicht eingegangen. Ich bitte alle schwulen Leser dafür um Nachsicht. Warum ein Mann homosexuell wird, darüber ist viel gestritten worden und wird noch gestritten. Ich selbst habe in einem frühen Vortrag einmal die den Sohn vereinnahmenden Mütter dafür verantwortlich gemacht, mit denen diese Männer ebenso verstrickt sind, wenn nicht weit mehr als Heterosexuelle. Sie haben sie oft – unerreichbar – auf einen hohen Sockel gestellt und gegen ihre Väter Stellung bezogen oder sie ausgegrenzt. Ich relativiere meine Vermutung heute aufgrund einer Aussage der Geistigen Welt. Sie besagt, dass sich die männliche Seele bereits vor ihrer Inkarnation für diesen Weg entscheidet und sich die entsprechende Mutter hierfür aussucht. Die Erfahrung der Homosexualität zu machen, könnte also eine Entscheidung der Seele sein.

Für die Beziehung heterosexueller Männer zu sich selbst und zu anderen Männern sind ihre Einstellungen und Gefühle Homosexuellen gegenüber jedoch von größerer Bedeutung, als ihnen bewusst ist. Wie schon angedeutet: Je größer das Unbehagen oder die Abneigung eines Mannes gegen Homosexualität ist, desto fragiler ist sein Selbstbewusstsein und sein inneres Selbstverständnis als Mann. Denn jeder, der sich vehement von etwas abgrenzen muss, was er angeblich nicht ist, hat genau zu diesen Aspekten des Ab- und Ausgegrenzten einen Bezug.

Ich möchte an dieser Stelle allen Schwulen einmal herzlich danken für ihre wertvollen Beiträge, die sie uns, der Gesell-

schaft, auf allen Gebieten, besonders in unserem Wirtschafts-
und Kulturleben schenken. Bisher wenig bekannt sein dürfte,
dass es zur Bewertung von Attraktivität und Wirtschafts-
kraft einer Stadt seit längerem einen sogenannten »Gay
Index« gibt. Je höher dieser Index ist, desto attraktiver sind
der jeweilige Wirtschaftsstandort und die Attraktivität der
Stadt. Ob in Köln, Hamburg, Berlin, München oder in klei-
neren Städten, Schwule arbeiten nicht nur in Kreativ-Agen-
turen, im Medienbereich oder in Friseursalons, sondern in
allen Branchen und leisten als Angestellte und als Selbst-
ständige oft Spitzenmäßiges.

Aufgrund ihrer Kreativität, ihrem Sinn für Ästhetik und Zugang zu weiblichen Qualitäten werten sie ganze Stadtvier-
tel wirtschaftlich auf und machen diese auch zum Anzie-
hungspunkt für Heterosexuelle. Wer sich davon überzeugen
will, dem empfehle ich einmal einen Spaziergang durch das
Münchner Glockenbachviertel. Mit seinen vielen innovati-
ven Läden und erstklassigen Restaurants ist es zum Vor-
zeigestück für schönes Stadtteil-Leben geworden, in dem sich
sowohl Homos als auch Heteros äußerst wohlfühlen.

⊞ Pack es an und bleib am Ball –
eine Zusammenfassung

Ich habe dir in den einzelnen Kapiteln bereits eine Reihe
von Empfehlungen gegeben, wie und wo du konkret bei
dir und in deinem Leben ansetzen kannst, um alte, unbefriedigende Zustände zu verändern. Damit du einen guten
Überblick gewinnst und behältst, führe ich auf diesen Seiten
noch einmal die wichtigsten Dinge auf, die du jetzt anpacken oder zu leben anfangen kannst. Wenn du dich dafür
entscheidest, wirst du bereits in den ersten Wochen spür-

bare Veränderungen deiner inneren Befindlichkeit und in Folge auch in deiner Außenwelt wahrnehmen.

Wie schon erwähnt, mag es ein Teil unserer Mitmenschen überhaupt nicht, wenn jemand neue Wege geht, vor denen sie selbst noch Angst haben, wenn jemand aus den »alten Schuhen« des Denkens und Verhaltens aussteigt. Akzeptiere das und verurteile sie nicht dafür. Sie werden dir früher oder später vielleicht auf deinem Weg folgen. Andere jedoch werden sehr positiv auf dich reagieren, weil sie sich auch schon auf dem Weg der Liebe befinden und begonnen haben, ihr Leben aktiv selbst zu gestalten, anstatt es von Familie, Normen, Moral oder dem Massenbewusstsein der noch Schlafenden bestimmen zu lassen.

Triff eine grundlegende Entscheidung, ein Mann des Herzens zu sein und ab jetzt den Weg des Herzens zu gehen und deinen Verstand zum Diener zu machen. Der Weg des Herzens ist immer der Weg der Liebe. Wie erläutert, scheitern wir als Mann ebenso wie unsere Partnerschaften und Ehen sowie unsere Firmen, wenn die Liebe fehlt. Darum frage dich bei allen Entscheidungen: »Was würde die Liebe jetzt tun? Stimmt das, was ich tue und lebe, mit meinem Herzen überein? Und ist in dem, was ich tue, mein Herzblut drin?« Der vermeintliche Gegenspieler der Liebe heißt Angst. Sie vor allem regiert in den Firmen und Beziehungen und bestimmt das Denken und Handeln der meisten Männer und Frauen. Aber Angst ist angelernt in Zeiten der Not und Abhängigkeit, und sie wartet darauf, jetzt durch unsere Liebe verwandelt zu werden.

Geh die folgenden Punkte nach und nach an, integriere sie Stück für Stück in dein Leben. Versuche nicht, alles auf einmal oder in kurzer Zeit zu »erledigen«. Es geht bei diesen

Empfehlungen nicht um ein »Problembeseitigungsprogramm«, sondern um eine andere Art zu leben, um einen neuen Weg. Und dieser Weg kommt nicht allein durch männliches Machen zustande, sondern auch durch das Leben von Qualitäten des weiblichen Prinzips, wozu unter anderem das Nach-innen-Gehen, das Zulassen, Empfangen und sich führen Lassen gehören. Sieh zu, dass du beiden Seiten in deinem Leben Raum gibst. Es ist kein Programm, das man einmal »durchzieht«, sondern das man in seine Lebensweise einpflegt.

Mach Inventur in deinen Lebensbereichen

Mach dir schriftlich in Form von Listen klar, in welchen deiner Lebensbereiche du unzufrieden bist und wo du dir Veränderungen wünschst. Beschreibe so klar und ehrlich wie möglich, wo du heute in diesen Beziehungsfeldern stehst und wie du sie morgen gern sehen möchtest. Zu den Kernlebensbereichen gehören:

- Deine Beziehung zu dir selbst
- Deine Beziehung zum Partner, zu Kindern
- Deine Beziehung zu deiner Arbeit
- Deine Beziehung zu deinen Mitmenschen
- Deine Beziehung zu Gott und Mutter Erde

Geh in das Bewusstsein des Schöpfers deines Lebens

Erkenne mehr und mehr, wie du dir dein bisheriges Leben selbst erschaffen hast – durch dein Denken, Sprechen und Handeln. Mach dir jeden Tag bewusst, dass du damit Energien in die Welt schickst, die zu dir zurückkehren und sich als Ereignisse und Zustände in deinem Leben und in deinem Körper manifestieren. Was du gestern gesät hast, erntest du heute, was du heute säst, wirst du morgen ernten.

Kläre deine Vergangenheit und mache Frieden

Liste insbesondere alle Menschen und alle Ereignisse in deinem bisherigen Leben auf, mit denen du bis heute nicht im Frieden bist, und schreibe alles auf, was du dir selbst bis heute an »Fehlern«, Versagen oder Versäumnissen vorwirfst.

Entscheide dich dafür, diese Verurteilungen dir selbst und anderen gegenüber zu korrigieren und sie dir und anderen zu vergeben. Das alles gehört zu deinem bisherigen Weg und wünscht sich, von dir angenommen und gewürdigt zu werden. Sage zu dir: »Ich wünsche mir von Herzen Frieden, Klarheit und Freiheit in mir selbst und mit allen Menschen und Ereignissen meines Lebens.« Nach dieser Entscheidung wirst du vom Leben selbst auf diesem Weg geführt und steigst aus deinem gut gepflegten Opferbewusstsein aus und wirst zum bewussten Schöpfer-Mann in deinem Leben.

Kläre insbesondere deine Verstrickungen mit Mutter, Vater, Geschwistern, Expartnern und anderen Menschen, die dir über längere Zeit nahe standen, und mit allen »Arsch-Engeln« deines Lebens, die deine »Knöpfe« gedrückt haben (siehe hierzu die entsprechenden Meditationen auf CD). Ich empfehle dir, dich mindestens einen Monat lang jeweils einmal wöchentlich um dein inneres Verhältnis zum Vater und zur Mutter deiner Kindheit zu kümmern und ihm beziehungsweise ihr in deinem Inneren zu begegnen. Du wirst überrascht sein, wie sehr allein diese Meditationen dein Leben verändern werden.

Kümmere dich fühlend um deine Gefühle – und verwandle sie nach und nach

Nimm dir regelmäßig Zeit, um bei geschlossenen Augen in der Stille das zu fühlen, was Körper und Seele dir gerade anbieten: Empfindungen des Körpers wie Unruhe, Enge, Druck, Schwere oder Spannung sowie Emotionen wie Angst, Trauer, Wut, Scham, Schuld oder Ohnmacht. Atme bewusst und tief, fühle die Gefühle bejahend und sprich sie an als deine Schöpfungen. Danke ihnen und bade sie in silbernem und anschließend in violettfarbenem Licht (die beiden Meditationen auf der diesem Buch beiliegenden CD bieten dir hierfür eine sehr gute Anleitung). Wenn du auf diese Weise regelmäßig nach innen gehst, ob fünf Minuten oder zwanzig, räumst du deine feinstofflichen Körper systematisch auf und bringst Ruhe und Gelassenheit in dein Energiehaus und in dein Leben.

Entscheide dich für bestimmte Grundwerte

Mach dir klar, was das Wichtigste für dich in deinem Leben sein soll. Was für ein Mensch willst du sein? Welchen Grundwerten willst du folgen in deinem Denken, Sprechen und Handeln? Beispiele hierfür: Ordnung/Klarheit, Bewusstheit/Achtsamkeit, Leichtigkeit, Frieden/Verständnis/Vergebung, Freude/Begeisterung, Freiheit, Annahme/Toleranz/Liebe, der Gemeinschaft dienen, Herz oder Verstand und so weiter.

Lebe jeden Tag bewusst mit Zeit und Raum für dich selbst

Gib jedem Tag eine flexible, nicht starre Struktur und takte deine Tage mit Pausen, in denen du immer wieder zu dir kommst, deinen Körper besonders wahrnimmst und nach innen gehst. Fang den Tag bewusst mit mindestens zwanzig Minuten in der Stille an und stelle damit die Weichen für Bewusstheit und Selbstzentriertheit. Nutze die Pausen zum bewussten Atmen, zu liebevollen Selbstgesprächen und kleinen Achtsamkeitsmeditationen.

Sorge für gute, dich nährende Energien, sei es beim Autofahren, in deinen Arbeitspausen und am Feierabend. Verbringe mindestens zwei Abende pro Woche und mehrere Stunden am Wochenende ganz mit dir selbst. Gönne dir reichlich von dem, was dir guttut. Vermeide, was dich auszehrt und dir nicht guttut. Sei dir selbst ein achtsamer, liebevoller Freund. Nimm den Vorwurf des Egoismus lächelnd hin und wisse: Es ist Selbstliebe.

Erforsche die Wünsche deines Herzens und triff Entscheidungen

Ich habe in meinem ersten Buch »Willkommen im Reich der Fülle« ein Achtundzwanzig-Tage-Programm zur systematischen Erforschung deiner Herzenswünsche beschrieben, für das man täglich lediglich dreißig Minuten Zeit benötigt. Der Kern davon: Mache einundzwanzig Tage lang jeden Tag eine Liste mit allen Wünschen, die dir einfallen, und schaue nicht auf das, was du am Vortag notiert hast. In der letzten Woche prüfst du, welche dieser Wünsche wirklich deinem Herzen entspringen, erfährst in kleinen Meditationen den Zustand des bereits erfüllten Wunsches und formulierst jeden Wunsch als eine klare Entscheidung.

Zusammen mit der Übungs-CD »Schlüsselfragen zur Selbsterforschung« klärst du alle Mangelthemen deines Lebens systematisch und stellst die Weichen auf Fülle und Erfolg.

Lass dich führen, anstatt Zielen hinterherzujagen

Viele Ratgeber betonen, wie wichtig es sei, sich im Leben Ziele zu setzen und sie zu verfolgen. Ich habe mir noch nie Ziele gesetzt, sondern mich von meinen inneren Impulsen führen lassen. Wenn eine Idee in dir auftaucht, prüfe mit deinem Herzen, ob sie sich gut anfühlt und mit Freude verbunden ist. Wenn ja, dann gehe es an und setze sie um und bleibe beharrlich, aber unverkrampft dabei, alles zu tun, was für die Umsetzung förderlich ist.

Ziele entstammen dem Verstand, der selten weiß, was für dich das Beste ist. Höre auf dein Herz und lass dich von ihm inspirieren und entscheide dich dann bewusst, einen Herzenswunsch zu verwirklichen. Wenn es dir leicht fällt, dann stimmt die Sache, fühlt es sich zäh und schwierig an, dann stimmt damit etwas nicht. Wenn du dich einer Sache, einem Projekt verpflichtest, das mit großer Vorfreude verbunden ist, dann vertraue darauf, dass du bei der Verwirklichung gut geführt und vom Leben unterstützt wirst.

Schreibe Tagebuch

Wer regelmäßig in einem Tagebuch etwas Wesentliches zu seinem Leben aufschreibt, beweist, wie wichtig er sich selbst ist. Das ist Selbstliebe in Praxis. Du kannst unterschiedliche

Schwerpunkte für dieses Tagebuch wählen. Zum Beispiel kannst du systematisch notieren, über was oder wen du dich am Tag geärgert hast, und herausfinden, was dieser Ärger mit dir selbst zu tun hat. Du kannst auch alle am Tage auftauchenden unangenehmen Gefühle hiermit erforschen. Oder du konzentrierst dich beim Schreiben einmal über eine längere Zeit auf das, was du gut gemacht hast, oder auf die Geschenke, die du am Tag vom Leben empfangen hast, von den kleinen angefangen bis zu den großen. Dies erzeugt in dir das Bewusstsein von Dankbarkeit, Fülle und Reichtum. Denn wer viel zu danken hat, der sagt zu all seinen Zellen: »Wir sind reich beschenkt.« Das regelmäßige Führen eines Tagebuches verstärkt die Klarheit in deinen Gedanken und führt zu mehr Bewusstheit in deiner Selbstführung und im Umgang mit anderen.

Sorge täglich für Freude in deinem Leben

Wer zu wenig oder kaum Freude in seinem Leben erfährt, der hat sich nicht bewusst für ein Leben der Freude entschieden. Freude ist unser natürlicher Zustand, und unser Herz signalisiert uns über Impulse und Ideen, was uns alles Freude machen könnte, im Kleinen wie im Großen. Beschenke dich jeden Tag mit kleinen oder größeren Freuden. Das kann ein Spaziergang in deiner Mittagspause sein, eine Besinnungspause auf einem Rastplatz während einer Autofahrt, eine Massage, ein Saunabesuch, ein Tag im Wellnesspark, eine neue Musik-CD, ein paar neue Schuhe oder ein schickes Hemd oder etwas anderes.

Wer den Weg zur Freude finden will, darf vor allem das Gegenteil von Freude nicht ablehnen oder bekämpfen. Gefühle wie Trauer, Ohnmacht und Angst sind nicht Gegner der Freude, sondern Türen zur Freude. Gehst du bejahend durch diese von dir erschaffenen Gefühle hindurch, gelangst du zur Freude. Wir kommen immer nur über das bewusste Wahrnehmen und Annehmen eines Pols zum anderen, also durch den Unfrieden zum Frieden, durch die Unfreiheit zur Freiheit, durch die Angst zur Liebe.

Kümmere dich um deine Angelegenheiten

Eine Unmenge an Leid erzeugen Männer wie Frauen dadurch, dass sie sich in ihren Gedanken ständig in den Angelegenheiten anderer befinden, sei es ihrer Partner, ihrer Kinder, ihrer Eltern, ihrer Nachbarn und so weiter. Wenn wir in Gedanken bei anderen sind, dann sind wir nicht bei uns selbst. Respektiere deine Frau, deine Kinder und alle Mitmenschen, indem du dich nicht übergriffig in ihre Dinge einmischst, sondern ihnen ihren eigenen Weg zugestehst. Wenn sie ein Problem haben, mute ihnen zu, dass sie einen Weg finden. Wenn sie dich um einen Rat bitten, sage ihnen, was du an ihrer Stelle machen würdest, aber würdige sie als eigenständige Wesen, die einen anderen Weg gehen als deinen.

Lobe dich selbst und belohne dich
mit deiner Liebe zu dir

Anstatt immer wieder um Anerkennung und Bestätigung bei anderen zu buhlen, beschenke dich selbst damit. Wenn andere dich loben, nimm es dankend an, aber lobe dich vor allem selbst. Schau schon morgens ein paar bewusste Sekunden lang in den Badezimmerspiegel und sage dem Mann im Spiegel freundlich lächelnd, dass du ihn liebst und heute wieder sein bester Freund bist. Nimm dich ruhig mal in die Arme oder dein Gesicht in die Hände und versichere deinem Gegenüber: »Wir zwei, wir machen das schon. Und wir machen das gut. Denn ich liebe dich, mein Bester.«

Tu nichts, um dafür etwas zurückzubekommen

Wenn du etwas für andere, zum Beispiel für deine Partnerin, tun willst, dann prüfe dein Motiv. Willst du es tun, damit sie nett zu dir ist? Oder damit du etwas anderes von ihr zurückbekommst? Die meisten mit ihrer Mutter im Innern verstrickten Männer tun etwas für ihre Frauen, damit diese sie loben und in ihrem Wert bestätigen. Wenn die Frau es dann nicht tut, sind sie gekränkt, und eine Stimme in ihnen ruft empört: »Aber ›Danke‹ hätte sie schon sagen können.« Beschenke andere, wenn du Freude am Schenken hast. Diese Freude allein ist »Belohnung« genug. Sie nährt dich.
Alles andere sind Tauschaktionen nach dem Motto: »Jetzt habe ich was für dich getan und darum darfst du jetzt etwas für mich tun.« Das hat mit Liebe nichts zu tun. Wenn du begreifst, wie sehr du selbst vom Leben beschenkt wirst, und welch ein Reichtum in dir selbst steckt, wirst du zum großzügigen Mann, dessen schönstes »Hobby« es ist, die Welt und seine Mitmenschen zu beschenken. Entscheide dich also dafür, deine Talente und deine Liebe großzügig der Welt zu schenken. Verschenke Freundlichkeit, grüße deine Mitmenschen mit einem Lächeln, verschenke Blumen und andere Kleinigkeiten, bei denen du spürst: »Das würde einen anderen erfreuen.« Und vor allem: Beschenke dich selbst und gönne dir das Allerbeste.

Erlaube dir Schwäche und Verletzlichkeit

In den meisten Männern steckt ein kleiner, verängstigter Junge voller Minderwertigkeit und Scham, und sie tun alles, damit es keiner sieht. Dabei spürt es jeder. Je größer die Klappe, je aggressiver oder großspuriger das Auftreten, desto größer muss die Angst sein, die diesen Mann im Innern steuert. Viele Männer ziehen tagsüber im Beruf eine Show ab und tragen die Maske eines selbstbewussten Mannes. Und wenn sie abends nach Hause kommen, mutieren sie entweder zum kleinen, schüchternen Jungen, der die Zähne nicht auseinanderbekommt, oder zum Tyrannen, der an Frau und Kindern das auslässt, was er den ganzen Tag über unterdrückt hat. Entschließe dich, mit diesem Theaterspiel aufzuhören. Es lohnt sich nicht und kostet dich unendlich viel Kraft. Es macht dich zum toten Mann und führt dich dazu, dass du dich jeden Tag selbst belügen musst, um die Fassade aufrechtzuerhalten. Erst wenn du anfängst, ehrlich zu dir zu sein, kannst du beginnen, Offenheit und Nähe in deine Beziehung zu bringen. Nähe entsteht durch den Mut zur Verletzlichkeit. Finde deine Wahrheit in dir und zeige dich mit ihr. Wenn dein Gefühl dir sagt, dass etwas nicht stimmig ist, dann sprich es aus, ohne von deinem Gegenüber etwas zu erwarten. Der stärkste Mann ist der, der ganz zu sich selbst steht und nicht erwartet, dass die anderen ihm Beifall klatschen. Nur der, der sich erlaubt, auch schwach und verletzlich zu sein, findet zu wirklicher Größe und Stärke.

Mach das Projekt »Mein Mann-Sein« zu deinem Lieblingsprojekt

Begreife: Das Aufregendste in deinem Leben ist nicht die Zuneigung von Frauen oder der Besitz eines schönen Autos oder ein dickes Bankkonto, sondern es ist das sich täglich fortsetzende Entdecken deines Selbst. Mit jedem bewusst gelebten Tag entdeckst du mehr über dich und das Leben. Du selbst bist das aufregendste und wichtigste Projekt deines Lebens. Darum schenke dir selbst die erste Aufmerksamkeit. Das hat nichts mit Narzissmus zu tun, sondern mit Verantwortungsbewusstsein. Wer es sich zur Aufgabe macht, sich mit Liebe um seine Gedanken und Gefühle, seinen Körper und sein Herz, seine Erfahrungen und seine Träume zu kümmern, der reift zu einem Menschen heran, der ein Segen ist für alle anderen. Dieser Mensch lebt ein erfolgreiches Leben, denn Erfolg im Außen ist die Folge von etwas, was wir in unserem Innern initiieren und pflegen. Unser liebevolles und aufmerksames, bewusstes Sein in uns und mit uns – unser Bewusstsein – erschafft ein glückliches Sein im Außen.

Achte auf Qualität und Intensität in deinem Leben

Wenn du tust, was du wirklich tun willst, weil dein Herz Ja dazu sagt, dann mach es so gut wie du kannst. Leg die ganze Liebe deines Herzens hinein und achte auf höchste Qualität. Das hat nichts mit Perfektionismus zu tun, sondern ist eine Frage deines Anspruchs. Mach die Dinge nicht halbherzig und lau, sondern mit so viel Intensität, Achtsamkeit und Bewusstheit, wie dir möglich ist. Gib dein Herzblut hinein. Und ziehe dieses Qualitäts- und Intensitätsniveau durch alle Bereiche deines Lebens. Denn das Leben selbst liebt Qualität und macht auch keine halben Sachen.

Dein Gesamtleben ist ein Kunstwerk, an dem du arbeitest und dem du dein Herz verschreibst, und die verschiedenen Bereiche wie die Beziehung zu dir, die Beziehung zu deiner Frau und die zu deiner Arbeit sind ebenfalls Kunstwerke, an denen du, der Künstler, mit Liebe modellierst, malst oder komponierst. Mögest du am Ende deines Lebens dein Gesamtkunstwerk betrachten und sagen können: »Es ist gut, wie es ist, weil ich mein Bestes, meine ganze Liebe, hineingegeben habe. Danke, dass ich das erschaffen durfte.«

Nachwort

Solltest du das Buch bis hierhin gelesen haben, gratuliere ich dir herzlich dazu. Die meisten Männer lesen nicht besonders gern, weil sie entweder nicht die Ruhe aufbringen oder (noch) nicht in das Empfangen und Zuhören gehen können. Entweder hast du das Buch jetzt auf eine männliche oder auf eine weibliche Art gelesen. Zwischen beiden Arten liegt ein himmelweiter Unterschied. Im ersten Fall rast der Leser von Kapitel zu Kapitel, im zweiten Fall nimmt er sich Zeit für jedes Kapitel, lässt es auf sich wirken und schaut, wie er das Gelesene in seinem Leben umsetzen kann.

Wenn du nach dem Lesen eines Buches seinen wesentlichen Inhalt einem Freund im Gespräch vermitteln kannst, dann hast du das Buch verinnerlicht. Lies es so oft, bis du das kannst. Dadurch stellst du sicher, dass die Inhalte des Buches in dir arbeiten und dein Unterbewusstsein dich immer wieder auf Entscheidendes in deinem Leben aufmerksam macht, wo du auf neue Weise denken, sprechen und handeln kannst – im Sinne eines bewussten Schöpfers.

Solltest du das Buch zunächst auf die männliche Art gelesen haben, empfehle ich dir, dir jetzt langsam ein Kapitel nach dem anderen vorzunehmen. Ideal wäre es, wenn du die zum jeweiligen Thema passenden Meditationen oder auch die vertiefenden Vorträge zwischen den Kapiteln anhören bzw. durchführen würdest. Hierdurch wird das Lesen zu einem intensiven Prozess der Selbstentdeckung, der zu tief greifenden Veränderungen in dir und – in Folge davon – in deiner Lebenswirklichkeit führen wird.

Mancher Leser wird im Buch den einen oder anderen Aspekt vermissen. Das Buch erhebt nicht den Anspruch auf Vollständigkeit und sollte kein umfassendes Handbuch für Männer werden. Ich werde in naher Zukunft spezifische Männerthemen in weiteren Vorträgen, Meditationen und Büchern vertiefen.

Wenn du gerade an einem Punkt in deinem Leben angekommen bist, wo du das Gefühl hast, nicht allein weiterzukommen, dann zögere nicht, dir Unterstützung und Rat zu holen. Hierzu stehen dir unter anderem die von mir ausgebildeten Männer und Frauen zur Verfügung. Über einhundert davon findest du auf meiner Website unter dem Stichwort »Empfohlene Therapeuten«. Die von ihnen praktizierte Transformations-Therapie bietet dir von der ersten Sitzung an eine große Unterstützung auf deinem Weg. Du entscheidest nach jeder Sitzung, ob du weitermachen willst, und es bedarf nur weniger Sitzungen (meistens unter zehn), um eigenständig seinen Weg weitergehen und seine Probleme lösen zu können.

Zum Schluss möchte ich es nicht versäumen, mich bei allen zu bedanken, ohne die dieses Buch so nicht zustande gekommen wäre, allen voran meinem geistigen Begleiter und Bruder **Philippo**, dem Lehrer und Meister **Horatius** sowie allen im »Strahl des Emanuel« versammelten Lehrern der Geistigen Welt, die mit mir gemeinsam den Weg durch dieses Leben gehen.
Ebenso danke ich **Andrea Schirnack**, der medialen Frau, mit der ich seit 1998 zusammenarbeite, und die die Über-

mittlerin meines letzten Buches »Zersägt eure Doppelbetten!« sowie der monatlichen Botschaften der Geistigen Welt ist, die auf meiner Website gehört und heruntergeladen werden können.

Genauso herzlich danke ich **Beatrix Rehrmann**, die mich und meine Arbeit seit über zwei Jahren mit ihrer übersprühenden Freude und tiefen Liebe begleitet, und mir wie vielen anderen das unvergessliche Erlebnis schenkt, über ihre Stimme die Stimme der Engel zu hören, mit denen sie auf ganz besondere Weise verbunden ist, und an deren Weisheit und Freude teilzuhaben.

Und nicht zuletzt danke ich von ganzem Herzen **Cornelia Hempfling und all meinen Mitarbeiter/innen, selbstständigen Partnern und den Assistenten meiner Seminare** für ihre großartige, achtsame und begeisterte Unterstützung meiner Arbeit, ohne die ich nicht die Ruhe und den Raum finden würde, meine Bücher zu schreiben. Fühlt euch alle mit Dank und Liebe umarmt.

Meine Arbeit ist alles andere als eine »One-Man-Show«, wie vielleicht manche noch glauben. Es ist ein Gemeinschaftswerk sehr vieler Wesen der Erde und des Himmels, deren tiefster Wunsch es ist, der Liebe im Menschen und zwischen den Menschen die Bahn zu ebnen und damit einer Neuen Erde und einem neuen Zeitalter der Liebe, in dem sich alle Männer und Frauen die Hände reichen, das Göttliche in den Augen des anderen erkennen und die Verbindung des Menschen mit seiner Quelle, dem Göttlichen und Mutter Erde feiern und leben.

Jetzt wünsche ich dir, dem Leser dieses Buches, für deinen weiteren Weg Gottes reichsten Segen, überbordende spielerische Freude in deinem Leben, Gelassenheit und Vertrauen und ein stets offenes, liebendes Herz. Mögest du wie alle Männer deinen göttlichen Auftrag erkennen und diese Erde bereichern.

Und euch Frauen, die ihr dieses Männerbuch gelesen (und vielleicht eurem Mann geschenkt) habt, danke ich ebenso herzlich für euer Interesse an uns Männern, für eure Liebe und euer Strahlen, das uns Männer täglich neu begeistert. Mögen Frau und Mann in Zukunft wieder gemeinsam durch das Leben tanzen und die Liebe feiern.

Anhang

Die beiliegende CD
mit geführten Meditationen

Diesem Buch liegt eine CD mit geführten Meditationen von Robert Betz bei. Diese Meditationen ermöglichen dem Leser, in einen lebendigen Kontakt mit seinen Empfindungen und Gefühlen zu gelangen und diese annehmen und verwandeln zu lernen.

Die CD hat eine Gesamtlänge von einer Stunde. Die einzelnen Tracks haben folgende Inhalte:

Track 1: Einführung in die CD (1:27)

Track 2: 12 Fragen zur Selbsterforschung (4:25)

Track 3: Einführung zur Meditation 1 (3:10)

Track 4: Meditation 1: Erforschung und Verwandlung von Körperempfindungen und Gefühlen (23:52)

Track 5: Einführung zur Meditation 2 (1:10)

Track 6 Meditation 2: Begegnung mit dem kleinen Jungen im Mann (25:00)

Erläuterungen zu den beiden Meditationen

Meditation 1: Erforschung und Verwandlung von Körperempfindungen und Gefühlen

Diese Meditation hilft dem Hörer, einen intensiven Zugang zu Empfindungen wie Schwere und Enge sowie zur dahinterliegenden Emotion der Trauer zu erhalten. Durch die Führung des Autors kann er diese Energien, die er oft über Jahrzehnte verdrängt und abgelehnt hat, annehmen und in Freude verwandeln.

Meditation 2: Begegnung mit dem kleinen Jungen im Mann

In dieser Meditation entdeckt der Hörer in sich den kleinen Jungen, der er einmal war – zum einen den fröhlichen, zum anderen den traurigen oder ängstlichen –, und erlebt noch einmal eine typische Situation seiner Kindheit, die den Jungen damals veranlasste, seine Gefühle nach innen zu verdrängen und abzulehnen. Diese Meditation bringt diese Gefühle wieder in Fluss und schenkt dem inneren Jungen (und damit zugleich dem erwachsenen Mann) Frieden, Vertrauen und Freude.

Über den Autor

Robert Theodor Betz, Diplom-Psychologe, geboren 1953 im Rheinland, gehört seit Jahren zu den erfolgreichsten Seminarleitern und Vortragsreferenten im deutschsprachigen Raum. Seine lebensnahen, lebendig gestalteten und humorvollen Vorträge begeistern jährlich mehr und mehr Menschen quer durch alle Bevölkerungs- und Altersgruppen und ermutigen sie, ihrem Leben eine neue Richtung zu geben. Zu seinen Vorträgen kommen über 20 000 Menschen im Jahr und über 3000 nehmen an seinen Seminaren teil. Von seinen CDs werden jährlich über 100 000 Stück verkauft und viele Hunderttausend mit Genehmigung des Autors kopiert und verschenkt.

Nach Industriekaufmannslehre, Abendgymnasium und Psychologiestudium arbeitete er vierzehn Jahre in der Wirtschaft, zuletzt als internationaler Marketingleiter eines amerikanischen Industrieunternehmens, aus dem er 1995 ausschied und seinem Leben eine radikale Wende gab. In München begann er 1998 seine psychotherapeutische Arbeit in eigener Praxis, die er heute zugunsten seiner Vortrags- und Seminararbeit nicht mehr betreibt.

In den folgenden Jahren entwickelte er, aus einer christlich-spirituellen Grundhaltung heraus, die nicht an Kirche und Religion oder an eine andere Glaubensgemeinschaft oder Organisation gebunden ist, einen eigenen Befreiungsweg unter der Bezeichnung »Die Transformations-Therapie«®, dessen Grundlagen er heute in zahlreichen Seminaren und Vorträgen vermittelt. Seit 2002 bildet er zudem jährlich in einem achtmonatigen Programm Therapeuten in »Transformations-Therapie« aus, an dem pro Jahr etwa einhundert Frauen und Männer teilnehmen.

Als Autor trat Robert Betz erstmals Ende 2007 in Erscheinung. Schon in den ersten beiden Jahren erzielten seine Bücher (vor allem der Titel »Raus aus den alten Schuhen!«) Bestseller-Status mit über 100 000 verkauften Exemplaren. Besonders beliebt sind seine vielen Vorträge und Meditationen auf über hundert CDs.

In seiner Arbeit verbindet Robert Betz auf einzigartige Weise Psychologie und Spiritualität und zeigt auf, wie der Mensch sich wieder an seine wahre göttliche Natur erinnern und die Liebe ins Zentrum seines Lebens stellen kann.

Seine neue Wahlheimat ist die griechische Insel Lesbos, auf der er drei bis vier Monate im Jahr verbringt. Hier organisiert er seit 2001 eine Vielzahl an Urlaubsseminaren gemeinsam mit anderen Seminarleitern. Zurzeit nehmen jährlich über 600 Menschen daran teil, mit steigender Tendenz. Auf Lesbos plant er für die kommenden Jahre die Errichtung eines großen Seminar- und Fortbildungszentrums.

Informationen über seine Angebote erhalten Sie unter *info@ robert-betz.de* oder im Internet unter *www.robert-betz.de* bzw. über das Büro Robert Betz, Sonnenstraße 1, 80331 München. Rückmeldungen zu seiner Arbeit wie zu diesem Buch schicken Sie bitte an: *robert-betz@robert-betz.de*

Seminare für Männer mit Robert Betz

Tagesseminar am Sonntag

»Mach dein Ding, Mann!«
Wie Männer zu sich selbst und in ihre Kraft finden

Unter diesem Titel finden mehrmals jährlich in verschiedenen Städten Seminare am Sonntag statt, an denen bis zu zweihundert Männer teilnehmen. Die bisherigen Reaktionen auf diese Seminare sind extrem positiv.

In Kurzbeiträgen, Meditationen, Besinnungsrunden und Frage-Antwort-Sequenzen werden sich die Teilnehmer der entscheidenden Faktoren bewusst, die ihre Männer-Biografie bisher geprägt haben. In der offenen Atmosphäre, in der sich die Teilnehmer ermutigt fühlen, sich mitzuteilen, entdecken sie über Kopf und Herz, wie viel Gemeinsames sie mit anderen Männern haben, und erhalten entscheidende Impulse für Veränderungen in ihrem Leben.

Nähere Informationen hierzu finden Sie unter:
www.robert-betz.de

7-Tage-Intensiv-Seminar

Transformationswoche für Männer:
»Männer entdecken die Freuden des Mann-Seins«

In dieser Woche gehen Männer mit sich und miteinander in die Tiefe. Durch Kurzvorträge, Meditation, Übungen und Besinnungsrunden erfährt jeder Teilnehmer, warum er bisher in Beziehung und Beruf nicht glücklich ist, warum er oft erschöpft und müde durch sein Leben geht, warum er von Frauen nicht verstanden, zurückgewiesen und nicht ernst genommen wird und was ihn im Innern in Unfreiheit, Schuldgefühlen und Ängsten festhält.

Diese Seminarwoche gehört zum Besten, was sich ein Mann in diesen Jahren schenken kann oder was die Frauen ihren Männern schenken können. Das Ergebnis dieser sieben Tage sind Männer, die ihre Freude und Begeisterung am Mann-Sein entdeckt haben, sich aus den Verstrickungen mit Müttern, Vätern und Partnerinnen lösen und wissen, was sie in ihrem Leben wollen. Es ist eine Woche der Lebensfreude, der Erkenntnisse, der Heilung und Klärung. Nach solch einer Woche weiß der Mann, wie er seinem Leben eine neue Richtung geben kann und sein Männerherz zum Singen bringt.

Nähere Informationen hierzu finden Sie unter:
www.robert-betz.de

Fragebogen für den Mann

Dieser Fragebogen richtet sich an Männer, die bereit sind, meine Arbeit für und mit Männern durch ihre persönlichen Erfahrungen und Gedanken zu unterstützen. Du kannst ihn jedoch auch ganz für dich als eine Art Grobinventur nutzen. Ich bitte dich, die folgenden Fragen so offen und ehrlich wie möglich zu beantworten. Deine Antworten werden von mir absolut vertraulich behandelt und niemand anders als ich erhält sie zum Lesen. Ich wäre dir sehr dankbar, würdest du sie am PC beantworten. **Diesen »Fragebogen für den Mann« kannst du unter folgendem Link herunterladen:**
www.robert-betz.de/maennerfragebogen

1. Wie würdest du die Qualität deines heutigen Männerlebens beschreiben?

2. Wie viel Raum nimmt deine gelebte Beziehung zu dir heute ein und wie viel Zeit gönnst du dir selbst pro Tag und pro Woche mit dir allein in der Stille? Kannst du mit dir allein sein, ohne dass du dabei viel tust, wie zum Beispiel joggen oder lesen?

3. Was glaubst du, in deinem Leben falsch gemacht zu haben? Welche größeren Fehler glaubst du gemacht zu haben? Was wirfst du dir evtl. noch heute vor? Liste alle Vorwürfe an dich auf. Sie beginnen häufig mit Wendungen wie »Eigentlich hätte ich ...

(dies und jenes) tun oder nicht tun sollen«, »Mir ginge es heute besser, wenn ich mich damals anders verhalten hätte.« usw.

4. Wenn es dir psychisch/seelisch nicht gut geht, welche Gefühle kannst du dann in dir wahrnehmen? Und welches Gefühl taucht in dir öfter auf als andere? (Beispiele für Gefühle: Angst, Ärger, Wut, Trauer, Ohnmacht/Hilflosigkeit, Einsamkeit/Verlassenheit, Schuldgefühle, Scham/Minderwertigkeit, Neid, Eifersucht oder andere)

5. Mit welchen Symptomen (Schmerzen, Beschwerden, Krankheiten) hat dein Männerkörper sich in den letzten Jahrzehnten zu Wort gemeldet? Tauchen diese Symptome schwerpunktmäßig auf der rechten oder der linken Seite deines Körpers auf? Bitte liste auch das auf, was du vielleicht für Kleinigkeiten (nicht der Rede wert) hältst, wie Atemnot, Schlafstörungen, Ohrgeräusche, Hautprobleme, Verdauungsprobleme, Sodbrennen, Gelenkschmerzen, Nackenschmerzen und anderes)

6. Was wird/wurde dir von deiner Partnerin (bzw. wurde dir von deinen Expartnerinnen) am meisten vorgeworfen, wenn sie mit dir unzufrieden oder sauer auf dich war(en)? Welche dieser Vorwürfe trifft/traf dich am meisten?

7. Was wünschst du dir von deiner bzw. einer Partnerin in einer Beziehung am meisten? Was ist dir an ihrem Verhalten/ihren Eigenschaften am wichtigsten?

8. Wie erfüllt oder unerfüllt würdest du deine bisher oder zurzeit erlebte Sexualität bezeichnen oder beschreiben? Was fehlt dir in diesem Bereich am meisten? Welche Probleme hast du im Sex erlebt oder erlebst sie zurzeit?

9. Was liebst oder magst du an dir als Mann und Mensch?

10. Was lehnst du an dir ab oder hasst du sogar an dir? Was kritisierst du an dir selbst am meisten?

11. Was wünschst du dir für dich und dein Leben am meisten? Was sind deine größten Herzenswünsche?

12. Welche Ereignisse oder Zustände in deinem Leben verstehst du nicht? Seien es schmerzhafte Ereignisse mit Menschen, Schicksalsschläge, Verluste, Rückschläge oder Niederlagen, Krankheiten oder Unfälle oder Enttäuschungen im Zusammenhang mit einer Partnerschaft.

Bücher von Robert Betz

Willkommen im Reich der Fülle
Wie du Erfolg, Wohlstand und Lebensglück erschaffst
203 S., gebunden, KOHA 2007

Raus aus den alten Schuhen!
Dem Leben eine neue Richtung geben
272 S., gebunden, Integral 2008

Wahre Liebe lässt frei!
Wie Frau und Mann zu sich selbst und zueinander finden
352 S., gebunden, Integral 2009

Der kleine Führer zum Erfolg
Schlüsselgedanken für ein erfolgreiches Leben
105 S., gebunden, Roberto & Philippo 2008

Zersägt eure Doppelbetten!
Die »Geistige Welt« zu Liebe, Partnerschaft und Sexualität
416 S., gebunden, Ansata 2010

Hörbücher

So wird der Mann ein Mann!
Wie Männer wieder Freude am Mann-Sein finden
Ca. 7 CDs, Gesamtlänge: ca. 450 Min.
Verlag Roberto & Philippo

Wahre Liebe lässt frei!
Wie Frau und Mann zu sich selbst und zueinander finden
8 CDs, Gesamtlänge: 540 Min.,
Verlag Roberto & Philippo

Raus aus den alten Schuhen!
Dem Leben eine neue Richtung geben
6 CDs, Gesamtlänge: 400 Min.,
Verlag Roberto & Philippo

Willkommen im Reich der Fülle
Schlüsselgedanken zur Selbsterforschung
CD, Länge: 58 Min., KOHA

Vorträge von Robert Betz auf CD

Beziehung und Partnerschaft

Wie Frauen und Männer zu sich selbst und zueinander finden

Wer liebt, der leidet nicht!
Warum Liebespartner sich das Leben oft so schwer machen

Gemeinsam statt einsam
Wie sich Singles und Paare aus der Isolation befreien

Sex mit Herz
Die Lust am Körperlichen in Liebe feiern lernen

Männer – das schwache Geschlecht?!
Warum Frauen an Männern (fast) verzweifeln

Frauen – das starke Geschlecht?!
Warum Männer Frauen kaum verstehen

Warum Partner fremdgehen
Über Untreue, Eifersucht, Sex und Liebe

Wahre Liebe lässt frei!
Worin sich Partner chronisch täuschen und dann enttäuscht werden

Selbstliebe und Lebensfeier

Lust auf Liebe – Lust auf Lust!
Aufruf zu einem lust- und liebevollen Leben

Mich selbst lieben lernen
Selbstwertschätzung und Selbstliebe als Grundlage
glücklichen Lebens

Lebe dein Leben – sei du selbst!
Vom Lamm zur Löwennatur erwachen

Willst du normal sein oder glücklich?
Mut schöpfen für deinen ganz eigenen Weg

Leben statt gelebt werden
Warum das wirkliche Leben ab ca. fünfzig beginnt

Kümmer dich endlich um das Wesentliche – um dich selbst!

Mach endlich was aus deinem Leben!
Wie finde ich Sinn und Erfüllung in meinem Leben?

Sei nicht gut – sei wahrhaftig!
Einladung zu einem Leben der Wahrhaftigkeit

Erfolg und Fülle

Tu das, was du zu tun liebst!
Vom Sinn der Arbeit und vom Unsinn der Freizeit

Willkommen Fülle!
Die Schlüssel zu Erfolg, Wohlstand und Lebensglück

Pinke, Kohle, Mäuse ...
Der Weg vom Mangel zur Fülle

Das Herz führt immer zum Erfolg
Wie du Erfolg, Wohlstand und Glück in dein Leben
ziehst

Das Ende der Konkurrenz
Von Ich-AG und Ego-Wahn zu einem neuen
Gemeinschaftsbewusstsein

Ich muss es schaffen!
Über Leistungsdruck, Erfolg und Lebenserfüllung

Umgang mit Gefühlen

Angst, Wut, Schmerz u. a. in Freude verwandeln
Vom Umgang mit unangenehmen Gefühlen

Die Zeit heilt keine Wunden
Verletzungen verstehen und überwinden

Muss ich mir das bieten lassen?
Vom Umgang mit meinen »Arsch-Engeln«

»Fürchtet euch nicht ...«
Woher Ängste kommen und wie wir sie überwinden

Konflikte und Krisen bewältigen

Mein Leben meistern in unsicherer Zeit
Gedanken zu einer neuen Lebensführung

Was stützt dich von Innen, wenn alles andere wegbricht?
Innere Stabilität finden in Zeiten äußerer Umbrüche

Das Ende aller Probleme!
Einführung und praktische Anleitung zu »The Work«
nach Byron Katie

Warum hast du's nicht leicht?
Entdecke die Wahrheit und du bist frei

Erkenne dich in den Spiegeln deines Lebens!
Die Spiegelgesetze verstehen und anwenden lernen

Echte Freiheit kommt immer von innen
Wie wir uns selbst einsperren und auch befreien können

Das Leben neu gestalten

Bring Ordnung in dein Leben
Denn Ordnung ist das erste Gesetz des Himmels

Lass dich tragen vom Fluss des Lebens
Eine Anleitung zu einem Leben in Leichtigkeit

Mit Entschiedenheit in ein neues Jahr
Wie du mit bewussten Entscheidungen dein Lebensglück
erschaffst

Ein neues Jahr voller Möglichkeiten
Wie meine Träume wahr werden

Raus aus den alten Schuhen!
Wie du ein neues Leben erschaffst

Was bringt dein Herz zum Singen?
Ein Kurzlehrgang im Erschaffen von Freude

Gesellschaft – Wirtschaft – Erde – Zukunft

Zeitenwende 2010–2012
Aus der Krise in das neue Zeitalter der Liebe

Wir sind Deutschland!
Es liegt an uns, was daraus wird

Spiritualität und Gott

Umarme das Böse in dir!
Die Trennung in »gut« und »böse« und was die Liebe
dazu sagt

Wo komm ich her, wo geh ich hin, was soll ich hier?
Über Lebenssinn, Schicksal und Reinkarnation

Warum »Spirituelle« später in den Himmel kommen
Über Liebe, Spiritualität und den Weg nach Hause

Ach, du lieber Gott!
Vom Gott jenseits der Kirchen und Kanzeln

Vergangenheit und Familie

Ohne deine Vergangenheit bist du sofort frei
Wie wir das Gestern loslassen können

Kinder! Kinder!
Wonach sich Kinderseelen sehnen

Die Mutter deiner Kindheit – die größte Tür zu deiner Freiheit!

Der Vater deiner Kindheit – die Tür zu deiner Freiheit!

Körper und Gesundheit

Glücklich in einem gesunden Körper – ein Leben lang
Deinen Körper ehren, heilen, lieben und genießen

Was will mir mein Körper sagen?
Krankheiten und Körpersymptome als Botschaften der Seele verstehen

Pfundig! Pfundig!
Leicht und schlank – nur über die Seele

Meditationen von Robert Betz auf CD

Die Mutter meiner Kindheit
Eine Begegnung mit ihr für Klarheit, Frieden und Freiheit

Der Vater meiner Kindheit
Eine Begegnung mit ihm für Klarheit, Frieden und
Freiheit

Deine Großeltern und Eltern
Begegnungen für Klarheit, Frieden und Freiheit

Befreiende Begegnung mit Urvätern und Urmüttern
Geführte Meditation zur Heilung von Familien-Themen
und zur Kraftquelle deiner Ahnen

»Ich hatte keinen Vater«
Meditationen, deinen Erzeuger kennen und lieben zu
lernen

Frieden mit meinem Bruder oder meiner Schwester
Eine Begegnung für Klarheit, Frieden und Freiheit

Eltern helfen ihrem Kind
Geführte Meditation zur Heilung deines Kindes und der
Eltern-Kind-Beziehung

Die Beziehung zu Partner und Expartner klären und heilen
Geführte Meditation für glückliche Beziehungen

Befreie und heile das Kind in dir
Geführte Meditation zur Verwandlung deines inneren
Kindes

Besuche und verwandle das kleine Mädchen in dir
Wie Frauen die Verletzungen aus ihrer Kindheit heilen
(Gesprochen von Beatrix Rehrmann)

**Zeugung, Schwangerschaft und Geburt noch einmal
bewusst erleben**
Den Beginn unseres Lebens durch Liebe wandeln

Der Mann und die Frau in dir
Drei geführte Meditationen zum inneren Wesen deines
Männlichen und Weiblichen

Mich von alten Begrenzungen befreien
Zwei geführte Meditationen zur Reinigung von
Emotionen und zur Auflösung alter Schwüre

Negative Gefühle in Freude verwandeln
Geführte Meditation zur Befreiung von Angst, Wut,
Scham & Co.

Harmonie und Balance in mir
Eine Meditation zur Klärung, Heilung und Integration
meiner vier Körper

Mir selbst vergeben, mich selbst annehmen
Begegnung mit mir selbst in meinem inneren Raum

Ärger, Wut und Hass in Frieden verwandeln
Wie wir aus unangenehmen Emotionen Kraft und Freude
schöpfen können

Chakren-Reinigung mit den Erzengeln
Geführte Meditation zur Klärung deines
Energiesystems

Schluss mit Hetze, Druck und Stress
Geführte Meditation zur Entlassung deines inneren
Antreibers

Deinen Körper durch Liebe heilen
Wie unser Körper gesund wird und bleibt

Heilen können wir uns nur selbst
Wie Frauen ihren Körper heilen und lieben lernen
(Gesprochen von Beatrix Rehrmann)

Runter von den Pfunden!
Ein Meditationsprogramm für Schwergewichtige

»Wenn ich morgen sterben müsste ...«
Geführte Meditation und Anleitung zur Zwischeninventur
deines Lebens

Abschied nehmen von einem geliebten Menschen
Geführte Meditationen zur Bewältigung von Verlusten
geliebter Menschen

Frieden mit meinen »Arsch-Engeln«
Verstrickte und zerstrittene Beziehungen verstehen und
verwandeln

Befreiung von Kirche und Religion
Geführte Meditation zur Lösung aus Angst, Schuld,
Scham, Sünde u. a.

Meditationen für den Alltag
Zwei geführte Meditationen für Herzöffnung und
spirituelles Wachstum

Meditationen für Autofahrer
Im Stau und auf dem Weg zum und vom Arbeitsplatz

Meditationen und Gebete am Morgen
Anleitungen für den bewussten Beginn eines neuen Tages

Meditationen und Gebete am Abend
Anleitungen für einen bewussten Tagesabschluss

Nimm deinen Thron wieder ein!
Zwei geführte Meditationen in deine göttliche Größe und
Macht

Meditationsreisen in Baum und Mutter Erde
Zwei geführte Meditationen der Reinigung, Kräftigung
und Heilung

»Ich habe Angst! Interessiert das wen?«
Ängste, Leistungs- und Konkurrenzdruck überwinden

Mein Partner hat mich verlassen!
Wie wir die Wunde der Verlassenheit heilen lassen

**Befreiung von Fremdenergien
und Rückholung von Seelenanteilen**
Reinigung von Körper, Wohnung und Plätzen

Mit meinem Krafttier in Schwung kommen!
Wie wir Schwäche, Erschöpfung und Müdigkeit
verwandeln

Reisen ins Herz und zur Ebene des
Christus-Bewusstseins
Begegnungen mit deinem göttlichen Selbst

Meine Sexualität wieder kraftvoll erleben
Wie wir sexuelle Blockaden aus diesem und anderen
Leben verwandeln

Schluss mit Schwere, Enge, Taubheit und Kälte
Unangenehme Körpersymptome und Emotionen
verwandeln lernen

Meditationen für den Mann
Begegnung mit dem kleinen Jungen in dir